《列国志》编辑委员会

主　　任　陈佳贵
副主任　黄浩涛　武　寅
委　　员　（以姓氏笔画为序）
　　　　　于　沛　王立强　王延中　王缉思
　　　　　邢广程　江时学　孙士海　李正乐
　　　　　李向阳　李静杰　杨　光　张　森
　　　　　张蕴岭　周　弘　赵国忠　蒋立峰
　　　　　温伯友　谢寿光
秘书长　王延中（兼）　谢寿光（兼）

中国社会科学院重大课题
国家"十五"重点出版项目

列国志

GUIDE TO THE WORLD STATES

中国社会科学院《列国志》编辑委员会

加纳

● 任 泉 顾章义 编著

社会科学文献出版社
SOCIAL SCIENCES ACADEMIC PRESS (CHINA)

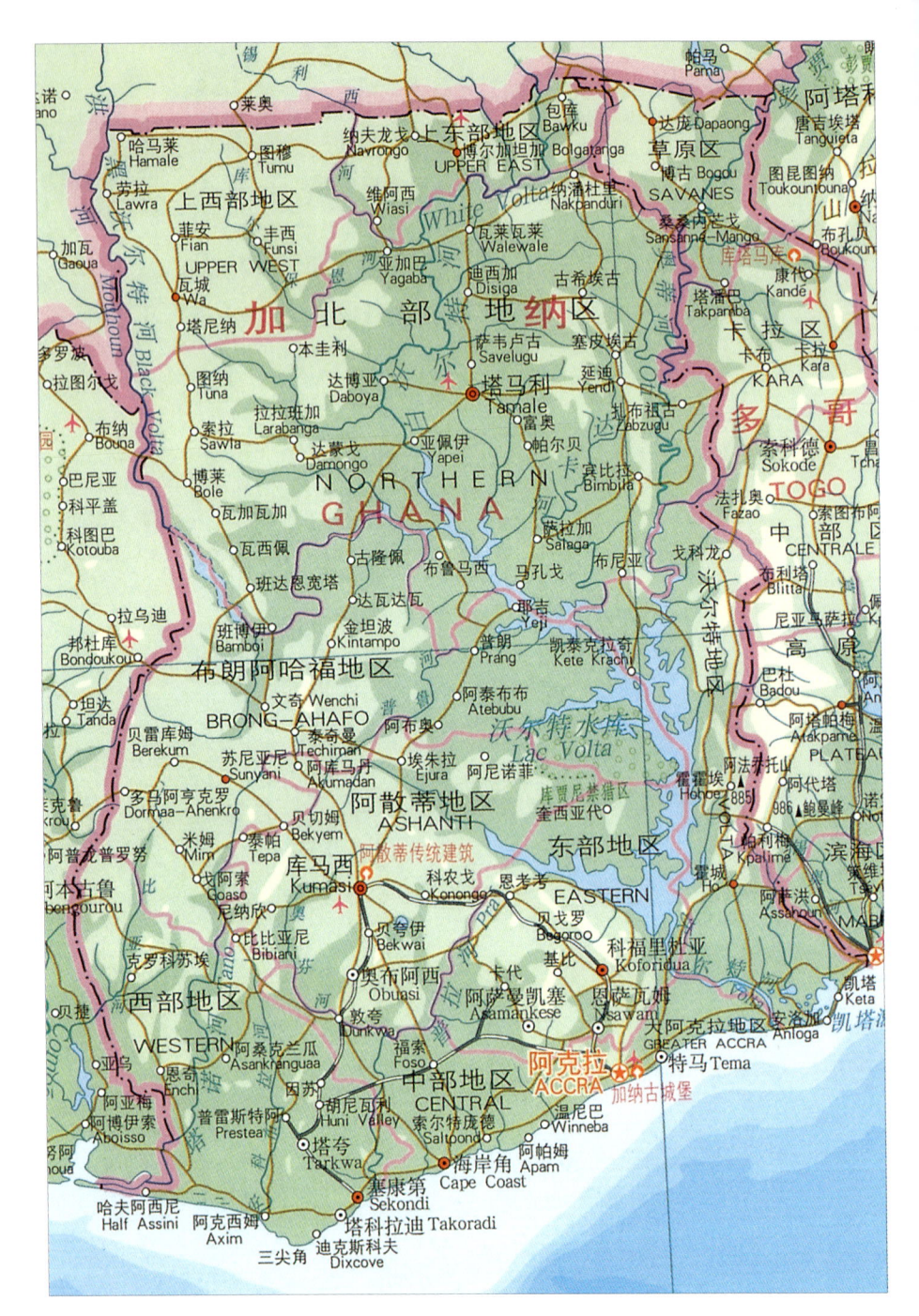

加纳行政区划图

加纳国旗

加纳国徽

库福尔总统在独立广场出席就职仪式
(原图载于2001年2月《新非洲人》New African)

加纳独立门

埃尔米纳城堡

气势恢弘的国家剧场

塔科拉迪港

传统节日中的酋长们（前排左起第二、三两人）

北部三省的传统节日

别具风格的独木舟

传统的肯梯布制品

独一无二的卡空热带雨林公园

前　言

　　自1840年前后中国被迫开关、步入世界以来，对外国舆地政情的了解即应时而起。还在第一次鸦片战争期间，受林则徐之托，1842年魏源编辑刊刻了近代中国首部介绍当时世界主要国家舆地政情的大型志书《海国图志》。林、魏之目的是为长期生活在闭关锁国之中、对外部世界知之甚少的国人"睁眼看世界"，提供一部基本的参考资料，尤其是让当时中国的各级统治者知道"天朝上国"之外的天地，学习西方的科学技术，"师夷之长技以制夷"。这部著作，在当时乃至其后相当长一段时间内，产生过巨大影响，对国人了解外部世界起到了积极的作用。

　　自那时起中国认识世界、融入世界的步伐就再也没有停止过。中华人民共和国成立以后，尤其是1978年改革开放以来，中国更以主动的自信自强的积极姿态，加速融入世界的步伐。与之相适应，不同时期先后出版过相当数量的不同层次的有关国际问题、列国政情、异域风俗等方面的著作，数量之多，可谓汗牛充栋。它们

对时人了解外部世界起到了积极的作用。

当今世界，资本与现代科技正以前所未有的速度与广度在国际间流动和传播，"全球化"浪潮席卷世界各地，极大地影响着世界历史进程，对中国的发展也产生极其深刻的影响。面临不同以往的"大变局"，中国已经并将继续以更开放的姿态、更快的步伐全面步入世界，迎接时代的挑战。不同的是，我们所面临的已不是林则徐、魏源时代要不要"睁眼看世界"、要不要"开放"问题，而是在新的历史条件下，在新的世界发展大势下，如何更好地步入世界，如何在融入世界的进程中更好地维护民族国家的主权与独立，积极参与国际事务，为维护世界和平，促进世界与人类共同发展做出贡献。这就要求我们对外部世界有比以往更深切、全面的了解，我们只有更全面、更深入地了解世界，才能在更高的层次上融入世界，也才能在融入世界的进程中不迷失方向，保持自我。

与此时代要求相比，已有的种种有关介绍、论述各国史地政情的著述，无论就规模还是内容来看，已远远不能适应我们了解外部世界的要求。人们期盼有更新、更系统、更权威的著作问世。

中国社会科学院作为国家哲学社会科学的最高研究机构和国际问题综合研究中心，有11个专门研究国际问题和外国问题的研究所，学科门类齐全，研究力量雄厚，有能力也有责任担当这一重任。早在20世纪90年代初，中国社会科学院的领导和中国社会科学出版社就提出编撰"简明国际百科全书"的设想。1993年3月11日，时任中国社会科学院院长的胡绳先生在科研局的一份报告上批示："我想，国际片各所可考虑出一套列国志，体例类似几年前出的《简明中国百科全书》，以一国（美、日、英、法等）或几个国家（北欧各国、印支各国）为一册，请考虑可行否。"

中国社会科学院科研局根据胡绳院长的批示，在调查研究的基础上，于1994年2月28日发出《关于编纂〈简明国际百科全书〉和〈列国志〉立项的通报》。《列国志》和《简明国际百科全书》一起被列为中国社会科学院重点项目。按照当时的计划，首先编写《简明国际百科全书》，待这一项目完成后，再着手编写《列国志》。

1998年，率先完成《简明国际百科全书》有关卷编写任务的研究所开始了《列国志》的编写工作。随后，其他研究所也陆续启动这一项目。为了保证《列国志》这套大型丛书的高质量，科研局和社会科学文献出版社于1999年1月27日召开国际学科片各研究所及世界历史研究所负责人会议，讨论了这套大型丛书的编写大纲及基本要求。根据会议精神，科研局随后印发了《关于〈列国志〉编写工作有关事项的通知》，陆续为启动项目

加纳

拨付研究经费。

　　为了加强对《列国志》项目编撰出版工作的组织协调，根据时任中国社会科学院院长的李铁映同志的提议，2002年8月，成立了由分管国际学科片的陈佳贵副院长为主任的《列国志》编辑委员会。编委会成员包括国际片各研究所、科研局、研究生院及社会科学文献出版社等部门的主要领导及有关同志。科研局和社会科学文献出版社组成《列国志》项目工作组，社会科学文献出版社成立了《列国志》工作室。同年，《列国志》项目被批准为中国社会科学院重大课题，国家新闻出版总署将《列国志》项目列入国家重点图书出版计划。

　　在《列国志》编辑委员会的领导下，《列国志》各承担单位尤其是各位学者加快了编撰进度。作为一项大型研究项目和大型丛书，编委会对《列国志》提出的基本要求是：资料翔实、准确、最新，文笔流畅，学术性和可读性兼备。《列国志》之所以强调学术性，是因为这套丛书不是一般的"手册"、"概览"，而是在尽可能吸收前人成果的基础上，体现专家学者们的研究所得和个人见解。正因为如此，《列国志》在强调基本要求的同时，本着文责自负的原则，没有对各卷的具体内容及学术观点强行统一。应当指出，参加这一浩繁工程的，除了中国社会科学院的专业科研人员以外，还有院外的一些在该领域颇有研究的专家学者。

现在凝聚着数百位专家学者心血、约计 150 卷的《列国志》丛书，将陆续出版与广大读者见面。我们希望这样一套大型丛书，能为各级干部了解、认识当代世界各国及主要国际组织的情况，了解世界发展趋势，把握时代发展脉络，提供有益的帮助；希望它能成为我国外交外事工作者、国际经贸企业及日渐增多的广大出国公民和旅游者走向世界的忠实"向导"，引领其步入更广阔的世界；希望它在帮助中国人民认识世界的同时，也能够架起世界各国人民认识中国的一座"桥梁"，一座中国走向世界、世界走向中国的"桥梁"。

《列国志》编辑委员会
2003 年 6 月

CONTENTS

目　录

序　一 / 1

序　二 / 1

第一章　国土与人民 / 1

第一节　自然地理 / 1

　　一　地理位置 / 1

　　二　行政区划 / 2

　　三　地形特点 / 4

　　四　河流与湖泊 / 7

　　五　气候 / 9

第二节　自然资源 / 11

　　一　矿物和地质构造 / 11

　　二　植被 / 15

第三节　居民与宗教 / 19

　　一　人口 / 19

　　二　民族 / 20

　　三　语言 / 21

　　四　宗教 / 22

　　五　社会结构和制度 / 23

CONTENTS 目 录

第四节　民俗与节日 / 29

　　一　民俗 / 29

　　二　节日 / 39

第二章　历　史 / 42

第一节　早期居民与史前遗迹 / 42

　　一　早期居民 / 42

　　二　史前遗迹 / 43

第二节　外来移民与阿散蒂王国 / 44

　　一　外来移民 / 44

　　二　阿散蒂王国 / 45

第三节　西方列强对加纳的侵略和

　　　　阿散蒂王国的抗英战争 / 49

　　一　西方列强对加纳的侵略 / 49

　　二　阿散蒂王国的抗英战争 / 51

　　三　黄金海岸殖民地的建立 / 55

第四节　英国对加纳的占领和殖民统治 / 55

　　一　英国对加纳的占领 / 55

　　二　英国对加纳的殖民统治 / 60

CONTENTS

目 录

第五节　加纳人民反对英国殖民统治的斗争 / 64

 一　早期反殖斗争 / 65

 二　两次世界大战之间的反殖斗争 / 66

 三　第二次世界大战：加纳走向独立的契机 / 68

 四　宪法改革 / 71

 五　恩克鲁玛与人民大会党的创建 / 72

 六　从自治到独立 / 77

第六节　独立后的加纳 / 80

 一　第一共和国时期 / 81

 二　第一军政府时期 / 84

 三　第二共和国时期 / 86

 四　第二军政府时期 / 88

 五　第三共和国时期 / 93

 六　向第四共和国过渡时期 / 96

 七　第四共和国时期 / 100

第七节　著名历史人物和当代政治人物 / 104

 一　克瓦米·恩克鲁玛 / 104

 二　科菲·布西亚 / 107

 三　伊格纳修斯·库图·阿昌庞 / 108

CONTENTS

目 录

四 希拉·利曼 / 109

五 杰里·约翰·罗林斯 / 109

六 约翰·阿吉耶库姆·库福尔 / 111

七 约翰·伊文斯·阿塔·米尔斯 / 112

第三章 政 治 / 113

第一节 国体与政体 / 113

一 国体的演变 / 113

二 宪法更替与政体演变 / 114

第二节 2008年总统选举与米尔斯政府 / 118

一 2008年总统竞选与议会 / 118

二 米尔斯内阁 / 119

第三节 司法机构 / 120

一 司法系统 / 120

二 公共法庭系统 / 121

三 传统法庭 / 121

四 司法制度的特点 / 122

第四节 政党团体 / 123

一 恩克鲁玛统治时期的政党 / 123

CONTENTS
目　录

　　二　实行多党制后出现的政党 / 125

　　三　罗林斯执政时期的群众团体 / 128

第四章　经　　济 / 131

　第一节　概况 / 131

　　一　概述 / 131

　　二　2009 年经济形势 / 134

　　三　经济前景预测 / 137

　第二节　农业 / 138

　　一　概况 / 138

　　二　农耕作物 / 139

　　三　畜牧业 / 144

　　四　林业 / 146

　　五　渔业 / 148

　　六　水利建设 / 149

　第三节　工矿业 / 150

　　一　采矿业 / 151

　　二　制造业 / 155

　　三　电力工业 / 156

CONTENTS

目 录

　　四　石油与天然气 / 157

　　五　建筑业 / 159

第四节　服务业 / 160

　　一　服务业政策目标 / 160

　　二　服务业的业绩 / 160

第五节　交通运输 / 164

　　一　铁路运输 / 165

　　二　公路运输 / 166

　　三　内河运输 / 167

　　四　空中运输 / 168

　　五　海上运输与海港 / 170

第六节　财政 / 172

　　一　税收 / 173

　　二　汇率 / 174

　　三　预算与执行结果 / 175

　　四　内债与外债 / 176

第七节　金融 / 176

　　一　概况 / 176

　　二　货币金融政策 / 177

CONTENTS

目 录

　　三　货币供应 / 178

　　四　通货膨胀 / 178

　　五　利率 / 180

　　六　国内储蓄 / 181

　　七　国内信贷 / 181

　　八　金融机构 / 182

第八节　改革开放 / 183

　　一　概况 / 183

　　二　改革开放的一些具体措施 / 184

第九节　对外贸易与国际收支 / 188

　　一　对外贸易相关政策和规定 / 188

　　二　进出口商品结构和贸易对象 / 190

　　三　进出口贸易额变化情况 / 192

　　四　国际收支 / 192

　　五　外汇管理和外汇储备 / 196

第十节　国民生活 / 197

　　一　物价 / 197

　　二　就业 / 197

　　三　工资 / 198

CONTENTS 目　录

　　四　居住条件 / 201

　　五　缩小贫富差距 / 201

第五章　军　　事 / 202

第一节　概况 / 202

　　一　建军简史 / 202

　　二　国防体制 / 204

　　三　国防预算 / 204

第二节　军种和兵种 / 206

　　一　陆军 / 206

　　二　海军 / 207

　　三　空军 / 207

第三节　军事训练和兵役制度 / 208

　　一　军事训练 / 208

　　二　兵役制度 / 209

第四节　对外军事关系 / 209

　　一　双边关系 / 209

　　二　武器来源 / 210

　　三　外国军事援助 / 210

13

CONTENTS

目　录

　　　　四　军事条约 / 210

　　　　五　维和行动 / 210

第六章　**教育、科技、文化、卫生** / 212

　　第一节　教育 / 212

　　　　一　教育发展简史 / 212

　　　　二　独立初期政府采取的措施 / 213

　　　　三　重视基础教育 / 215

　　　　四　高等教育的发展 / 217

　　　　五　基础教育的成绩与存在的问题 / 218

　　　　六　教育工作的新发展 / 220

　　第二节　科学技术 / 221

　　　　一　一般情况 / 221

　　　　二　科研机构 / 222

　　　　三　社会科学专业学术团体 / 223

　　　　四　科研活动 / 223

　　第三节　文化艺术 / 225

　　　　一　政策法规 / 225

　　　　二　文化机构 / 225

CONTENTS

目 录

三　文学 / 226

四　戏剧电影 / 228

五　音乐舞蹈 / 229

六　工艺美术 / 231

七　文化设施 / 232

八　艺术节 / 233

第四节　医疗卫生 / 233

一　独立前简况 / 233

二　独立初期医疗卫生状况和措施 / 234

三　罗林斯政府的政策法规 / 235

四　医疗卫生的预算开支 / 236

五　婴儿疾病的防治 / 236

六　河盲症的控制方案 / 237

七　医疗卫生事业的新发展 / 237

第五节　体育 / 239

一　体育领导机构和体制 / 239

二　体育项目 / 240

三　国际交流 / 242

四　体育设施 / 242

CONTENTS
目 录

第六节 新闻 / 242

　一 报纸与通讯社 / 242

　二 广播与电视 / 243

第七章 外 交 / 245

第一节 外交政策 / 245

　一 冷战时期的外交政策 / 245

　二 冷战结束后的外交政策 / 246

第二节 对外关系 / 248

　一 概况 / 248

　二 同中国的关系 / 249

　三 同主要西方大国的关系 / 256

　四 同尼日利亚的关系 / 260

　五 同邻国的关系 / 261

主要参考文献 / 264

　一 英文部分 / 264

　二 中文部分 / 267

序　　一

　　非洲有一片堪称世界之最的浩瀚无垠的撒哈拉大沙漠。沙漠以北是阿拉伯世界的一部分；沙漠以南是黑人的世界，俗称黑非洲。提起黑非洲有人就说那是落后和令人恐怖的世界，这实际上是一种极大的误解。且不论非洲现代人的出现是在5万年前，比欧洲早2万年，也不说北非、东北非各族劳动人民所创造的光辉灿烂的古代文化，就以西部非洲来说，早在16世纪以前，就先后建立过像加纳、马里、桑海等这样一些著名的国家。他们在经济上和文化上的成就，远远胜过同时代的欧洲人。16世纪以后，西非开始遭到欧洲殖民主义者的侵略和掠夺。罪恶的奴隶贸易侵害非洲达400多年之久，为资本主义发展提供了大量原始资本积累，同时也使非洲各族人民的社会经济发展蒙受了极其严重的破坏，其中西非受害最为深重。

　　笔者大学毕业后从事西亚非洲问题研究，并在20世纪90年代有幸到加纳常驻近四年。在此期间，笔者充分利用一切可能的机会，走访政府机关、社会团体、工厂企业和大专院校；结识上自部长下至平民百姓，考察和研究城镇乡村、厂矿农场、作坊，全面了解加纳社会各阶层的生活。回国后，承蒙西亚非洲研究所领导热诚相邀，笔者欣然为中国社会科学院西亚非洲研究所的非洲基础研究聊尽绵薄之力，在同仁们的大力支持下，经过艰苦努力，最终撰写了列国志《加纳》书稿。

加纳

此前，笔者曾经对欧美、亚非地区的跨国公司进行过一定的研究并认为，对于中国商人和企业家来说，到非洲去经商和投资的机会比欧美多得多，而且相对容易，简而言之，机遇多于挑战，因为以罗林斯为首的改革派在政治上加强民主与法制建设，尤其自1992年12月起加纳实行宪政，宪法公决，总统经过公民投票选举。全国民主大会党的罗林斯连任两届总统。接着，新爱国党的库福尔连任两届总统。2008年12月，全国民主大会党的米尔斯当选总统。加纳总统换届选举实现了和平过渡，经济政策确保了连续性。在经济上，加纳实行市场经济和改革开放政策，重视基础设施建设，外国直接投资受法律保护。1983～1991年，加纳GDP年均增长率为5.33%，消灭了财政赤字，被国际社会誉为非洲国家经济结构调整的"样板"，并于1994年被联合国取消"最不发达国家"的称谓。1995～2003年，加纳GDP年均增长率为4.4%，2004～2009年为6.03%。从1983年起到现在的28年里，加纳社会稳定、经济持续发展，GDP年均增长率达到5%，在经济结构改革和经济发展方面堪称非洲其他国家的榜样。

世界冷战时代结束以后，最令人瞩目的是美国对非洲表现出格外浓厚的兴趣。1998年3月，时任美国总统克林顿把加纳作为访问非洲的第一站。2009年7月，现任美国总统奥巴马访问加纳。他们的访问足以吸引世界政治观察家和外国直接投资者的眼球。不过，美国政要和政治观察家更青睐加纳政治民主化、思想自由化和企业私有化，而外国直接投资者则看重加纳社会稳定、能为外国直接投资提供法律保证和外汇自由兑换。

本书对加纳的国土和人民、历史、政治、经济、军事、教科文卫、外交政策，包括加纳的风俗习惯，都详尽地作了介绍，重点描写了加纳的政治、经济、历史和社会问题，旨在帮助中国读者全面客观地了解加纳的过去和现在，增进中加两国人民的友好与合作。本书资料翔实、观点鲜明、文风生动活泼、语言通俗流畅，适合机关团体的干部、科研单位的研究人员、企业家、商务工作者、大专院校及中学师生和一般读者阅读。企业走出国门，走跨国经营的道路，利用国内、国际两个市场和两种资源，使资源实现最佳配置，使企业获得最佳效益，这是中国企业的必由之路。在中国加入WTO后，这个群体的读者若能阅读一下列国志《加纳》一书，亦会开卷有益。如果《加纳》一书能为读者起到一些积极作用，笔者将感到十分欣慰。

笔者谨向高晋元先生、吴期扬先生、朱重贵先生和顾章义先生以及为本书作最后审稿的温伯友先生等所有同仁表示衷心感谢。笔者还向社会科学文献出版社责任编辑张晓莉女士表示衷心感谢。另外，笔者还一并向刘芝田女士和任颖小姐表示衷心感谢。最后，书中如有疏漏和其他不妥之处，恳请专家、学者及读者朋友们不吝赐教。

中国世界贸易组织研究会顾问
河南财经学院兼职教授　任泉
2010年7月于北京

序 二

加纳地处非洲西部，南濒大西洋，是第二次世界大战后撒哈拉以南非洲第一个摆脱西方国家殖民统治，获得独立的国家。加纳的独立不仅开创了加纳独立自主发展的新时代，而且对正在争取独立的非洲其他国家产生了巨大影响，鼓舞这些国家人民为争取独立进行百折不挠的斗争。

加纳争取独立的斗争源于西方列强的侵略和英国的殖民统治。我们知道，加纳不仅土地肥沃，物产丰富，而且人民勤劳智慧，有着独特的历史文化传统。16~17 世纪，加纳境内出现了多个土邦（Native State）。18 世纪初，中部地区的阿散蒂土邦在使四周的小土邦臣服后，发展成为实力强大的封建王国。然而，从 15 世纪 70 年代起西方列强不断加大对加纳的侵略，使加纳逐步丧失主权和独立，到 19 世纪末就完全沦为英国的殖民地。在英国殖民统治下，加纳人民政治上受压迫、经济上受剥削、思想上受奴役，加纳的传统文化遭到了摧残。有压迫就有反抗。为了恢复国家独立，加纳人民自英国在加纳建立殖民统治之日起就开始各种反抗斗争。随着加纳人民反抗力量的不断增强，英国殖民者不断变换统治手法，但最终不得不于 1957 年 3 月 6 日承认加纳独立。加纳成为第二次世界大战后撒哈拉以南非洲第一个获得独立的国家。

加纳之所以能成为二战后撒哈拉以南非洲第一个获得独立的

加纳

国家，有主观因素，也有客观因素。从主观因素来看，首先在于加纳有较为强大的无产阶级队伍。加纳无产阶级包括在外国资本家经营的矿山、原料加工和交通运输等企业中劳动的工人，也包括在民族资产阶级经营的这些企业中劳动的工人，还包括农业领域中的一些贫雇农。经过反法西斯的第二次世界大战，加纳无产阶级不仅人数迅速增加，而且觉悟程度也明显提高。1947年，加纳无产阶级人数已达27万多，1951年增至30.6万，相当于当年成年男丁人口的25%。这个比例在撒哈拉以南非洲诸国中是最高的。二战前，在殖民当局的压制下，只有码头和汽车司机被允许组织工会。二战爆发后，由于工人们的斗争，各行业工会相继建立。到1947年，登记在册的工会组织已有50多个。同时，这些工会组织还联合组成了一个全国性的工会组织——黄金海岸工会大会。无产阶级人数的增加、觉悟程度的提高和组织性的加强，使他们的斗争不仅为自身的利益而展开，而且日益与争取民族独立运动紧密结合起来。无产阶级是加纳民族独立运动的中坚力量。农民是无产阶级的天然同盟者。在无产阶级斗争的推动下，广大农民反对殖民当局增加税收和横征暴敛的斗争也日益同民族独立运动结合起来。农民已成为争取民族独立运动的基本力量。

其次，还在于加纳民族资产阶级较为有力，并在同英国殖民者的斗争中积累了经验。加纳民族资产阶级主要有两类：一类是在充当英国商贸公司的中间商（经纪人）中发展起来的。这类人在为英国商贸公司收购经济作物、推销英国日用商品过程中显示出自己的才干，并在商界中赢得一定的社会地位后，就力图打破英国商贸公司对加纳的商贸垄断。随着英国垄断公司掠夺的加紧，这类人越来越坚决地站在反对殖民主义、争取民族独立的立场。另一类是向英国资本家开办的企业投资的商人，他们在赚到一定的钱后就自己开办企业和公司，但由于经常遭到殖民当局和英国资本家的压制和排挤，就使他们同英国殖民者和殖民商人处于对立地位。为了与英国殖民者进行斗争，他们起初成立一些团体组织，到1947年则正式建立民族主义政党——黄金海岸统一大会党。随后，他们又建立了黄金海岸人民大会党、民族解放运动党和北方人民党等。

再次，还在于加纳有较强大的民族知识分子阶层。英国殖民者认为，加纳资源丰富，但气候条件不适宜欧洲人长期居住，英国难以向这个地区大量移民，要使加纳长期成为英国原料产地和商品销售市场，必须从当地人中培养一定数量的有知识和有技能的管理人才，其中包括行政职员、公司雇员、医生、律师、新闻记者、教师和编辑等。为了培养管理人才，英国殖民者在加纳兴办了一些学校，还允许有的人去海外留学。独立前夕，加纳人大约每14人中有1人受过初等或初等以上教育。这个人数比例，在撒哈拉以南非洲国家中是最高的。不过，对于各类人才，英国殖民者只能控制其中的一部分，大部分人都走到殖民者愿望的反面，成为反对英国殖民统治、争取民族独立运动的鼓动者和斗士。

最后，大多数酋长都站到民族独立运动一边。加纳有63个大酋长和200多个小酋长，他们都是拥有一定土地的封建主。英国侵占加纳后，利用酋长在居民中的影响和威望，对他们实行"怀柔"政策，把他们当做自己在加纳实行殖民统治的支柱。英国殖民者一方面让他们在殖民统治机构中担任官吏，给他们优厚的薪俸，另一方面又多方限制他们的权力。而随着英国垄断组织势力在加纳的扩张，加纳商品经济的进一步发展，酋长的影响和作用在逐渐下降，英国殖民政府也逐渐把酋长置于无关重要的地位。所有这些都引起酋长们的不满。他们中越来越多的人站到支持民族独立运动一边，表示支持民族独立运动，有的还成为民族独立运动的领袖人物。

加纳

当然，二战后加纳在撒哈拉以南非洲之所以能先于其他国家获得独立，也同当时的世界形势密切相关。经过反法西斯第二次世界大战的战斗洗礼，世界各族人民的觉悟空前提高，要和平、要民主已成为不可阻挡的潮流，加纳人民争取独立的斗争得到社会主义国家和世界各族人民的支持。而作为加纳的宗主国——英国经过第二次世界大战，其实力空前削弱，已不能像战前那样对加纳实行有效控制，所有这些，都有利于加纳人民争取独立斗争的胜利。

加纳于1957年3月6日获得独立后，以恩克鲁玛为首的民族政府对内实行发展民族经济、巩固国家独立和统一的政策，对外奉行和平、中立和不结盟的政策，反对帝国主义和殖民主义，支持非洲各国民族独立运动。这一独立自主的内外政策得到加纳各族人民的支持。正是在全国各族人民的支持下，加纳在独立初期经济发展较快。在20世纪60年代前半期，加纳年生产增长率为5.5%~6%，人均国民生产总值在非洲居第五位。这无论对加纳本国人民还是非洲其他国家人民都是莫大的鼓舞，却引起西方殖民者的不安和仇恨。为了搞垮恩克鲁玛领导的民族政府，西方殖民者用造谣、诽谤、歪曲、中伤等手段进行攻击，还与加纳国内反对派、分裂主义者、阴谋家和野心家等相勾结，搞集会、爆炸、暗杀和分裂等活动。恩克鲁玛本人更成为他们暗害的对象。他们还利用恩克鲁玛政府政策上的失误和群众的不满情绪，于1966年2月24日乘恩克鲁玛出国访问之际发动政变，推翻了由他领导的民族政府。

恩克鲁玛领导的民族政府被推翻后，加纳进入了一个政权频繁更迭、社会异常动荡和不安的时期。在这一时期，官场贪污腐败成风，政府债台高筑，物资短缺，物价飞涨，投机倒把盛行，百姓生活苦不堪言。到1980年，加纳内债高达62亿塞迪，外债为36.7亿塞迪，两者相加约等于1978~1979年度政府财政总收入 25.2 亿塞迪的 4 倍。向来以出产黄金名闻遐迩的加纳被人形容为"手拿世界帽,到处去乞讨"的"国际乞丐"。加纳的国际形象受到严重损坏。这种状况,一直到 1982 年 1 月以罗林斯为首的改革派掌握国家政权后才开始改变。

罗林斯出身行伍,但对加纳事务颇有见地,是一位很有作为的年轻改革家。他说过,加纳自独立以来虽然经历了磨难与挫折,但是我们的政府和人民从中学到了不少东西。他认为,加纳既不能照抄西方的资本主义,也不能照搬东方的社会主义,而是要"据本国的实际情况,走自己的路"。在掌握国家政权后,以他为首的改革派根据加纳实际情况,在经济、政治等领域进行了一系列的改革。经济上,推行市场经济,加强政府的宏观调控,调整经济结构,"将经济活动的重点由市场贸易为主转为以生产为主"。在重视发展工业的同时,也重视发展农业,提高农产品收购价格,加强基础设施建设,积极引进外国技术和资本。政治上,加强民主与法制建设,尤其通过《地方议会选举法》(1988年 7 月生效)、《第四共和国宪法》(1992 年 4 月生效)和《政党法》(1992 年 5 月生效)等的颁布和实施,使加纳民主和法制建设踏上了新的台阶。加纳政局日趋稳定。所有这些,都使加纳经济在 1983 年得到恢复后,每年保持 5% 左右的增长率。1983~1991 年加纳财政连续没有赤字,被国际社会誉为非洲国家经济结构调整的"样板"。1994 年财政收支盈余 1117 亿塞迪,被联合国取消"最不发达国家"的称谓。20 世纪末和 21 世纪初以来,加纳工农业生产持续增长,粮食产量基本上能满足国内需要。加纳国际地位逐步得到提高,影响力进一步加强。

这里需要特别指出的是,加纳原名"黄金海岸"。1957 年 3 月 6 日黄金海岸独立时,采用了西非历史上第一个著名的王国——加纳的名字作为自己的名字,才改称为"加纳"。之所以这样改名,一是为了增强人们尤其青年人的民族自豪感,要让他

加纳

们知道在西方殖民者侵入前,"在被称为西苏丹的非洲西部"就有过著名的加纳王国,"加纳这个名称使现代西非青年想起伟大的中世纪文明的光辉和成就"。二是可以将此作为对黄金海岸独立后"国家前途的鼓舞",鼓舞人们把国家建设得更加美好。[①] 然而,有些人在谈到今日加纳这个国家时既不问黄金海岸独立时改国名为加纳的缘由,也不顾古代加纳与今日加纳是由不同民族在不同时代、不同地区建立的两个不同国家这一事实,硬是将这两个国家的历史进行对接。例如,有的人将古加纳王国说成是由今加纳的祖先建立的。[②] 有的人将今加纳看成是由古加纳王国嬗变来的。[③] 而有的出版物在介绍今加纳文明时,不是从11世纪阿肯人、莫西人等开始迁入今加纳境内说起,而是从4世纪古加纳王国兴起说起,借此表明今加纳是古加纳历史的延伸,是对古加纳历史的继承。[④] 这是对历史的误读。这种望文生义,不调查研究,任意扯拉的做法,实在是贻笑大方。当然,我们这样说并不是要否定今加纳与古加纳有过一定关系,只是这种关系不是别的,而是今加纳人的祖先曾是古加纳王国的臣民,依附过古加纳王国。

人们知道,西非内地早在公元前4000年左右就出现了灿烂的农业文明,它是由曼丁果人的先民们创建的。他们在西非最先使用铁器,而后再使用铜器。到原始社会末期,曼丁果人的不同支系在西非内地不同地区建立起不同的王国。到4世纪,曼丁果人的一个支系索宁凯人建立的加纳王国渐强,逐步征服和兼并四

[①] 参阅《恩克鲁玛自传》,世界知识出版社,1960,第272页。
[②] 熊忠英等编著《非洲》,中国青年出版社,1961,第137页。
[③] 陈敦德:《探路之行:周恩来飞往非洲》,世界知识出版社,1999,第43~44页。
[④] 这类出版物主要有世界知识出版社历年出版的《世界知识年鉴》、《非洲列国志》等。

周小国以及一些原始部落。其统治范围大体上包括今马里和毛里塔尼亚的南部、塞内加尔东部、几内亚北部和布基纳法索西北部。作为今加纳国家的主体民族，阿肯人当时尚处于原始社会发展阶段。他们信奉原始宗教，以臣民的身份生活在古加纳王国的南部边疆。11世纪70年代信奉伊斯兰教的阿尔摩拉维德王国侵入古加纳王国后，阿肯人为了躲避战乱和保持自己的原始宗教信仰，从11世纪末起就开始离开故地向南迁徙，来到今加纳境内定居，直到16世纪才开始建立国家组织。古加纳王国灭亡后，相继称雄西非的是马里王国和桑海王国。前者是由曼丁果人另一支系的马林凯人建立，后者由桑海人建立。目前，作为曼丁果人不同支系的索宁凯人、马林凯人等仍广泛分布于马里、几内亚、塞内加尔等国境内。他们的祖先创建了古加纳王国，他们才是古加纳王国历史的继承者。所以，把当时尚处于原始社会发展阶段的阿肯人说成是古加纳王国的创建者，或把今加纳说成是古加纳王国历史的延伸和继续，都是一种穿凿附会。本书"历史"这一章的撰写跳出了这一窠臼，是以今加纳国境范围内人类的出现和外来移民阿肯人、莫西人等的迁入作为加纳历史的开端，然后是国家组织的建立和变迁，西方殖民者的入侵，加纳人民如何进行反侵略和反殖民压迫斗争，加纳人民在争得独立后如何建设自己的国家等，从而正本清源，使人了解加纳的真实历史。

恩克鲁玛是加纳共和国的缔造者和开国元勋，是对非洲及其他大洲有影响的人物，但对他的评价至今仍是见仁见智，缺少客观公正性。对他的评价主要涉及四个方面：(1) 在争取国家独立斗争中采取的战略方针；(2) 加纳独立后为发展民族经济和捍卫国家独立统一所实行的方针政策；(3) 为非洲大陆完全解放和团结统一提出的主张和进行的斗争；(4) 为国际反帝反殖和不结盟运动提出的主张和所作的努力。列宁在讲到如何评价历史人物时说过，判断一个人的"历史功绩"，不应该根据他有没

有"提供现代所要求的东西",而是应该根据他比其"前辈提供了新的东西"。所以,笔者认为,只要将恩克鲁玛与他的前辈甚至同辈人如本书中提到的凯斯利·海福德、奥弗里·阿塔、约瑟夫·丹凯等人作比较,就能发现恩克鲁玛在他所处的那个时代确实提供了此前不曾有过的"新的东西",就不难对他作出客观公正的评价。

本书对这个国家总的称呼是加纳,但有的地方用了黄金海岸这个名称,主要是看行文中哪个名称适宜。1957年加纳独立以前的历史及有关法律条文等,用黄金海岸这个名称较多。"著名历史人物和当代政治人物"这一节,仅限国家元首和政府首脑,按就职年份和出生年庚先后排列。

本书初稿和二稿均由任泉撰写。非洲列国志课题组先后两次讨论。参加讨论的有课题负责人温伯友和赵国忠先生,还有相关专家学者高晋元先生和吴期扬先生等。经过讨论和研究,课题组责成笔者对书稿进行再修改和调整补充,朱重贵研究员还为再修改提出一些建设性意见。笔者本着一种使命感接受了此项任务,几度修改,并撰写了第二章"历史"部分。现在呈给读者的这本书,舛误难免,望请读者指正。

中国非洲历史研究会顾问
中央民族大学历史系教授　顾章义
戊子年秋于京西

第一章

国土与人民

第一节 自然地理

一 地理位置

加纳位于非洲的西部,东邻多哥,西界科特迪瓦,北面同布基纳法索接壤,南面濒临大西洋几内亚湾,海岸线长约562公里。

全国总面积23.8537万平方公里,几乎等于英国的总面积。领土的轮廓呈梯形。北面是梯顶,东西宽约342公里;南面是梯底,东西宽约537公里。南北长约676公里。

加纳是全世界经纬度最低的国家。最北端位于北纬11°,最南端的三尖角位于北纬4°4′。东南端位于东经1°12′,西南端位于西经3°15′。东、西、北三面陆地边界线总长为2093公里(其中,与多哥边界线长877公里,与布基纳法索边界线长548公里,与科特迪瓦边界线长668公里),南面海岸线长539公里。[①]

加纳的领海为12海里,大陆架专有经济区为200海里。格

---

① E. A. Boateng, *A Geography of Ghana*, Cambridge University Press, 1960, p. 3.

加纳

林威治本初子午线穿过加纳的东半部，正好在特马新港与海岸线相交。这里有一块突出到海上的岩石，名叫子午岩。

二　行政区划

加纳独立前是英属黄金海岸殖民地，由4个地区组成。加纳独立初期分为5个省（Region），后来分成8个省。从1983年1月起到现在，全国分为10个省、110个县。10个省的名称及省会是：

东部省，面积1.9938万平方公里，省会科福里杜亚；大阿克拉省，面积2577平方公里，省会阿克拉；中部省，面积9881平方公里，省会海岸角；西部省，面积2.3921万平方公里，省会塞康第；阿散蒂省，面积2.439万平方公里，省会库马西；布朗阿哈福省，面积3.9557万平方公里，省会苏尼亚尼；北部省，面积7.0383万平方公里，省会塔马利；沃尔特省，面积2.0572万平方公里，省会霍城；上东部省，省会博尔加坦加；上西部省，省会瓦城。（1983年1月以前，上东部省和上西部省是一个省，称为上部省，面积2.7319万平方公里，省会博尔加坦加。）[1]

阿克拉是加纳的首都，人口约228万（2009年8月英国经济情报局加纳国别报告），位于几内亚湾内浩瀚的大西洋沿岸。绚丽的阳光，绿色的树木，鲜艳的花朵，蓝色的海水，加上和风下的海浪，使这座美丽的海滨城市格外迷人。

阿克拉坐落在阿克瓦皮姆丘陵地带的一个小盆地之内，不过，随着历史的流逝，几经沧桑的小盆地已经令人无法辨认。

15世纪，埃维人的一个支系加族人从尼日利亚沿着海岸或乘独木舟，或步行来到阿克拉。他们起初在距阿克拉西北12公

---

[1]　M. M. Huq, *The Economy of Ghana*, St. Martin's Press, New York, 1989, p.36.

里的阿克瓦皮姆丘陵地带建立了第一个居民点。到17世纪前半期，为便于与葡萄牙人贸易，他们又在靠海的科列尔泻湖以东建立居民点。在此同时，阿肯人也来到阿克拉沿海。阿肯人把这个地方叫做"乌克朗"（Ukran），意为"蚂蚁"或"黑蚁"。据说当年村庄的周围有很多黑蚂蚁筑的蚁山和蚁冢。蚁冢构造很科学，下雨也不会被雨水淹没渗入，因为都筑在地势较高之处，而且蚁冢的周围有导水槽。自从1876年黄金海岸英军司令部从海岸角迁移到阿克拉以后，阿克拉人口不断增长。据统计，1891年为1.6267万人，1960年为33.7828万人，2008年约为228万人。由于这种特殊地位，经过上百年的建设开发，阿克拉逐渐成为加纳的政治、经济、交通和文化中心。

阿克拉历史上发生过多次地震，每次都受到严重破坏，但是，事后都由勤劳智慧的阿克拉人民把它重建起来，而且，城市的规模越来越大，市政建设的发展越来越快。

加纳独立后，昔日的旧城痕迹已经一扫而光，代之而起的是栋栋楼房拔地而起，式样新颖的居民住宅区一片连着一片。特别是最近20年以来，独立广场、议会大厦、国际会议中心、加纳银行大楼、国家剧场、拉巴迪饭店、金黄色郁金香饭店等现代化建筑的兴建，把阿克拉打扮得更加动人。来自全国各地的加纳人，走在阿克拉的街道上，都感到无比兴奋、自豪和骄傲，从心底深处说出的一句话是：这就是我们自己的首都，这就是我们自己的祖国！

阿克拉海滨，挺拔的棕榈树矗立海天之际，树上熟透了的木瓜、芒果和香蕉散发出令人陶醉的芳香，绘着彩条的两头尖的小木船在海中荡漾，渔民哼着古老的民歌或现代时髦的小调撒网捕鱼。这是多么富于诗情画意！阿克拉的海滨有几处是很美丽的天然浴场，到了公休节假日，沙滩上更是热闹非凡。今天的阿克拉不仅是一座风光秀丽的城市，而且是一座闻名遐迩的非洲英雄城

市。加纳独立以后在阿克拉命名了"2·28路"和"独立门"等，以作历史性的纪念。

三　地形特点

加纳大部分国土是平原，一般不超过海拔500米，其中1/2海拔200米，适合于发展农业。在高原山地地区有三座高峰：第一高峰是阿法德贾多峰（Afadjado），海拔885米；第二高峰是德杰博博峰（Dzebobo），海拔876米；第三高峰是托罗格巴尼峰（Torogbani），海拔872米。阿科松博拦水大坝建成以后，在沃尔特河的中游形成的沃尔特水库，面积达到8480平方公里。加纳海岸由三部分组成：三尖角以西是泻湖海岸；三尖角至阿克拉是岬角海岸；阿克拉至阿达是三角洲海岸。加纳没有天然良港，现有的两个最大的港口塔科拉迪港和特马港，都是人工建造的。加纳的地形分为12种。

1. *阿克拉沿海和腹地平原*

它介于北边的阿克瓦皮姆—多哥山脉和南边的海洋之间，但自成体系的沃尔特三角洲除外。

这个区域的地面，自阿克瓦皮姆—多哥山脉向沿海渐渐降低。阿克拉沿海部分地区很不平坦，腹地平原大致平坦。这个区域的雨量很少，灌丛比较浓密，蚁冢比较少，土壤比较肥沃。

2. *海岸角—温尼巴平原*

这个宽约7～15公里的狭长地带，实际上是阿克拉平原向西的延伸，气候和植被都与阿克拉平原相似。植被主要是灌木丛。

3. *沃尔特三角洲*

多少世纪以来，沙洲堵住了沃尔特河河口，把它分隔成为无数的水道。在西起阿克普拉班亚和东至迪努之间形成了巨大的三角洲。地面十分平坦，雨量比阿克拉沿海平原略多，植被主要是草。土地比较肥沃。海上和泻湖可以捕鱼。旱季可以用泻湖水晒盐。由于沼泽和泻湖交织，公路交通不够便利。

4. 阿克瓦皮姆—多哥山脉

这些山脉是由自南向北的复杂的褶皱所形成的。从海边到克朋之间是西南—东北走向，大部分由多哥系岩石形成；克朋以北基本上是南北走向，属于布埃姆系岩层。还有许多突出的高地，大部分是玄武岩和火山岩。在阿吉纳处，沃尔特河把山脉切割成为深深的峡谷。这里有两座山峰：德杰博博峰和托罗格巴尼峰。这里是出口商品棕榈油的主要产地。当地居民以制作陶器闻名。花岗岩和片麻岩是制陶工业的原料。

5. 克瓦胡高原

这个高原位于科福里杜亚和阿散蒂的文奇之间。高原大部分由水平的或略有褶皱的上沃尔特系砂岩组成，平均海拔为500米，南北边界均为侵蚀陡崖。

克瓦胡高原是加纳入海河流和注入沃尔特湖河流的主要分水岭。比里姆河、普拉河、奥芬河、塔诺河向南流入大海；阿夫拉姆河、普鲁河流入沃尔特河。它还是南方林区的北部屏障。整个高原都是半落叶森林。总的说来，克瓦胡高原的公路交通很不发达，因为悬崖峻峭，不容易修筑公路。恩考考镇在高原的山脚下，是主要商业和交通中心。它位于阿克拉—库马西公路和铁路会合处，是克瓦胡的南大门。

6. 南阿散蒂高地

这里地势是平缓的坡形。由于雨量分布较好，南阿散蒂高地是森林生长的理想地方。

7. 阿肯低地

阿肯低地是南阿散蒂高地的向南延伸，并且自然特征有许多相同之处。地形类似上东部省和上西部省。平均高度较低，多数低于海拔200米，山脉和丘陵很少超过350米。森林以常绿树为

主。阿肯低地由三部分组成。它们是：登苏盆地、普拉盆地、安科布拉盆地和塔诺盆地。登苏盆地主要由花岗岩构成，地形有显著的起伏，很多丘陵顶上都冠有巨大的花岗岩块。登苏盆地是可可业最初的中心之一。普拉盆地分成两部分。北部为比里姆盆地地面主要为下比里姆系岩层，大大高于登苏盆地，但起伏较小；南部主要由花岗岩构成，像登苏盆地和海岸角—温尼巴平原一样，地形不规则。安科布拉盆地和塔诺盆地西南角的岩层由晚期的白垩纪沉积地层所构成，但地质与南阿散蒂高地极为相似。岩层主要为比里姆系，但东部有一宽大的塔库瓦岩层地带，其两侧是上比里姆系岩层。

8. 阿夫拉姆平原

阿夫拉姆平原是一个三角地带，地面主要是沃尔特系砂岩水平岩层，处在海拔 70~170 米之间，大致平坦。

9. 克拉奇和北阿散蒂

这个地区的地形分成两个部分：西部的地表是一个切割准平原，往东和往南是平坦地区。

10. 冈扎和达多姆巴热带稀树干草原

这个地区的一般地貌跟它南部的克拉奇和北阿散蒂很相似。塔马利是行政和商业中心。从塔马利往北，牧场很好。

11. 瓦城和曼普鲁西高平原

这里是加纳粮食和家畜产区。这个地区的西部和北部由花岗岩和比里姆系岩层所组成，并形成一个高度切割的准平原。其他部分由沃尔特砂岩组成。

12. 甘巴加陡崖

这条狭长的高地位于瓦城和曼普鲁西高平原的东部，比周围略为凉爽和潮湿。[1]

---

[1] E. A. Boateng, *A Geography of Ghana*, pp. 139–196.

四　河流与湖泊

（一）河流

加纳主要有沃尔特等四条河。

1. 沃尔特河

它是一条国际河流，全长 1600 公里，在加纳境内长 1100 公里。沃尔特河的流域面积约 38.85 万平方公里，其中，15.9285 万平方公里在加纳境内。沃尔特河有三条支流：白沃尔特河、黑沃尔特河和红沃尔特河。沃尔特河发源于布基纳法索的博博·迪乌拉索。

沃尔特河的入海处河宽约 1.5 公里。河口经常变动，形成了沙洲，影响航行，只有小轮船可以驶入。汽艇和驳船全年都可以往来航行到潮汐所及的阿库塞。雨季期间，航程可以远达克朋以北约 8 公里的森奇渡口。

沃尔特河水力资源丰富。阿科松博拦水坝建成后，形成了面积为 8480 平方公里的大水库。这大大便利了加纳南北间的交通，还建成了一座水力发电站，在克朋建筑的大坝处也建成了一座水力发电站。同时，沃尔特水库还为加纳扩大了渔业资源。

2. 普拉河

它是阿肯切割准平原的最大水系，发源于南沃尔特高原的克瓦胡地段。普拉河有三条支流：奥芬河、阿努姆河和比里姆河。奥芬河和阿努姆河发源于阿散蒂省的曼朋和埃菲杜阿西。比里姆河发源于阿泰瓦—阿特威雷杜山。

普拉河从沙马以南入海，急流险滩较多，只有几个很短河段能划小木船。它没有什么舟楫航行之利，在 20 世纪初它和奥芬河都是从森林向海滨城市塞康第运送大量出口木材的水上漂流通道。普拉河的大部分是阿散蒂省和东部省的界河。在过去几个世

纪中，普拉河一直是阿基姆人和阿散蒂人军事上必争之地。

3. 安科布拉河

它位于普拉河以西，其流域主要是在西部省。它的上游有急流，但是，从河口向上约80公里的河段可以航行小轮船。这条河曾经为金矿开采作出过重大贡献。从1877年起，直到1901年，开采黄金的全部重型机械，都用小木船从河口运送到托门托，再用人工搬运到塔库瓦。从河口到托门托都受潮汐影响。潮水涨落可以使河水的落差达到60厘米。安科布拉河的支流有曼西河和邦萨河，源头都很接近普拉河水系。

4. 塔诺河

它是加纳和科特迪瓦的界河，发源地是在库马西西北方向的特奇曼。小轮船可以从河口逆向航行到塔诺索。在苏特里瀑布以上有个别河段可以航行小船。

另外，海滨有些小溪的作用很大。例如：登苏河是阿克拉自来水的重要水源，仅次于沃尔特水库；延苏河是温尼巴市的供水水源。

(二) 湖泊

加纳的湖泊有两类：一是内陆湖，二是沿海潟湖。

1. 内陆湖

内陆湖以波索姆特威湖（Bosomtwi Lake）最大。该湖位于库马西东南方向约34公里处，是内陆湖，由火山爆发形成，面积约48平方公里，湖深约7米。湖内水产相当丰富。不过阿散蒂人把鱼奉为神灵，所以不能捕捞食用。波索姆特威湖风景秀丽，也是发展旅游业的好地方。

2. 沿海潟湖

多数潟湖是因河口被海水和海潮冲击，并被沙洲将它们与海洋分隔开来而形成的，潟湖中的水是有咸味的。比较著名的潟湖有：塔诺河河口附近的阿比潟湖，登苏河河口附近的萨库莫潟湖，阿克拉的科莱泻湖，沃尔特三角洲的松高泻湖、阿武泻湖和凯塔泻湖。①

五　气候

加纳十分接近赤道，属于热带气候。全年分为雨季和旱季，西南部是热带雨林，雨量大，年均降水量高达2030毫米。加纳气候主要是由风系、气温、雨量、湿度四个要素形成的。

（一）风系

加纳有两个风系：东北信风（亦称哈麦丹风）和季风（或称西南风）。东北信风是从温度很高的撒哈拉沙漠吹来的。它酷热而干燥。季风是从南大西洋吹来的。它在越过赤道时因为受到地球偏转力的作用而转变成西南风（或季风）的，它凉爽而潮湿。气象学家将东北信风称作热带大陆气团，将西南季风称作热带海洋（或赤道）气团。加纳的气候，或者是由于其中一种风系造成的结果，或者是两种风系共同作用的结果。

加纳全国各地的气温全年都很高，但是，从南到北降水总量、雨季长短、降水季节分布都有明显不同。一般地说，距离海岸越远，旱季越长。然而有趣的是，靠近海岸的西南部热带雨林地带雨量最大，而从阿克拉到阿达沿海的狭长地带，年均降水量是最少的地带。

（二）气温

加纳因为靠近赤道，全年阳光充足，气候炎热。除少数地方因为海拔较高而气温较低外，全国年均气温一般在21℃～32℃之间。近海地区气温最低，北部内地气温最高。日平均温差，近海地区为6℃～7℃，而北部内地则高达10℃～17℃。

---

① E. A. Boateng, *A Geography of Ghana*, pp. 38–45.

加纳

全国绝大部分地区，白天最高气温和月平均最高气温均出现在 3 月或提前到 2 月，而最低气温则出现在 8 月。年均最高气温（34℃）出现在最北部地区，而年均最低气温（30℃）出现在沿海地区。夜间最低气温和月平均最低气温出现在 1 月，而沿海地区出现在 8 月。最高气温通常出现在 3 月，偶尔也出现在 4 月或 5 月。有时，有些地方的气温要比上述气温高得多或低得多。例如，上东部省的纳夫龙戈的气温记录，曾经达到过 42.5℃。阿散蒂的库马西和东部省的塔福，都出现过 13℃ 的低温。

（三）雨量

加纳的降水总量和分布变化很大。西南部的埃西亚马平均降水量高达 2150 毫米。东南部的阿克拉只有 825 毫米。降水量具体分为四种类型。

1. 单峰型甲

从 3 月起降水量逐渐增加，到 8 月或 9 月达到顶点。瓦城和萨拉加以北属于这种类型。塔马利和纳夫龙戈最为典型。

2. 单峰型乙

3 月至 10 月是降水量变化较小的单一雨季。这种类型出现在单峰型甲区域的南部。凯泰克拉奇最为典型。

3. 双峰型甲

降水量高峰出现在 5 月、6 月和 10 月的两个雨季。这种类型出现在单峰型乙区域的南部。库马西最为明显。

4. 双峰型乙

降水量主峰出现在 5 月、6 月，副峰出现在 10 月。整个沿海地区属于这种类型。全国降水量最多的西部省，5 月、6 月主峰特别明显。但在东部省，副峰则不很明显。主峰以阿克西姆为代表。比较干燥的地区，以阿克拉为代表。

（四）湿度

湿度分为绝对湿度和相对湿度。绝对湿度是指在一定时间内，一定体积的空气中所含有的水汽的实际数量。相对湿度是指以百分比表示的存在于一定体积的空气中的水汽的数量，除以同气温同气压下同体积空气所能容纳的最大的水汽量所得的数值。接近饱和点或100%相对湿度的空气，不需要多少冷却，即可形成雨和露水。

加纳的南部潮湿。夜间和清晨，沿海的相对湿度为95%~100%。白天，中午前后，湿度下降到最低。西南部的湿度最低，可降到75%，东南部则为65%。1月哈麦丹风到来的时候，东南部的湿度急剧下降。阿奇莫塔的最低纪录是12%。

内地的相对湿度为65%。在某些季节里，相对湿度的升降不超过这个数字的20%。北部，从4月至10月是湿季，夜间相对湿度平均为95%，下午可降到70%。全年其余时间相当干燥，夜间约为80%。在纳夫龙戈，1月的相对湿度可降到25%。

相对湿度的重要性表现在：（1）它决定天气下雨的可能性；（2）它控制着动植物失去水分的速度；（3）它在很大程度上控制着土壤本身失水的速度。

由于加纳十分接近赤道，所以无法根据全年很少变化的温度来划分为四季，一年只分为雨季和旱季。就全国大部分地区来讲，3月至10月为雨季，11月至次年2月为旱季。[①]

第二节　自然资源

一　矿物和地质构造

加纳矿产资源十分丰富，主要有金矿、钻石矿、锰矿、铝矿、铁矿、石棉、石英、石油和天然气等。这与加

---

① E. A. Boateng, *A Geography of Ghana*, pp. 22-37.

加纳

纳的地质构造密切相关。

加纳是冈瓦纳古陆的一部分。据推测，冈瓦纳古陆在中生代初期分裂成为互不相连的大陆。除了一小部分以外，大部分地区都处在海平面以上已经约有两亿年了（见表1-1）。

表1-1 不同地质年代加纳的代表岩石类型

代	纪	加纳的代表岩石类型	百万年
新生代	第四纪	表层沉积或风化层	1
	第三纪	沃尔特三角洲和恩济马海岸地区的沉积及在索尔特庞德所见的沉积	70
中生代	白垩纪		120
	侏罗纪		150
	三叠纪		190
古生代	二叠纪		220
	石炭纪	不明	280
	泥盆纪	阿克拉系和塞康第系	320
	志留纪	沃尔特地区的不可分辨的代表性岩石	350
	奥陶纪		400
	寒武纪		500
	前寒武纪	达荷美系、比里姆系、塔库瓦系、多哥系（阿克瓦皮姆系）、布埃姆系	至少1750

在前寒武纪和古生代时期，有些岩层发生剧烈褶皱。这样，生成的大部分山脉已不复存在，但是，有些山以山丘和山脊形式保存下来。这样分异侵蚀形成的山脉，在加纳到处可见。这些山脉都是从东北到西南走向，同原生褶皱的方向是一致的。第四纪冰期气候变迁所引起的海平面变化，造成了一系列侵蚀面或准平原。在塞康第可以看到以往的侵蚀崖和海滩，就是有力的证明。

加纳中部沃尔特河流域有大面积沃尔特系岩层。这些岩层主要由深厚的砂岩系统组成，也含有页岩、砾岩和少量的石灰岩。沃尔特系覆盖的地面约占地表总面积的45％。沃尔特系岩层几乎是水平的，造成了平均海拔200米的平顶或台地地形。但是南北边缘地带除外，南部是南沃尔特高原或克瓦胡高原，北部是甘巴加高原。沃尔特河流域形成了沃尔特盆地。

沃尔特盆地以东是一个狭长的山岳地带，是东北—西南走向，伸向阿克拉以西的地方。其岩石分为布埃姆系和多哥系。它们属于前寒武纪晚期，比沃尔特系古老一些。

布埃姆系比多哥系生成晚些，主要由页岩、砂岩、古代火山喷出的玄武岩组成。多哥系也含有砂岩、石英岩和千枚岩。布埃姆系和多哥系的褶皱现象突出，形成阿克瓦皮姆—多哥山脉的丘陵地带。这个山脉和布埃姆系及多哥系一致，从登苏河口向东北延伸到多哥边界，一直到尼日尔河，形成多哥—阿塔科拉诸山。

这个山脉既有单一褶皱，又有复合褶皱。在加纳境内，这个山脉平均海拔500米，个别山峰达到六七百米，通常东北—西南走向，但在克朋以北，有一端几乎是南北走向。这一部分含有在布埃姆系内形成的褶皱，有些较高部分是与玄武岩块体连在一起的。尽管受到长期侵蚀，但是山脉还有褶皱山的特征。

阿克瓦皮姆—多哥山脉与海洋之间的三角地区，既有年代最久远的岩石又有年代最近的岩石。这里有一条宽阔的岩层带，可能是前寒武纪的，也可能是太古代的，在加纳这条岩层带叫做达荷美系。达荷美系岩层位于阿克瓦皮姆—多哥山脉的东部，大部分由各种片岩和片麻岩组成。片麻岩中含有石榴石。

阿克瓦皮姆—多哥山脉以东的三角地带形成了阿克拉沿海和腹地平原，在东南端达荷美系与海洋之间是沃尔特三角洲。它是由上白垩纪直到近代的幼年沉积物形成的。在海洋与沃尔特河口之间有几个大潟湖。沃尔特河和其他河流的近代沉积物形成了一个面积很大的三角洲。

加纳

沃尔特盆地的南部、西部和北部，是由前寒武纪岩层和侵入花岗岩构成的比里姆系和塔库瓦系。比里姆系比较古老，分布比较广泛。它是由变质的熔岩、各种侵入岩、千枚岩、片岩和火山灰构成的。塔库瓦系是在比里姆系中一条东北—西南走向的狭长地带。它是由石英岩、千枚岩和砾岩构成的。山岳已不存在，现在只留下为数不多的山根和直立的块状稳定岩层。

包含有比里姆系和塔库瓦系的大面积前寒武纪岩层和侵入花岗岩层，可分成西南和西北两部分。西南部分可以称为阿肯切割准平原，西北部分可以称为瓦城—纳夫龙戈—包库切割准平原。

塔库瓦系和比里姆系都有重要经济价值。加纳开采的黄金、钻石和锰的大部分主要源于比里姆系。塔库瓦系也蕴藏相当数量黄金。这两种岩层还蕴藏着丰富的铝土矿。

塔库瓦和比里姆岩层延伸到沃尔特系以下很深的部位，只有很小部分露出地面。在前寒武纪岩层切割准平原上的花岗岩侵入体分为两部分，年代比较古老的部分是海岸角花岗岩，年代比较近的部分是迪赫科韦花岗岩。

海岸角花岗岩在瓦城—纳夫龙戈—包库地区占有比较大的优势。一般说来，花岗岩容易形成丘陵地形。在恩萨瓦姆和海岸角之间就是这种丘陵。

塔库瓦系和比里姆系及其伴随生成的花岗岩，一直伸延到森亚贝拉奉与加纳西部边界之间的海岸。在沿海许多地方还有一些面积不大的幼年岩层。在埃尔米纳与塔科拉迪之间，可以找到上古生代的砂岩、页岩、砾岩和石灰岩。这些统称塞康第系。它们和在阿克拉出现的阿克拉系的砂岩、粗砾岩和页岩，属于同一时代。在索尔特庞德有一块面积不大的第三纪岩层。在埃西阿马和哈夫阿西尼之间，都有很多油页岩、砂岩和海成石灰岩构成的第三纪岩层沉积。在这些岩层之间也会有少量的砂岩。这些岩层被认定含有石油，因此经济价值较高。

加纳海岸多为沙滩，有些地方有岬角。坚硬的岩石，或是受到保护而未被剧烈侵蚀的岩石，经过长期海浪冲击，就形成了凸出的岬角，而其被海水侵蚀的末端就可能形成海蚀柱（Stacks）。例如比绍普学校和阿克拉港口或塞康第港口之间的海蚀柱，就是这样形成的。

在岩层容易侵蚀的地方可能形成海湾，海湾内常常有泥沙。从三尖角到阿克拉的海岸就有一系列海湾和岬角，但泻湖比较少。这个地段以东和以西的海岸比较平直，而海浪和海流冲击的河口地段容易形成泻湖。沃尔特河口的泻湖很大，并构成三角洲的一部分。

二　植被

影响植被的因素有土壤、水、气候和阳光等。土壤是植物赖以生长的物质基础，为了说明加纳的植被情况，有必要先了解一下加纳的土壤类别。

（一）土壤

加纳的土壤分为三类：森林地带土壤、沿海热带稀树干草原土壤、北部热带稀树干草原土壤。

1. 森林地带土壤

加纳的森林土壤可分为两大类：森林红壤（Ochrosols）和森林砖红壤（Oxysols）。森林红壤分布在雨量较少、比较湿润的北部地区；森林砖红壤分布在雨量较大、更湿润的南部地区。

森林红壤在山顶和山坡上部呈红色或红棕色，在山坡的中部呈橘红棕色，在山坡的下部为黄棕色。它的排水性能良好，酸性较小，而分布地区较广。它是整个森林地区和全国最重要的土壤，因为可可和粮食作物大都在这种土壤上种植。

相对而言，森林砖红壤的分布地带较小。它的酸度较高，腐殖质较少，颜色较深。从山顶到山坡上面，颜色为橘红色到棕

色。它的用途有限。但是，这些地区的雨量非常充沛，适合种植橡胶、油棕榈和香蕉。

在两种土壤的中间地带，兼有两种土壤。这样的土壤可以称为森林红壤—森林砖红壤过渡带。

2. 沿海热带稀树干草原土壤

这个地带的土壤类型有：热带稀树干草原红壤（Savannah Ochrosols）、淋溶红土（Groundwater Laterites）和热带黑土（Tropical Black Earths）或阿库塞黑土（Akuse Soils）。此外还有：热带灰土（Tropical Grey Earths）、酸性潜育土（Acid Gleisols）和盐渍土（Sodium Vleisols）。

热带稀树干草原红壤：它是在第三纪沉积物基础上形成的，排水性能好、疏松、多孔隙，颜色为红色或棕黄色。它是沿海地区最肥沃、最适合于耕种的土壤。

淋溶红土：它是由淡色沙层构成的。因为它的下面是黏土，所以它的雨季排水性能差，农业用途不大。

热带黑土或阿库塞黑土：从特马往东北方向延伸的地带是这种土壤。它的下面是基性片麻岩。这种黑色重黏土在雨季特别潮湿，在旱季出现龟裂。它碱性很大，目前很少有人利用耕种。

热带灰土：在它下面是妨碍排水的黏土硬盘，难以用来耕种，主要用于牧场。

酸性潜育土：它大都是由黏土组成，不适宜耕种。

盐渍土：它主要分布在沃尔特三角洲潟湖，其他潟湖的周围也可以看到。

3. 北部热带稀树干草原土壤

这个地区的土壤有两类：热带稀树干草原红壤和淋溶红土。在靠近黑、白沃尔特河及其较大支流流域还有酸性潜育土。

热带稀树干草原红壤分布在沃尔特系砂岩、阿库瓦系和下比里姆系的岩层上。它由排水性能好、疏松和多孔隙的土壤构成，颜色呈红色或红棕色。尽管缺乏磷和氮，但这些土壤在北部草原还是最好的土壤，用来大面积种植庄稼。

淋溶红土是在沃尔特页岩和花岗岩层上形成的，分布很广。它由淡色砂粒或土壤构成，基底是硬盘或黏土层。这些土壤特别是沃尔特系页岩层上的土壤，是加纳最瘠薄的土壤，几乎没有用于种植植物的。但它可以为家畜提供非常贫瘠的牧场，即使这样也得精心采取水土保持措施才行。

（二）植被

植被分为天然植被和人工植被。这里只介绍天然植被。加纳的天然植被大体上可分四类，即大森林、热带稀树干草原、沿海灌木丛和草地、海滩林和红树林。

1. 大森林

大森林分布在塔科拉迪与阿达之间宽约 15~30 公里的狭长海滨以北，南沃尔特高原北部陡崖以南和阿克瓦皮姆山脉以西。

大森林有许多种植物，分布的层次清晰。接近地面，特别是森林边缘、林中空地、人行道两侧，是阳光所及的灌木丛和一般草类。20 米的高处是具有低垂的枝杈和沉重树冠的树。60 米的高处是由具有高直的树干和小树冠的树形成的华盖。最高处的树很高，有的高达 65 米以上，因为是分散的，所以不能形成郁闭的华盖。这些树木都被藤科植物盘绕，有的一直盘至最高的树的顶端。这些树的树根很浅，树的基部常常生长板状的根支撑树身。

大森林分为两类：热带雨林和湿润半落叶林。热带雨林分布在加纳的西南角。热带雨林的树多数是常绿的，只有林中最高两层少数的树才落叶，而且并非全部在同一时期落叶。所以，一年当中森林外貌的变化很微小。热带雨林最远延伸到普雷斯特阿的北部或迪赫科韦的东部。

湿润半落叶林的结构与热带雨林的结构相似。湿润半落叶林

的大部分树具有落叶的特点。林中最高两层的一些树木在10月至次年4月之间不同时期落叶。湿润半落叶林的下层树木通常是常绿的,而高层的同类树可能是落叶的。

2. 热带稀树干草原

热带稀树干草原位于大森林以北地区。这种植被是由相距很远的矮小树木和多少延续的草坪组成的。有些草高达4米。

这个地区的树木很多具有耐火性能,而且树皮很厚。例如猴面包树（Baobab）、牛油果树（Shea Tree）和金合欢树（Acacia）,树叶闪光,边缘薄,树冠呈伞状,适应长期干旱和强烈大风。

3. 沿海灌木丛和草地

它西从塔科拉迪开始,向东到凯塔附近宽约30公里。这个地带雨量很少,灌木丛生,草地稀疏。在西部和最东部,蒲葵属植物（Fanpalms）和油棕榈很普遍。

阿克拉周围有大量的白蚁冢。滨海15公里的范围内较干燥的地方更多。白蚁冢呈小山顶状,高达3米,蚁冢周围有凹槽。

4. 海滩林和红树林

这是加纳海岸附近和泻湖湖底的一种植被。沿海一带的这类植被经常被海浪浸淹和被潮湿的海风吹拂。它们不是连绵不断地覆盖在地面上,而是由直立的或匍匐状的多汁草本植物、丛生植物和乔本植物组成。这些植物的干茎沿水平方向部分地埋在土里,茎上长长的弹簧状嫩枝黏附在砂粒上面。

泻湖和降雨时淹没在水下的旧泻湖底是红树主要生长的地方。这些红树分布不广,也不会长成大树。在泻湖水积滞的地方还可见到一些水生植物。[①]

[①] E. A. Boateng, *A Geography of Ghana*, pp. 46–58.

第三节 居民与宗教

一 人口

1991年加纳全国人口为176.4万。根据加纳统计局2000年人口与住房调查,加纳全国人口总计约为1890万,其中城市人口约为827万,约占43.76%;乡村人口约为1064万,约占56.30%。各省的人口数字是:西部省约为192万、中部省约为159万、大阿克拉省约为291万、沃尔特省约为164万、东部省约为211万、阿散蒂省约为361万、布郎阿哈福省约为181万、北部省约为182万、上东部省约为92万、上西部省约为57万。1990~1999年人口增长率为2.7%,大城市阿克拉、库马西和特马的人口分别为170万、100万和60万。2000年的人口与住房调查显示,全国人口密度为每平方公里79.3人。阿散蒂省人口最多,占全国人口总数的19.1%,其次是大阿克拉省,占15.4%。然而,大阿克拉省是人口密度最大的省份,每平方公里895.5人,其次是中部省和阿散蒂省。根据联合国开发计划署2005年人口发展报告,加纳15岁人口在全国人口中占的比例从1984年的45%下降至39.9%。根据这份报告,64岁(含)以上人口从1984年的4.3%下降至2.8%。但是,到了2015年,这个百分比可能增加至4.3%。正在改进的趋势有赖于人的健康和寿命有所延长。全国劳动力人口估计有900万,其中男劳动力占50.4%,女劳动力占49.6%。农业、牧业和林业部门,占49.2%,其次是销售和服务业,占18.2%。

加纳人口增长日趋放缓。2002年3月,人口和住房调查的最终数据显示:加纳全国人口总数为1890万,年均增长率为

2.7%，此后人口增长率日趋放缓，因为人口生育力下降了，估计每个妇女平均生育4.5个孩子，在西部非洲国家中这是生育力最低的。根据世界银行的数据，加纳1985～1994年平均人口增长率为2.8%，1995～2002年为2.2%，而根据国际货币基金组织的数据，加纳2007年平均人口增长率仅为2%。

2004年，加纳全国人口约为2140万，2005年约为2190万，2005年约为2250万，2006年，据英国经济情报局统计约为2240万，2007年约为2290万，2008年约为2330万。同年，10个主要城市人口共计596万，其中：阿克拉（Accra）228万，库马西（Kumasi）176.6万，塞康第—塔科拉迪45.4万，塔马利（Tamale）42.8万，阿奇曼（Achiaman）25.5万，特马（Tema）17.2万，海岸角（Cape Coast）16.9万，特西耶（Teshie）16.8万，奥布瓦西（Obuasi）16.1万，科福里杜亚（Koforidua）10.7万。

加纳统计局的数据显示，加纳在20世纪90年代贫困状况有所改善。以每年收入90万塞迪（折合110美元）作为贫困线，1991/1992年加纳贫困人口占全国人口的比例为52%，1998/1999年下降至40%。

二 民族

加纳全国有30多个民族，其中人口较多的民族有4个，即阿肯族、莫西—达戈姆巴族、埃维族和加—阿当梅族。

1. 阿肯族人口最多，占全国人口49.1%

他们当中包括阿散蒂人、芳蒂人和阿基姆人等。从11世纪末开始，阿肯族先后分批从北方迁到加纳中部定居，后来因为严重饥荒，一部分人迁移到沿海地带，因为他们以"芳"（药草）为食，故称为芳蒂人。另一部分人留在原地靠"散"（玉米）为食，故称为阿散蒂人。阿肯族主要从事农业。

2. 莫西—达戈姆巴族人口占全国人口 16.5%

他们主要定居在白沃尔特河和黑沃尔特河之间，主要从事农业和畜牧业。

3. 埃维族人口占全国人口 12.7%

他们定居在东南部到多哥沿海边界。他们是 15~17 世纪从尼日利亚迁移来的，主要从事农业。迁移到沿海边界的埃维族从事渔业。埃维族还从事手工业，他们的编织品在西非地区非常闻名。

4. 加—阿当梅族人口占全国人口 8.08%

他们主要分布在东南部阿克拉至沃尔特河下游之间的沿海地区，是 15 世纪从尼日利亚迁移来的。

此外，还有贡扎（Gonja）族，其人口占全国人口 3.7%；古尔马族，其人口占全国人口 3.5%；格鲁西族，其人口占全国人口 3.2%；约鲁巴族，其人口占全国人口 1.4% 等。

加纳民族大多属于苏丹尼格罗人种（Sudanese Negroes），是非洲大陆 5 个种族之一。这些苏丹尼格罗人，特别是森林地带的人，若干世纪以来在人种上比较纯。他们皮肤黝黑，头发卷曲，阔鼻厚唇，颚部突出，身材偏高。加纳北部的富拉尼人（Fulanis）嘴唇薄，鼻子窄而直，是尼格罗人同住在撒哈拉和北非的含族人（Ham）和闪族人（Sem）的混血人种。[①]

三 语言

加纳有 56 种方言，但是没有统一的民族语言。英语是官方语言。民族语言主要有阿肯族语、埃维语、莫西语、加语和豪萨语。许多民族语言还有各自的分支语言或方言。

---

① E. A. Boateng, *A Geography of Ghana*, pp. 108–118.

例如，阿肯语有两个分支：一个是芳蒂语，另一个是特威语。特威语使用的范围最为广泛。加语有两种方言：阿克拉方言和阿当比方言。此外，还有冈扎语、古昂语（Guang）、瓦加尔语、恩西马语、奥温语等。

四 宗教

加纳宗教信仰完全自由。总的发展趋势是，信奉非洲传统拜物教的人逐渐减少，信奉外国传来的宗教的人逐渐增多。

基督教是15世纪后期从欧洲传到加纳的，传教士们是跟随殖民主义者们一起从欧洲途经大西洋来到加纳的。目前，加纳居民43%信奉新教和天主教。伊斯兰教传到加纳的时间要比基督教早一些，大约是14世纪。据说，伊斯兰教传到加纳的来源有两个：一个是埃及，另一个是西苏丹，途径都是古老的商道。目前，加纳居民12%信奉伊斯兰教。在现实生活中，伊斯兰教的活动非常多，而且几乎每次礼拜活动加纳电视台都转播。佛教传入是加纳独立以后的事情。1967年6月，经加纳政府同意，斯里兰卡佛教组织派人前往加纳传播佛教，并在首都阿克拉设立佛教传教会。佛教国际性组织"摩诃菩提会"，在阿克拉也设有机构。

尽管许多加纳人皈依了外来宗教，但并未妨碍他们参与传统宗教仪式。目前，加纳居民38%信奉拜物教。他们认为"万物有灵"。他们崇拜的偶像很多。有些民族崇拜鱼，将鱼视作神灵。阿散蒂人崇拜自己的神祇纳纳神，认为纳纳神是他们的造物主。埃尔米纳人信奉河神。蒂夫民族和阿肯民族对蛇十分崇拜。

据加纳酋长事务部官员介绍，加纳的寺院和教堂有1693座，到1997年末增加了1307座，达到3000座。[①]

[①] 加纳前驻华大使阿梅耶多沃先生同任泉的谈话。

五　社会结构和制度

1. 工人阶级

　　加纳工人阶级是在第一次世界大战以后，首先是在交通运输和采矿两个主要部门形成的。加纳工人阶级早在第二次世界大战以前，就在塞康第—塔科拉迪建立了第一个工会。

　　根据官方统计，第二次世界大战以前，加纳职工只有6万多人。1948年增加到13.1万人，1955年增加到24.5万人，1960年，加纳职工有35万人，其中现代产业工人约15万人。加纳独立以后，加纳工人阶级获得较快发展。到20世纪80年代初，工会分支机构已经增加到17个，工会工人已达到55万人。[①]

　　加纳工人生活很贫苦。由于工业品特别昂贵和房租特别高，加上物价上涨，大多数工人单靠自己的工资养活不起全家。工人的家属或者做小商贩，或者从事农业生产，所以普通工人家庭都是勉强度日。

　　加纳独立以后，为了缓和国内阶级矛盾，恩克鲁玛政府将工人名义工资提高了一些。工人就业人数增加了25%左右，工资总额1960年比1955年提高了近1倍。从1960年7月起，恩克鲁玛政府宣布每日最低工资不得少于6先令6便士。但是，1961年7月，恩克鲁玛政府又实行了增加税收和强迫储蓄的措施。加纳商人趁机哄抬物价，1963年末，食品、布匹和日用品的价格一般都比1961年7月高出1倍左右。从1965年初起，物价进一步上涨，城市粮价增加了3倍。

　　20世纪70年代，经济恶化使工人生活水平进一步下降，如1977年，实际最低工资仅为1963年的40%左右。1982年，实

---

① *Africa Confidential*, 8 April 1981.

际工资仅为1975年的16%。

工人阶级为了保证生活，采取了罢工形式。1966年发生58次罢工，1968年和1969年又分别爆发38次和51次罢工。1972年发生13次罢工，1976年发生50次罢工，1978年发生80多次罢工。

20世纪80年代初期，工人生活水平很低。罗林斯政府颁布"三年复兴计划"后，由于物价上涨，工人实际工资下降，工人不满情绪越来越高，他们把1985年五一劳动节大会转变为反对政府的集会，喊出了"不许塞迪再贬值"、"我们不能被国际货币基金组织统治"和"何时工人才能在政府中有发言权"等口号。

20世纪90年代，随着通货膨胀率不断下降，工人生活有较大改善，月均工资可以达到40美元左右，但最低月工资只有30美元。

2. 农民阶级

根据加纳1963～1970年七年发展计划，农业劳动者人数占全国就业人口总数的62%。根据1963年4月加纳《火花报》发表的材料，从事农业的劳动者人数为150.4万人，其中，雇工为47.7万人；自耕农为100.7万人；另外，105个国营农场共有2万多农业工人。

加纳可可农户基本上是小农，共50万户。据波立·希尔的《黄金海岸的可可农》（牛津大学出版社，1956）一书的资料，中农和贫农占可可农户的80%左右。他们一般占地1～2公顷。贫农每年收入20～50袋可可豆，每年税后收入30～70加纳镑；中农收入为100～200袋可可豆，每年税后收入150～300加纳镑。

可可农户的收入比其他农民的收入高，但贫农和中农在发生可可树芽肿瘤时，得靠借债或抵押可可园过日子。

佃农开垦酋长、地主或富农的生荒地来种可可，自己负担一切费用，收获后交 1/3 的可可作为地租。雇农经营地主、富农的现成可可园，地主、富农供给农具和种子，并允许雇农食用或出售可可园内的木薯，收获后交 2/3 的可可作为地租。

经营其他经济作物的农民种植茶叶、咖啡的有 2.3123 万户，种植橡胶的有 880 户，种植烟草的有 580 户，烧木炭的有 2870 户。

加纳农民由于居住分散，文化水平较低，所以长期没有建立自己的政治组织。农民最大的组织——加纳农民联合理事会也于 1966 年被军政府解散了。一些较小的农民组织往往只要求提高可可和粮食价格，而没有更多的政治要求。但是，农民阶级在以"拒绝投票"消极方式对军人政权进行抵制方面是非常突出的。例如：1967 年 8 月 29 日举行的议会选举，只有 60% 的登记选民参加投票；1978 年 3 月 30 日举行的对"联合政府"是否赞成投票，只有 46% 的登记选民参加投票；1979 年 6 月 18 日举行的第三共和国议会选举，只有 36% 的登记选民参加投票。

3. 中、小资产阶级

中、小资产阶级以学生、教师、律师和医生等团体为代表。在历届军人政府统治初期，他们支持军人统治。在经济条件恶化，军人独裁统治加强和贪污腐化加深时，他们又成为反对军人独裁、要求恢复文官统治的重要力量。例如：1977 年 7 月，由律师、大学教师和工程师等组成的职业团体，举行全国罢工，迫使阿昌庞公布了两年内恢复文官统治的时间表。1978 年 3 月，加纳职业团体协会作出决议，要求阿昌庞和"最高军事委员会"辞职，成立临时政府。阿库福统治伊始，学生罢课、教师罢教、职业团体协会宣布全面罢工，要求恢复文官统治。罗林斯第二次上台初期，中、小资产阶级坚决支持他进行的革命。但是，1985 年 1 月 22 日，著名大学教师和自由职业人士发表声明，批判政府屈从于国际货币基金组织，放弃了革命的原则。对政府不满的

学生和一些职业团体的成员到国外谋生,据统计,加纳前后有100多万人到其他国家寻找工作,其中有37%的人是"具有高级专业和技术的职业人士"[1]。

4. 资产阶级

加纳资产阶级产生于英国殖民统治后期,成长于加纳获得独立之后。1957年加纳获得独立后,加纳民族政府先后采取多项措施限制外国垄断资本,鼓励发展民族经济,使加纳本国私人资本得到一定发展,本国企业家和商人的实力得到进一步的加强。这些拥有一定资本的企业家和商人有的成立公司,独立经营企业。在私人开办的企业中,较有名的有巴赫有限公司、塞康第木材公司、加纳棉花有限公司、加纳房地产开发公司、黑星海运公司和可口可乐瓶装公司等。其中,巴赫有限公司是以经营筑路业和运输业为主。早在20世纪60年代中期,该公司的资产就达50万加纳镑,雇用工人1000余人。在与政府合营的企业中,较有名的有阿散蒂金矿公司、加纳统一钻石有限公司、阿克拉液化气厂、拉莫斯摩托车和自行车厂等。其中,阿散蒂金矿公司在非洲15个国家都设有办事机构,有合作项目。目前,加纳资产阶级在国民经济各领域都有自己的代表,都有相关公司。加纳资产阶级不仅在国家经济生活中起着越来越大的作用,而且在国家政治生活中发挥越来越大的影响。

5. 封建酋长阶级

加纳一直保持着酋长制度,有100多个部落。依照恩克鲁玛政府法令,全国酋长分为四个等级:①一级酋长——阿散蒂赫内(意为国王)和其他省级酋长;②二级酋长——臣属于阿散蒂赫内的大酋长;③三级酋长——县级酋长;④四级酋长——乡级酋

---

[1] Jon Kraus, "Ghana's Radical Populist Regime", *Current History*, April 1985, p. 167.

长和其他酋长。

在欧洲殖民主义者入侵西非以前,加纳大多数部落已经建立了比较完整的酋长等级制度。酋长是封建部落社会的最高统治者,有权制定法律,主持行政,统率军队,指挥战争,审判案件,管理经济和征收捐税。1874～1901年,英国在加纳建立起殖民统治。不过,殖民统治的建立只结束了酋长的绝对权威,剥夺了酋长的部分权力,并没有取消酋长制度。

恩克鲁玛上台后对酋长实行削弱、分化和赎买的政策,使酋长的权力和影响有一定程度的削弱。独立时的宪法宣布:中央政府有权撤销和任命各地酋长。此后,议会通过法令使酋长的势力在政治、经济、财政和立法等方面失去了过去的地位。但是,为了争取酋长对政府的支持,恩克鲁玛政府不但保留了酋长的许多特权,而且通过1961年7月12日议会法令,确认了酋长制度的存在。根据1961年地方政府法令,省长可以任命地方委员会所在地区的大酋长为委员会的主席。

在军人统治时期,酋长势力处于上升时期。1966年安克拉军人统治集团重新确立了被恩克鲁玛罢黜的35名酋长的地位。酋长的代表充斥宪法委员会、制宪大会等各种政治团体,并于1971年建立了全国酋长院。阿昌庞上台后,废除了宪法,实行党禁,但是保留了全国酋长院。他在中央政府设立了酋长事务部长,并规定在省、市、自治市和地方委员会中,1/3代表由酋长出任。

在安克拉军人统治时期,各级酋长对土地的控制得到加强。"全国解放委员会"取消了"租金法令",恢复了过去的土地租佃规定。1969年4月"全国解放委员会"规定,部落公地收入的40%归酋长。到阿昌庞统治时期,有些受过教育并有社会名望的酋长当上了国营公司和公共机构的董事长或董事,酋长每年得到的政府津贴达300万塞迪。酋长作为氏族公地的监护人和管

理人，每年可以无偿地得到各种收获物的1/3。

1981年12月31日，代表民族资产阶级和中、小资产阶级利益的激进的罗林斯政府，对封建酋长采取了限制和利用的政策。罗林斯在全国酋长院会议上说："酋长制是这个国家一个非常悠久的制度，酋长是政府和人民之间的传送带，是自然的仲裁人和人民与国家之间的协调人。"他还说："我们希望得到酋长的支持。"1985年1月31日，罗林斯亲自出席了阿散蒂大酋长复位50周年大会。由于政府认真执行团结政策，许多酋长成了罗林斯政权主要支持者。阿散蒂赫内成了罗林斯的高级顾问。他在担任外交官期间四处游说，使罗林斯赢得了国际上的支持。罗林斯提出的让出土地和绿色革命，得到了酋长们的积极响应。

6. 村社与氏族制度

由于历史和社会原因，加纳广大农村至今仍保留着村社组织。村社是原始公社制度瓦解过程中公有制向私有制过渡的社会组织。原始社会后期，随着社会生产力的发展，由氏族大家庭分化出来的个体农业家庭按地域组成村社，除了同一氏族的不同家庭之外，还包括从他处迁来的其他氏族的一些家庭。村社范围内的土地公有，分配给各家庭使用。土地起初是定期按人口、劳力和生产情况重新分配，到后来就变为各家庭世袭使用。生产工具、房屋、牲畜和生产果实为各家庭所私有，而牧场、森林、水源、荒地则为村社成员公有共用。目前，加纳村社组织有两种情况，一种是按父系组织村社，如埃维人、阿当梅人和古尔马人等的村社。另一种是按母系组织村社，如阿肯人、贡加人和阿尼人等的村社。其中，阿肯人的村社较为典型。阿肯人所属各支系如阿散蒂人、芳蒂人、阿基姆人和阿克瓦皮姆人等，目前其社会的最基本单位是母系氏族制下的家庭，世系仍按母系计算，实行族外婚。但是，各家族的族长都是男性，并且需经本家族大多数男性同意才能当选。族长和村社的长老会共同管理村社事务。族长拥有把土地分配给族人的权限,还拥有政治和法律权限,有认可族人结婚和离婚的资格,负责解决族内各家庭之间或家庭内部难以解决的问题。族长还是召集已故族长灵魂的祭司。族长虽有诸多权力,但其职位不是终身的,凡玩忽职守或对氏族有不利行为的族长,都会被罢免。

第四节　民俗与节日

一　民俗

加纳的风土人情丰富多彩,很有特色。

1. 服饰

加纳气候炎热,除了政府官员、高级职员、层次较高的企业家、教授、学者等上层人物在上班和正式场合等穿西装外,更多的男士平时着装比较随意。为数不少的男士喜欢穿着一件无领无袖的长袍。长袍的颜色有白色、绿色、红色、蓝色,有各种印花图案,其式样宽松肥大,穿在身上凉爽,自然潇洒。

男士穿的民族长袍通常用当地的"肯梯"(Kente)土布缝制。不同场合穿的长袍颜色不同。

王室宗亲穿的长袍配有最漂亮、最典雅的饰品,而且穿法与众不同。按照习惯,酋长要在长袍的外面缠裹上肯梯布,通常是搭左肩袒右臂,有时不穿长袍直接用肯梯布缠裹全身,通常也是搭左肩袒右臂。王后也可以直接缠裹上身,也可以搭左肩。节日穿彩色长袍,丧葬时穿紫红色的丧服。

男士穿西服要穿皮鞋,穿长袍时可以穿皮鞋,也可以穿拖鞋。加纳酋长穿长袍一般都穿拖鞋,当然是非同一般的拖鞋。让酋长脱下拖鞋是对他的严重侮辱。从政的酋长在正式场合也有穿

加纳

西服的。

加纳从政的妇女也有穿西服的，不过多数妇女喜欢穿长裙，上身再加一件色彩艳丽的罩衫，头上戴上五颜六色的包头。有的长裙印有田园风光或动物图案，看上去很雅致，别具风格。许多年轻妇女喜欢穿大蓝、大绿或大红的连衣裙，袒露双肩，头上缠一条同连衣裙相配套的头巾，披上颜色艳丽的轻纱。

2. 饮食

加纳人以玉米、薯类和大蕉为主要食粮。加纳人吃玉米的方法通常是把玉米放在水中浸泡至发酵以后，晒干磨成粉，用水和后蒸熟，再用荷叶包成团存放，吃一团剥开一团，可以存放数日不会变质。这样的主食叫做"康吉"（Kanki）。

薯类有三种：椰薯、木薯和薯蓣。加纳吃薯类的方法跟中国人不同。比如椰薯，加纳是将其煮熟后晒干磨成粉保存。吃的时候用生水调匀就可以当粥喝，也可以放些青菜，加上鱼汁、辣椒汁食用。

加纳人逢年过节或招待客人吃"福福"。"福福"的做法是把木薯煮熟后切成薄片，放在臼中，用杵杵成很有黏性的薯泥，再用锅蒸，然后把一大团放入汤盆，再把煮好的肉汁和在陶盆中碾碎的红辣椒、葱头、番茄加上棕榈油一起浇上。吃的方法是用右手的食指、拇指、中指和无名指反复地在肉汁中把食物捏成小团，用食指把小团勾着放进口中，不用牙嚼，而是直接吞咽下去。

加纳有一种大蕉，比香蕉大三四倍。大蕉必须做熟才能食用。做熟的方法有两种：一种方法是剥皮切成小块或小片用油锅炸熟，吃起来清新爽口，别有风味；另一种方法是剥皮后直接在烧烤炉上用木炭烤熟食用，这种方法既简单又经济，味道清淡不油腻。

加纳人吃饭用手抓。吃饭时全家坐在一个大饭盆和一个汤菜盆周围。他们用右手食指将食物勾入口中。像阿拉伯人一样，他们认为左手不洁，所以都用右手到汤菜盆中勾食物。汤菜的水平不一样。普通人的汤菜多数是辣椒、黏椒和食盐。小康水平以上的汤菜是用辣椒、香料和肉熬的辣肉汁。两者的共同特点是味道都极辣。加纳人一日早、晚两餐。工薪人员已改成一日三餐。

加纳人饭后喜欢嚼可拉果。可拉果像荸荠大小，皮薄，呈浅红色，肉质像栗子，味微苦。可拉果含有咖啡因和可可碱，有醒脑提神功效。平时还有嚼口嚼签（Chewing Sticks）的习惯。据说口嚼签有清洁口腔、保护牙齿的作用。还有人嚼海绵纤维（Chewing Sponges），就是把树皮在水中浸泡后放在口里嚼，用其产生的泡沫洁齿。

3. 居住

在加纳广大农村，人们是以村社形式分别聚居。每个村社由数个家族组成。每个家族各自拥有固定的房子及院落。村社的中央有一个巨大的建筑物，是集会的场所。现在，这种传统的村社已经越来越少，但在偏远地区和森林地区还能看到。不过，房子的式样也发生了变化。过去是用木材建造的圆形小屋，现在是屋顶呈下垂状的长方形的房子。

分布在北部热带稀树干草原南部的人们有三种聚居的形式：沿海和泻湖的渔村，林区附近的农村，猎人小屋。

酋长的房屋和经常举行宗教仪式的地点常常形成居民中心，居民房屋围绕这个中心建造起来。有些村庄的布局是一条直线，中间是一条大路，房屋排列在这条大路的两边。有的村庄是长方形的，房屋和小巷的排列像棋盘一样。

最初，大部分房屋是用枝条、涂料、木头或完全用泥土搭建的，用大蕉叶、棕榈叶或茅草来铺盖屋顶。现在，森林里偏远农村的房屋或沿海渔村的临时茅舍还用这些材料建造。大部分林区和沿海地带房屋常用的建筑材料是坚固的土墙、土砖或混凝土

块，屋顶用白铁板或石棉瓦作材料。而且，房间比以前简陋的房屋要大得多。城市居民区的房屋和街道的布局有现代化的设计特征，建筑物比较坚固和多样化。

在北部热带稀树干草原地区，居民区的变化比较慢。在森林和沿海地带，居民区比较集中，而在北部地区，居民区是集中和分散兼而有之。还有，更南部的房屋通常是长方形的布局，而在北部的房屋通常是圆的，并且用泥土建筑，用草盖屋顶。

为了防御狮子，家畜在夜间要拦在院内。院内有一些用泥土建造的圆锥形谷物贮藏仓。有些屋顶是用泥做的平屋顶，有些是用草做的圆锥屋顶。

目前，在阿散蒂和其他地方建设了大居民区，其建筑物叫做"宗戈"（Zongos）。在那里住着从加纳北部和尼日利亚、布基纳法索等西非国家迁徙来的北方人。

民居差别很大。城市许多住房是砖房、简易楼房，富人独门独院，有的住宅很大、很气派。城市贫民的住房非常简陋，多数是土坯垒的或泥土墙，屋顶是马口铁瓦楞板。农村多数是土墙草顶的茅屋，以圆锥形屋顶的茅屋最为普遍。

加纳独立以后，政府和国营企业为机关公务员和职工建造了一些职工宿舍，有的是简易楼房，有的是平房。这个阶层的住房条件已属于小康水平。

居民住房无论农村或城镇，几乎都没有门牌号码，信件报刊难以邮递。收信只能租用设在邮局里的信箱。报纸多数从大街或路口的报童处购买。到报社订阅报纸，只能由报社投递员直接送到用户手中。外交使团也得到邮局信箱去取信。

4. 婚姻

婚姻因民族而异。有的实行一夫一妻制，有的实行一夫多妻制，例如埃维族就实行一夫多妻制。但一夫多妻并不是一夫养活着多妻。妻子基本上是自己养活自己，住在自己的房里，自己做饭自己吃。

阿肯人传统婚姻奉行的是"父母之命,媒妁之言",决定男女青年终身大事的是父母。现在青年男女可以自由恋爱,但举行订婚仪式和婚礼得先听父母意见,而且大多数家庭由父母操办。

小伙子喜欢某位姑娘,或自己出面,或委托兄长、亲朋好友出面,向姑娘求婚。如果姑娘应允,二人便可以时常约会。在感情发展到一定程度时,小伙子便禀告父母,由父母或叔伯带上可拉果去拜访姑娘的父母。姑娘的父母向来人详细打听小伙子的相貌、为人爱好和职业收入等情况,倘若觉得满意便收下可拉果,表示女方父母原则上同意这门婚事。然后,小伙子的父母便带上可拉果去拜访自己的亲朋好友,通报自己的儿子已有了意中人。于是,亲朋好友便慷慨解囊,帮助筹备彩礼和举办婚礼。

一周后,小伙子父母带上可拉果和其他礼品去拜访姑娘的父母。如无异议,双方父母便具体协商彩礼的数量和婚礼的日期。加纳人的彩礼包括现金、布料和衣服,凳子和首饰更不可缺少。

彩礼送金首饰已成为传统婚俗。作为彩礼或亲朋好友馈赠的凳子,必须精心收藏和保护,没人敢坐,因为在加纳凳子是王权的象征。

婚礼进行两天。第一天举行结婚典礼,第二天进行庆祝活动。基督教徒和天主教徒在教堂举行结婚典礼,仪式由牧师主持,新郎和新娘同时出席。穆斯林在清真寺举行结婚典礼,仪式由阿訇主持,新郎出席,新娘则在家里等候。拜物教信徒结婚典礼在男方家里举行,由家族长老或村中德高望重者主持,新郎和新娘要当众发誓:永远忠于纯洁的爱情。城镇青年特别是受过高等教育和经济条件较好的青年,多喜欢在饭店或宾馆举行婚礼并聚餐。开始先举行婚礼,仪式由身份显赫、同新郎关系最亲密的亲朋好友主持。新婚夫妇分别介绍恋爱经过和今后生活打算。新郎还要逐个回答新娘的亲朋好友提出的问题,并对他们提出的要

求作出承诺。婚礼有专业照相师和摄像师,记录下隆重欢乐的场面,供新婚夫妇留作永久的纪念。婚礼结束之后,开始聚餐。

结婚送的凳子是最贵重的礼物。新娘离开父母去参加婚礼时,父母要送给她一只凳子作为嫁妆,由送亲的人带到男方家。婚礼上新郎的父母要送给新婚夫妇一只凳子作为纪念品。亲朋好友也要把自己带来的凳子亲手送给新婚夫妇,表示美好的祝福。

婚礼的第二天,主要是唱歌跳舞。大型高级音响设备现在还不可能进入普通市民家庭,农村家庭更达不到这样的生活水平和消费档次。但是,不少市民办喜事时,可以租用大型高级音响设备,为唱歌跳舞伴奏助兴。其间,可以相互点歌,进行"卡拉OK"表演。唱歌跳舞通宵达旦,尽情欢庆。婚礼舞蹈种类很多,但主要是方腾弗罗姆舞和海莱夫舞。加纳少女婚前都要学会跳这两种舞蹈,以便在自己的婚礼上纵情地表示自己最快乐的心情和向亲朋好友展示自己优美的舞姿。

庆祝活动结束客人们散去后,新婚夫妇回到洞房,并肩端坐,海誓山盟。丈夫发誓对妻子忠诚,同甘共苦。妻子发誓甘心伺候丈夫,勤俭持家。海誓山盟之后,婚礼才算最后结束。

在阿肯族的观念中,结婚是家族的问题,除了男女二人结为夫妇外,也是结合两个血族的契约,性生活的目的就是生育。一定要完成结婚仪式,二人才能结合。在阿散蒂族中,年轻男女若决定结婚,男方必须首先向女方的亲族宣布结婚之意,并给未来的岳父母送去礼物。过去是以食物和食盐作为礼物,现在金钱则更受欢迎。决定结婚后,男方开始召集好友帮女方做农活,并拉拢与其亲族间的关系。

为节省结婚花费,有人采取同居方式。加纳法律是认可同居的。这种公然成立的永久同居生活,在阿散蒂族之内特别普遍。

5. 崇拜"金凳子"

在加纳中部和南部一些民族如芳蒂人、阿基姆人等，流行着崇拜"金凳子"的习俗。不过，这种被崇拜的"金凳子"并不是由纯金铸成，而是一种饰金的低矮木凳。这种凳子之所以被崇拜，是因为它被看成是"天神"赐给酋长的，是酋长崇高职位的象征，是本民族精神和力量的象征。这种凳子平日存放在一个秘密的地方。每逢本民族重大节日，酋长及其侍从都要换上新礼服，到存放"金凳子"的地方献上祭品，顶礼膜拜，乞求神灵保佑本民族人丁兴旺，五谷丰登。然后，"金凳子"被罩上纱巾，遮以礼伞，由人们簇拥着，举行声势浩大的游行。酋长坐在一个特制的敞篷轿子上，由人们抬着紧随在"金凳子"后面。在轿子两侧的是各村的族长和头人，还有手持刀剑和节杖的扈从。其后，是由鼓手、号手等组成的民族乐队。队伍所到之处，鼓响号鸣，道路两旁身穿节日盛装的男女老少个个欢呼雀跃。坐在轿子上的酋长不时一手挥剑，一手划诀。场面十分热闹壮观。加纳一些民族这种崇拜"金凳子"的习俗，实际上是从17世纪末阿散蒂人"金凳子"的故事演变来的。

根据有关材料和传说，1695年阿散蒂国王奥赛·杜图意识到为了能使阿散蒂各氏族保持团结，必须要有一个共同的崇拜对象。为此，他让祭司安诺基设计方案。经过一番策划，安诺基设计了一条金凳子（即宝座、王位）。而所谓金凳子，实际上是用一块完整的木料制作成一条"工"字形的低矮木凳，凳的上方两端稍为突出并向上翘，凳子上面刻有各种人像、花纹和图案，然后饰以黄金花边。根据对天象的预测，一个星期五的下午，正当国王和酋长们在库马西举行集会之际，突然天色昏暗，雷声隆隆，在浓浓的云雾中一条饰金的木凳向地面飘落下来，慢慢地降落在奥赛·杜图的膝上。于是，安诺基当即宣布，这是"天神赐给国王的金凳子，它是阿散蒂人精神和力量的象征。金凳子的

加纳

安危关系到全体阿散蒂人的安危"。从此开始，金凳子代表了整个阿散蒂民族的精神，成为阿散蒂人崇拜的对象，成为阿散蒂人团结的象征和精神力量的源泉。而金凳子的拥有者阿散蒂国王则成了阿散蒂民族的精神领袖，各氏族酋长必须对他宣誓效忠。这就是著名的阿散蒂人"金凳子"的来历。此后，每逢重大节日，酋长们都要向金凳子顶礼膜拜，然后穿着节日盛装的人们簇拥着金凳子，举行一场声势浩大的游行。几个世纪过去了，阿散蒂人当年的金凳子仍保持着，其团结作用不减当年。今天加纳中部和南部一些民族对"金凳子"的崇拜，仍是对阿散蒂人崇拜"金凳子"的一种效仿。

6. 丧葬

在加纳，人死后一般采用墓葬形式。在葬礼中跳舞，不一定仅仅表示哀悼，也可以表达对死者的赞颂。在加纳的孔孔巴部族中，年轻人有义务为死去的本民族和邻近民族的长者送葬跳舞。因为在葬礼中跳舞是取得部族成员资格的象征，还表现出部族之间的睦邻关系。

葬礼不分宗教信仰，送葬时除了家属和亲朋好友外，还可以雇用葬礼仪仗队。他们是临时拼凑起来的队伍，平时都有自己的活干，谁家有葬礼需要时便临时集中起来，专门受雇。他们的工作就是哭丧跳舞。他们跟送葬队伍一起，一边跳舞，一边号啕大哭，如丧考妣，大有惊天地、泣鬼神之势。

除穆斯林外，一般都把死者遗体装在棺材里埋葬。通常，棺材做得像一座房子，有门、有窗、有窗帘，有的还有波形锡制屋顶。到现代，在首都阿克拉有的棺材形状如同奔驰汽车、鱼、鸡或奶牛。使用何种形状的棺材一般要尊重死者生前的遗愿。加纳的棺材昂贵得惊人。加纳也有实行火葬的，就是把死者的尸体直接放在木材堆上火化，然后把骨灰装在骨灰盒里。为了家族的名声，谁也不敢对葬礼掉以轻心。按照习俗，死者的子女要剃光头发,把头发放在棺材里。现在,特别是信仰基督教的子女,每人只剪一绺头发放在棺材里。送葬人把棺材运到墓地后,由牧师手持《圣经》主持葬礼。有的葬礼还由25名中年妇女组成的唱诗班唱歌。

按照阿散蒂族的习俗,在库马西大酋长死后安葬前,本地区严禁举行任何人的葬礼。大酋长遗体安葬之前,平躺在半明半暗的床上。在阿肯族的观念里,死并不是最终的毁灭,也不是生者与死者的永别。他们认为,氏族和部族是由活着的人与"到另一个地方的人"共同组成的。他们都过着同样的生活,都由所谓的"灵魂王国"来保护、帮助亲族,并惩罚那些不遵守民族传统的人。

为了追悼死者,由血缘所构成的亲族都在额头和手腕文上红色条纹。信奉同一祖先者则文上白色条纹。朋友和参加祭祀的人都必须穿紫红色或黑色衣服,手腕上系一条紫红色或黑色布带子。男人额头上缠一条紫红色或黑色布带子。女人头上戴黑色头巾。亲族还要为死者准备圣餐,把金粉注入死者耳中,或把一小包金粉缝在寿衣上。阿散蒂族的臣民、部落头领和达官贵人在他的遗体前默哀悼念。遗体停放的第三天是葬礼的尾声,充满神秘色彩,族中最显赫的首领陪伴大酋长的灵柩一直到他的安息地。等到大酋长的尸体在圣所全部腐烂之后,将他的遗骸集中起来,用金线捆绑起来保存。

按照旧的习俗,大酋长安葬时,还要用几个活人殉葬。通常殉葬的人是战俘和罪犯,也有为了表示对大酋长效忠而自杀殉葬的,如地方法庭的法官、大酋长的妻子和亲属。现在,库马西大酋长的葬礼已经取消了用活人殉葬的习俗。

老酋长葬礼后一个月,继承金凳子的新酋长举行登基仪式。按照传统,新酋长要手举象征权力的大刀对天发誓:"若是有臣民向我呼唤,不论他是在树尖上或是井底下,如果我不予回答,

我就该受到诅咒!"

7. 礼仪

有些民族,见面时用右手掌拍打前胸,表示问好。在男士与酋长见面时,不同身份有不同的礼仪。身份高的男士可以行握手礼,但一定得先摘下帽子,而且要身体微躬。自己身份适中,也可以行握手礼,但得一条腿跪下,酋长示意起来才能站起来。普通百姓见酋长得双膝跪下,酋长示意起来才能站起来。女子见长者和客人,一般行鞠躬礼,最隆重的礼仪是右手掌拍打前胸,同时双膝微屈。

加纳人慷慨好客,对宾客必殷勤接待。酋长会见来宾时,先从侍者手中接过一杯酒,双手举杯,低声祝福客人一切吉祥。侍者跪下接过酒杯,先喝一口,表示无毒,然后请客人饮酒。普通加纳人用棕榈酒招待客人。棕榈酒是用棕榈汁泡制而成的。其味浓郁甘美,人饮后略有醉意。

8. 文面

加纳许多民族自古就有文面的习俗。据说文面的习俗产生于早期部落时代。当时,部落之间为了争夺地盘和食物,经常发生抢劫性械斗和战争。为避免在混战中误伤自己人,迫切需要一种能一目了然地区分敌我的明显标记,于是,作为一目了然和永久性的标记——文面就应运而生。在加纳文面因不同部族而异。

文面是一种落后的习俗。虽然它的产生和延续有其历史原因,也有一定的合理性。但是,随着历史的发展,文面已经没有存在的必要。为此,加纳在独立以后从法律上宣布禁止文面。不过,现在还有一些部族继续沿袭文面的陋习。

9. 发型

妇女的发型多姿多彩,配上艳丽多彩的服饰,显得格外美丽。加纳人的头发天生卷曲,具有一种朴素美,但是,无论男女都喜欢通过人工梳理加工，少则一两个小时，多则三四个小时，才能完成。加纳美发小店很多，遍布大街小巷。即使是最复杂费时的发型，美发费也只要三四美元。

妇女的发型式样繁多，含义深刻。妙龄少女通常梳成满头直立的小辫，显得格外活泼。年轻姑娘让人帮助梳成一道道紧贴头皮的发辫，然后扎成形同"鱼鳞"、"谷穗"、"西瓜"、"菠萝"的发型，大方雅致。中年妇女多把头发梳成几十根辫子，再用黑线扎得非常隆起突出，并佩戴上贝壳和响珠，显得十分端庄。

有些男子也喜欢美发，其爱美之心并不亚于女性。许多地方的男子，把头发梳成许多根小辫，每根小辫拴上小串珠，走起路来发出阵阵悦耳的响声，犹如美妙的乐曲，一则可以自得其乐，二则可以吸引姑娘的注意，甚至可以得到姑娘的青睐。①

二　节日

加纳节日很多，庆祝活动非常隆重。虽然许多节日是全国性的，但并不是每个节日都是同时在许多地方进行庆祝，通常是不同的节日固定在某一个地方进行庆祝。

1. 新年（New Year）

新年（1月1日）是加纳全国人民的共同节日。加纳的新年非常热闹，每人过新年都会留下甜蜜的回忆。

新年之际亲朋好友都要相互拜会探望。被拜会探望的主人殷勤好客，客人都会感到莫大的荣幸。在热情洋溢的主人把你引领到用棕榈叶搭成的小屋时，全家男女老幼都会投来欢迎的目光，接着就会真诚、热情地请你坐到餐桌主宾座位，主人在你的右边

---

① 雅菲：《外国习俗丛书：非洲地区》，世界知识出版社，1993，第75~76、94~97、114~119、127~135页。

坐下，然后全家人都围着餐桌坐下一起吃年饭。

新年年饭是节日佳肴，其中少不了浓郁甘美的棕榈酒和芳香扑鼻的烤鸡。大家随意闲聊，边吃边喝，吃到激动时，喝到兴奋时，就会不由自主地唱起歌来，自得其乐地跳起舞来。在这种无比激动的开心时刻，纵然是平时发生过争吵的人，也无不化解恩怨，在新年之际言归于好。

新年年饭时分，按照加纳传统习俗，全家人要高声喊叫，把一年来郁积在心中的话道出来，或者哭喊着诉说家中的任何不愉快的事。当然，一年来发生的喜事，也要高高兴兴地大声说出来，总之，要做到忘却忧愁、烦恼，大家同喜同乐。

2. 国庆节（National Day）

3月6日是加纳独立日。加纳把独立日作为国庆节，每年都要集会游行，庆祝独立，欢庆独立后的新生活和新发展。全国性的庆祝活动在首都阿克拉举行，主要活动包括总统检阅、群众游行和文娱活动。

3. 丰收节（Homowo）

8月至9月是加纳丰收节，庆祝地点在阿克拉。照"Homowo"的字面解释，是驱走和挫败饥荒，然后农业和渔业获得大丰收的意思。

4. 新衣节（Afahye）

9月第一个星期六是加纳新衣节，庆祝地点在海岸角。照"Afahye"的字面解释，是爱新衣的意思。庆祝活动丰富多彩。大小酋长坐在轿子上，有7个连队的古代武士身着战袍，在大街上游行，还有社会团体的队伍参加游行。这个节日的宗教仪式是屠宰一头牛，向海岸角的77个神仙祷告赐福。

5. 狩猎节（Aboakyir）

5月第一个星期六是加纳狩猎节，在温尼巴举行庆祝活动，大小酋长和人民群众都会参加。照"Aboakyir"的字面解释，是狩猎比赛的意思。

节日开始是由两个连队进行狩猎比赛，场地是在野生动物保护园，猎物是一只活羚羊。不管哪个连队先狩猎到这只羚羊，都要把它敬献给跟下属酋长和臣民们庄严、堂皇地坐在一起的大酋长，以此作为对农业丰收和狩猎生活富足的祈祷。

6. 瀑布节（Aqumatsa Waterfalls）

11月是加纳瀑布节。照"Aqumatsa Waterfalls"的字面解释，是感谢瀑布的意思。这个节日在沃尔特省的乌里（Wli）举行庆祝活动。酋长和人民群众都参加。大家敲鼓，跳舞，兴高采烈地向瀑布表示感谢。

7. 渔汛节（Bakatue）

7月第一个星期二加纳举行渔汛节，庆祝地点是在中部省的埃尔米纳。照"Bakatue"的字面解释，是渔汛开始的意思。各级酋长和群众都参加集会和游行，还进行划独木舟比赛和撒网比赛。

8. 感恩节（Odwira）

加纳每年至少有两个省份庆祝感恩节，时间不一样，东部省在10月份，中部省在11月份，主要是阿肯族庆祝这个节日。照"Odwira"字面解释，是对农业丰收感恩，并对本民族死者的灵魂表示悼念的意思。酋长在感恩节纪念活动中扮演祭司的角色。

此外，加纳还有：第四共和国总统日（1月7日）、五一国际劳动节（5月1日）、复活节（4月3日）、共和国日（7月1日）、圣诞节（12月25~26日）、沃尔特省稻米节和其他各省的重要节日。[1]

---

[1] Ghana Tourism Department, *Ghana, A Special Africa—A Different Africa*: *Business and Holiday Guide to Ghana, Gateway to West Africa*.

第二章

历　史

第一节　早期居民与史前遗迹

一　早期居民

由于加纳地区常年多雨、潮湿和高温，地下遗骨不易保存，迄今没有发现极为古老的墓穴遗骨，有关加纳地区早期原始居民的体型特征人们知之很少。但根据在撒哈拉和萨赫勒地带发现的公元前5000年的尼格罗人遗骸，以及加纳民间对所谓"矮小人"的回忆，加纳的早期原始居民很可能属于一种"矮小黑人"的类型，或被称为"原始尼格罗人"，其体型特征是：身材矮小，皮肤微红。英国学者哈里逊·丘奇也认为最早居住在加纳的居民"大概都是矮人族"。① 不过，不管有关矮小黑人的假设和传统如何，从11世纪开始，他们逐渐被北部和东部进入加纳的移民潮淹没了，以致对于今天在加纳境内存在的一些身材矮小的居民是否是原来这种假定的早期人种的隔世遗传，也难以肯定。现在包括阿肯人、莫西人、埃维人等

---

① Harrison Church, *West Africa*, London, 1957, p. 351.

第二章　历　史

在内的加纳境内居民的祖先，是在 11～17 世纪先后从北部和东部进入加纳的。有关加纳这些外来移民的情况在本章第二节中介绍。

二　史前遗迹

近代以来，在加纳沿海和内地阿散蒂等地区相继发现了许多史前居民使用的石器。按照撒哈拉以南非洲史前石器时代的划分，加纳已发现的史前石器既有早期石器时代（公元前 250 万～公元前 5 万年）的石器，也有中期时代（公元前 5 万～公元前 1.5 万年）的石器，但更多的是晚期石器时代（公元前 1.5 万～公元前 500 年）的石器。[①] 在晚期石器遗址中，还发现了陶器和铁器等。

加纳晚期时代的石器主要分布在沿海地带和内地的阿散蒂地区，主要有石凿、刨土器、石斧、手锤和石英石器等。其中，以石凿的数量最多。石凿长短不一，一般为 2～4 厘米，有的达 20 厘米左右。有的遗址还有许多奇特的石制用具，其形状有圆的，也有扁平的，直径一般约 5 厘米，厚 1 厘米多，上面有两个圆锥穿孔。有关这种石器的用途，英国考古学家 C.T. 肖认为这类石制用具的"可能用途包括：打火、个人佩饰、坠网石、凿柄坠物、货币、纺锤环、织架坠物、磨箭石和拉丝用石"等。[②] 一些扁平宽大的石英石块看来是粗糙地切削加工后形成的，可作锄头使用，被认为是耕作的证据。

史前居民的居住遗址也很少有发现。在东部省的森林里，曾发现为数不多的史前时期的土垒。土垒一般还附有简单的护堤和

[①] 联合国教科文组织：《非洲通史》第 1 卷，中国对外翻译出版公司，1986，第 458～465 页。

[②] 引自 W. 瓦德著《加纳史》，商务印书馆，1972，第 33 页。

43

壕沟。发掘壕沟时，还发现有陶器。这些史前陶器与近代加纳的陶器很相似，都不用旋车制作，是在户外炉火上而不是在窑里烧成的。

第二节　外来移民与阿散蒂王国

一　外来移民

现在加纳境内的居民基本上是11~17世纪外来移民的后裔。加纳的居民主要来自两个方向：北方和东方。从北方进入的移民主要有阿肯人（Akan）和莫西人（Mosi），从东方进入的移民主要有埃维人（Ewe）。

一般认为，今天加纳境内的主要居民阿肯人，原系古加纳王国（约4~13世纪）的臣民，主要居住在王国的南部，即今尼日尔河上游一带。11世纪70年代，古加纳王国遭到来自北方的信奉伊斯兰教的阿尔摩拉维德王国的入侵。1076年，阿尔摩拉维德王国的军队占领了古加纳王国的首都——加纳城后，除了强征人头税，强迫加纳国王按时"纳贡"之外，还强迫当地居民改信伊斯兰教。这不仅激起古加纳居民的反抗，而且促使许多居民南迁。为了躲避战乱和保持自己的传统宗教信仰，从11世纪末起，阿肯人开始主要向今加纳中部地区迁徙。最早迁入的是阿肯人的一个支系——古昂人（Guan）。随后迁入的是芳蒂人（Fanti）、阿散蒂人（Ashanti）、包勒人（Baule）、贡扎人（Gonja）、阿克瓦穆人（Akwamu）、多马人（Doma）和邓克拉人（Denkyera）等支系。其中，芳蒂人和邓克拉人在12世纪进入今加纳中部地区不久，又向南迁徙。14世纪，芳蒂人已迁到沿海地区。到17世纪初，阿克瓦穆人也迁到沿海地区。

莫西人的原始居住地是在黑沃尔特河与白沃尔特河两河之间。11世纪，面对阿尔莫拉维德王国的入侵，莫西人利用有利地形进行顽强的抵抗。其中有一部分人如达戈姆巴人（Dagomba）和南肯塞人（Nankanses）等，则在12世纪向今加纳北部迁徙。他们征服了当地土著居民，并建立起统治机构。

埃维人的原始居住地是在今尼日利亚南部和贝宁南部。13～14世纪，由于受到约鲁巴王国的压力，他们开始西迁。15世纪，埃维人的两个支系加人（Ga）和阿当梅人（Adangme）开始迁至今加纳东南沿海。到16世纪末和17世纪初，他们已遍布阿克拉以东的广大沿海地带。

总的来说，11～17世纪迁徙到今加纳境内的阿肯人、莫西人和埃维人，其社会发展水平高于当地的土著居民，所以他们来到后不仅同化了土著居民，而且先后建立起国家组织——土邦（Native State）。在16世纪和17世纪，阿肯人建立的土邦主要有阿丹西（Adansi）、邓克拉（Denkyera）、阿克瓦穆（Akwamu）、贡札（Gonja）、芳蒂（Fanti）和阿散蒂（Ashanti）等。莫西人建立的土邦主要有达戈姆巴（Dagomba）、南肯塞（Nankanses）和曼普鲁西（Mamprusi）等。埃维人建立的土邦有阿克拉（Accra）和安罗（Anlo）。这些土邦，通常是强者逞霸，弱者称臣。到17世纪后半期，阿散蒂土邦渐强。18世纪初，阿散蒂在摆脱对邓克拉土邦的臣属后，又征服了四周的小土邦，发展成为实力强大的王国。

二　阿散蒂王国

阿散蒂王国是由阿肯人的一个支系阿散蒂人建立的。阿散蒂人分为7个氏族，是在12世纪从尼日尔河上游迁到今加纳中部波索姆特威湖（Bosomtwi Lake）周围地区。波索姆特威湖位于今库马西东南方向，二者相距约30公里。这是

加纳

加纳内陆唯一的一个大湖,湖面呈圆形,直径约8公里,是克威沙山(Kwisa Hills)一个很深的凹地,四周森林密布,是人们平常难以到达的地方。阿散蒂人把他们居住地称作"阿散蒂曼索"(Ashantimanso),其意为阿散蒂人肇始之地。据说,阿散蒂曼索是一个很大的镇,"这里有77条街,一只犀鸟如果不停下来间歇,它就飞不过这个地方"。随着时间的推移和人口的增加,起初是在阿散蒂曼索附近出现更多的居住点,后来人们就向加纳中部的其他地方迁徙扩散,建立起像贝克威(Bekwai)、朱阿本(Juaben)、库马吾(Kumawu)、克瓦曼(Kwaman,今库马西)和曼庞(Manpan)等居民区。阿散蒂曼索就逐渐被荒弃了。不过,1957年加纳独立后,民族政府还是把这个地方作为阿散蒂人的圣地而加以保护。

阿散蒂人居住和活动的加纳中部地区,是加纳沿海通往尼日尔河上游城市和豪萨地区两条贸易通道的枢纽,再加上该地区气候土壤条件适于锄耕农业,经济发展较快。当时阿散蒂对外输出黄金、象牙和奴隶,输入商品主要有布匹、铜块和首饰等。16世纪,逐渐形成了以克瓦曼(17世纪开始改称库马西)为中心的阿散蒂土邦。

阿散蒂虽然其经济发展较快,但政治上仍处于弱势,不时受到周围强大土邦的欺凌。当时在阿散蒂的南边有邓克拉、阿基姆、阿丹西等土邦,北边有多马、加曼、贡扎、达戈姆巴等土邦。在16世纪和17世纪,阿散蒂基本上都依附于强大的邓克拉土邦,成为它的藩属。邓克拉国王每年向阿散蒂人索取包括奴隶在内的大量贡物。

1695年,阿散蒂第四代国王奥塞·杜图(Ose Dutu,1695~1731年在位)继位,决心要使阿散蒂摆脱向邓克拉纳贡称臣的屈辱处境。为此,他采取了加强阿散蒂人各氏族之间团结的措施。鉴于部落内各氏族的内聚力是一种精神内聚力,为了使阿散蒂人各氏族保持团结，必须要有一个共同的崇拜对象，以此将各氏族联合起来。经过精心策划，祭司克瓦米·安诺基（Kwami Aanokye）设计了一条金凳子（即宝座、王位）。根据对天象的预测，在一个星期五的下午，在库马西举行氏族酋长集会。在这次集会上，安诺基在天色昏暗、雷声隆隆和浓浓的白色云雾中，从天空降下一条饰金的木凳，慢慢地落在奥塞·杜图的膝上。安诺基当即宣布这是"天神赐给国王的金凳子，它是阿散蒂人精神和力量的象征。金凳子的安危关系到全体阿散蒂人的安危"。为了强调这一点，安诺基还让奥塞·杜图本人和在场的每一位酋长、母后各剪下一绺头发，然后将其搅在事先准备好的药液之中，并将这种药液涂在凳子上。剩余的药液，则由献头发的人将其当做圣餐酒饮下。这就是著名的金凳子的来历。从此，金凳子代表整个阿散蒂民族的精神，成为阿散蒂人团结的象征和精神力量的源泉。而金凳子的拥有者阿散蒂国王则成了阿散蒂人的精神领袖，各氏族酋长必须对阿散蒂国王宣誓效忠。以后，阿散蒂这个国家就以金凳子为象征，按照神话式或宗教性的共同约章把各氏族团结起来了。

1699年，邓克拉国王恩迪姆·加卡利照常遣使向阿散蒂索取贡物。他还派人送去一口大铜锅，要求杜图国王将黄金装满后送还给他，届时还需有阿散蒂诸酋长的爱妻伴送。这种带有侮辱性的要求，理所当然地遭到杜图国王的拒绝。邓克拉国王恩迪姆·加卡利大怒，亲率万人大军前去征讨，企图彻底征服阿散蒂。阿散蒂国王杜图发动全民进行反抗，利用熟悉的地形出其不意地打击来犯之敌。在费亚萨村一场持久的决战中，阿散蒂人最终突破了邓克拉人的防线，并活捉了邓克拉国王加卡利。不过，费亚萨战役毕竟只是阿散蒂对入侵者的一次胜利反击，战争并没有结束。

加卡利国王被俘处决后，波阿杜·阿基丰（Boadu Akifun）

加纳

继承邓克拉王位。阿基丰出尔反尔，使杜图下决心要彻底打垮邓克拉王国。1700年，阿散蒂军对邓克拉展开强大攻势。在奥芬河两岸的一次战斗中，邓克拉军队的主力悉数被歼。奥芬河左岸的邓克拉领土全部并入了阿散蒂。邓克拉的溃败，使长期臣属于邓克拉的瓦梭（Washo）、西弗威（Sefwi）等土邦得以解脱。邓克拉王国从此一蹶不振。

在阿散蒂与邓克拉交战时，阿基姆（Akim）作为邓克拉的同盟者参加了战争。在结束邓克拉的战争后，阿散蒂与阿基姆之间的冲突接连不断。为了消除隐患，1731年奥塞·杜图国王亲率大军对阿基姆实行征讨。在一次强渡普拉河的战役中，杜图身中两弹阵亡。他的外孙奥坡库·瓦里（Opoku Wari）继承王位，继续征讨阿基姆，并最终迫使它称臣纳贡。

在打败阿基姆之后，阿散蒂依靠武力继续扩张领土。到18世纪中期，阿散蒂王国管辖的范围扩大：西起比亚河，东至沃尔特河，北起泰因河，南至普拉河口和芳蒂土邦统治的沿海地区，东西长150英里，南北宽90英里。周围一些小土邦如达戈姆巴、加曼和阿克瓦穆等，都向阿散蒂表示臣服。

从社会形态来看，强大起来的阿散蒂王国是一个有着严重奴隶制残余的封建制国家。社会分成封建主、自由民和奴隶三个等级。属于封建主等级的有国王、王公贵族和酋长等。自由民主要是农民、手工业者和商人。奴隶的地位最低。每逢国王和贵族的葬礼、国家和部落的传统节日，甚至其他一些庆祝活动，都要用奴隶作祭品。奴隶可以自由买卖。阿散蒂人所需的欧洲舶来品，尤其是军火，主要是用黄金和奴隶来换取。

正当阿散蒂王国日趋强大的时候，西方殖民者已侵入加纳沿海地带，在那里建立了多个侵略据点，并以这些据点为依托向内地渗透扩张。这对阿散蒂王国来说，是一个严峻的挑战。

第三节　西方列强对加纳的侵略和
　　　　阿散蒂王国的抗英战争

一　西方列强对加纳的侵略

15世纪下半叶，随着西方一些国家商业资本的发展和对黄金需求的增长，这些国家的国王、贵族、商人、传教士和新兴资产者开始踏上对外进行殖民侵略的道路。加纳由于盛产黄金，自然成为西方列强早期侵略的一个目标。

最早侵入加纳的是葡萄牙。1471年1月，葡萄牙殖民者越过几内亚湾的科莫埃河河口，在加纳的普拉河河口附近登岸。他们发现从三尖角到海岸角之间整个区域不仅黄金矿藏异常丰富，而且金沙贸易也非常兴旺，谓之"Mina"，意为"富矿"，并将附近沿海地带称为"黄金海岸"。他们就地驻扎下来，开始做起掠夺黄金的买卖。就在葡萄牙殖民者到达加纳沿海的1471年，他们用不等价交换的办法，从当地运走了第一批黄金。

葡萄牙殖民者在加纳沿海掠夺到一批又一批黄金后，为了保证这一带黄金贸易不受他国竞争和当地居民的干扰，1481年葡萄牙国王若拉二世下令在海岸角以西不远处修建第一座碉堡，名为圣乔治·达·米纳，意为在金矿上的圣乔治，后简称为"埃尔米纳"（Elemina）。次年，埃尔米纳碉堡及其附属建筑完工，成为攻守兼备的要塞。1486年，若拉二世授予该要塞以自治市的特权，驻扎一支军队和小舰队，负责镇压当地人的反抗，巡逻几内亚湾，防止欧洲其他国家到黄金海岸发展贸易。随后，葡萄牙殖民者又在加纳沿海建起阿克西姆（Axim）、阿克拉（Accra）等要塞。在15世纪80年代，葡萄牙殖民者从这些要塞运往葡萄牙的黄金，其价值估计每年为10万英镑，占当时世界黄金年产

量的1/10。

然而，葡萄牙殖民者在黄金海岸攫取大量黄金的消息不胫而走，荷兰、英国、法国、丹麦和西班牙等国急起直追，争相前去黄金海岸掠夺黄金。荷、英、法等国商人起初采取避开葡萄牙舰队和要塞的火力或彼此合作突破封锁的办法进入黄金海岸，染指黄金贸易。但到了17世纪40年代，荷兰殖民者逐渐夺取了葡萄牙在黄金海岸的要塞和据点，在黄金海岸取得了黄金贸易的优势。继之，英国与荷兰展开了激烈竞争，从黄金海岸输出的黄金也随之增加。17世纪后半叶，黄金海岸每年输出的黄金，其价值达20万英镑。18世纪上半叶，当地每年输出黄金价值达25万英镑。其中荷兰人占1/2，英国人占1/3。到18世纪80年代末，荷兰人在当地黄金贸易中的比例明显下降，英国人的比例则明显上升，已超过1/2。这种消长也是两国世界地位发生变化的反映。

西方殖民者在加纳沿海进行掠夺性的黄金贸易中，采取的主要手段是不等价的"物物交换"。他们用玻璃珠子、纽扣、别针、镜子、甜酒及其他一些粗劣低贱东西，向要塞和商栈附近的当地居民换取黄金及其他贵重物品。据记载，1555年，一位叫约翰·洛克（John Lok）的英国商人在加纳沿海沙马镇一带，用梳子、纽扣一类物品，仅一个月就换得重达400多磅黄金、250根象牙和36桶胡椒等。

由于西方殖民者侵入加纳初期的目的主要是掠夺黄金和其他贵重自然资源，所以他们早期的兴趣主要集中在对黄金、象牙和胡椒等的掠夺上。而掳掠和贩卖奴隶，则被看做附带的事情。然而，从16世纪开始，随着西方殖民者在美洲经营的种植园和矿山对非洲劳动力需求的加大，他们在加纳除了继续掠夺黄金、象牙等自然资源之外，就开始大规模掠夺和贩卖奴隶。当时英、法、荷、丹、葡、德等国都从加纳贩运奴隶。其中荷兰人和丹麦人贩运的奴隶，几乎全部来自加纳。据统计，在1700～1786年间每年从非洲运往美洲的奴隶为7.4万人，其中约1/2的奴隶是从加纳运出的。对于一个土地面积同英国一般大小的加纳的居民来说，这是一个沉重的漏卮。从19世纪初开始，迫于欧洲各国人民的反对和舆论的压力，英、法等西方国家相继颁布法令，禁止从非洲贩卖奴隶。但是非法的奴隶贸易仍在暗中进行，不时仍有奴隶被从加纳港口运走。只是到19世纪80年代，美洲各地都废除了奴隶劳动，加纳一带的奴隶贩运才最终停止。

在掠夺黄金和贩卖奴隶的过程中，西方殖民者在加纳沿海修建了许多要塞和商栈。到18世纪末，加纳沿海地区共有大小要塞42座，平均每11公里就有一座要塞。这些要塞和商栈起初是西方殖民者在加纳掠夺黄金、象牙等珍贵物品的转运站。到16世纪，又成为掠夺和贩卖奴隶的转运站。到18世纪末和19世纪初，就成为英国殖民者向加纳内地侵略扩张的桥头堡和基地。

二 阿散蒂王国的抗英战争

到18世纪末和19世纪初，英国在经过与欧洲其他国家争夺后，已在加纳沿海取得了明显优势，取得了加纳沿海的制海权，并着手向加纳内地扩张。与此同时，加纳内地日趋强大的阿散蒂王国其势力已扩大到沿海地区。在英国殖民者看来，阿散蒂王国的强大既妨碍英国对加纳内地的扩张，也威胁到英国在加纳沿海的既得利益，为了保住并扩大英国在加纳的权益，必须征服阿散蒂王国。为了达到这一目的，英国殖民者经常挑拨加纳沿海地区居民与阿散蒂人之间的关系，收买沿海地区一些部落、氏族酋长为其向内地扩张打先锋。英国殖民者还利用一些依附于阿散蒂王国的土邦要求独立的倾向，对阿散蒂王国搞分裂活动。阿散蒂王国要生存和发展，对英国的侵略扩张必须坚决进行抵抗斗争。

加纳

阿散蒂王国的抗英战争始于1806年。战争的起因是英国殖民者蛮横干预阿散蒂王国对两名违法的臣属酋长的追捕。当时臣属于阿散蒂王国的阿辛土邦分东、西两个部分，东部地区由阿莫·阿代酋长治理，西部地区由克瓦多·奥迪布和克瓦库·阿普泰两位酋长治理。阿莫·阿代酋长的一位副手病逝下葬时，按照习俗，有很多金饰物陪葬。阿普泰的一位亲戚参加了葬礼。事后此人偷挖墓穴，盗走金饰物。当这一罪行被发现后，阿代酋长便派人到阿普泰那里，要求赔偿。阿普泰和奥迪布两酋长经过商量后拒绝考虑此事，并以对方捏造事实为由加以驳回。阿代酋长向阿散蒂国王奥塞·邦苏提出申诉。阿散蒂国王召请这三位酋长到库马西法庭相见。起初，阿散蒂国王曾设法令其私下和解，结果无效。于是法庭判决阿代酋长胜诉，并责令被告赔偿原告的损失，然而，两被告拒绝法庭裁决，双方矛盾激化，爆发战争。阿散蒂国王再一次试图解决此案，命令敌对双方停止战斗，听候法庭审理。阿普泰和奥迪布不仅不停止战斗，而且处死前来调节此事的阿散蒂国王的特使。邦苏国王忍无可忍，亲自率兵抓捕阿普泰和奥迪布。两位酋长兵败逃至芳蒂人的首府阿波拉镇，寻求庇护。阿散蒂军跟踪而至。两位酋长又逃往英国总督驻地海岸角，寻求庇护。总督多伦（Torrane）上校当即表示要用武力保护他们，并带领官兵在芳蒂人的帮助下修筑工事，准备战争。1806年6月14日，英军在芳蒂军的配合下向阿散蒂军发动进攻。战斗主要在阿诺马布（Anomabu）进行。6月17日，阿散蒂军包围阿诺马布的英军要塞，并击退前来解围的芳蒂军。多伦指示要塞守军悬挂白旗，停战求和。阿散蒂军接受了英国的和谈要求。6月下旬双方达成了一项未见诸文字的临时协议。协议内容主要有：多伦答应交出阿普泰和奥迪布两位酋长；包括海岸角在内的所有芳蒂人的土地都归属阿散蒂王国；阿散蒂王国对英国人和其他欧洲人所建要塞占用的土地有收取地租的权利；芳蒂土邦和沿海地区其他土邦应向阿散蒂国王纳贡。但在移交两位酋长的过程中，阿普泰酋长又一次逃跑了，英国人仅将年迈失明的阿迪布酋长交给阿散蒂国王。7月，阿散蒂军挥戈东进，全歼阿普泰带领的残余部队。10月，在温尼巴（Winneba）驻扎的大批阿散蒂军遭天花和痢疾袭击，不得不撤回内地。

阿散蒂军撤回内地后，芳蒂土邦在英国殖民者支持下重申自己在沿海地区的"霸主"地位，拒绝向阿散蒂国王纳贡。1811年和1814年，阿散蒂王国两次进军沿海，彻底打垮芳蒂土邦的反抗，将芳蒂土邦划入阿散蒂王国的版图。英国殖民者由于没有做好战争准备，决定向库马西派遣一个代表团，与阿散蒂王国签订一项条约。代表团于1817年4月22日离开海岸角，5月19日到达库马西。经过谈判，双方于9月7日签订了一项条约。根据条约，英国承认阿散蒂王国对沿海芳蒂人居住区的主权，并向阿散蒂王国交纳要塞地租。

然而，英国殖民者只是把谈判、签订条约作为缓兵之计，更没有打算履行条约中规定的义务。就在他们向库马西派出代表团的时候，他们一方面加紧加固要塞，增加沿海殖民据点的防卫力量；另一方面积极扩充兵力，除了增派英国军队之外，还迫使加纳沿海地区一些部落提供兵源。1822年4月查理·麦卡锡爵士出任总督后，备战进一步加紧。1823年2月，麦卡锡就以安诺马布的一名警察被阿散蒂军队处死作借口，亲率一支2500人的军队攻打驻扎在邓克拉的阿散蒂军队。但这支英军半途就遭到阿散蒂军队的伏击，狼狈逃回海岸角。

1824年1月，在经过一番周密部署后，麦卡锡率主力在普拉河下游地区与南下的阿散蒂军大战。1月21日，麦卡锡带领的一部分军队在邦沙索村与阿散蒂军的一个纵队相遇。阿散蒂军吹着他们的战斗号角，打着战鼓前进。麦卡锡命令英国皇家非洲殖民兵团的军队演奏"上帝保佑英王"，以应对阿散蒂的军乐。

不久，阿散蒂军抵达邦沙河岸，并且向英军开了火。英军以炮火遏制他们渡河的企图。但当英军的炮弹耗尽时，阿散蒂军很快就渡过了邦沙河，对英军形成包围。英军只有少数人逃脱。麦卡锡本人负了伤，无人搭救，毙命。得知麦卡锡丧生，各路英军纷纷后退。阿散蒂军乘机南下，直逼海岸角北部要塞埃弗图（Efutu）。扼守此地的有英国殖民军700多人，土著部队5000多人。4月下旬至5月下旬，双方展开激烈的争夺战，埃弗图几度易手，但终为阿散蒂军控制。继之，阿散蒂军从陆地对海岸角形成包围。英国组织殖民军和土著部队5000多人投入保卫战。英国殖民者得到丹麦殖民者的支援，后者从基督堡要塞①组织一支数千人的军队参加保卫海岸角。6月至7月，双方战事不断。8月，因天花和痢疾流行，阿散蒂军为减少损失，不得不班师回库马西。

在1823~1824年的战争中，阿散蒂军歼灭了数以千计的英国殖民军，击毙了一位英国总督，使沿海地区一些部落、氏族酋长对接受英国"保护"的可靠性表示怀疑。为了消除战争对英国的不利影响，保住并扩大英国在加纳沿海的权益，英国殖民者积极准备对阿散蒂发动新的战争。1826年1月，英国组成一支包括殖民军和受英国"保护"的加纳沿海地区部落、氏族的武装1万多人，对在芳蒂人居住区执行任务的阿散蒂军发动进攻。8月上旬，双方在阿克拉以北约20公里的卡塔曼索展开决战，阿散蒂军一度取胜，但由于英军使用新式武器——康格列弗火箭，最后还是遭到失败，被迫从沿海地区撤出。英国控制了整个普拉河下游地区。1827年12月，双方在海岸角举行和平谈判。1831年4月，双方正式签订和约。根据和约，英国承认阿散蒂

---

① 基督堡要塞位于阿克拉附近的奥苏河旁，是瑞典人在1657年修建的。该要塞建成后，数次变更主人。1693年阿克瓦穆人占领该要塞，次年卖给丹麦人。1850年为英国人购得。

王国是一个拥有主权的国家；阿散蒂放弃对芳蒂人、邓克拉人和阿辛人等地区的宗主权；阿散蒂赔偿黄金600英两。

三　黄金海岸殖民地的建立

1831年的和约巩固了英国在加纳沿海地带的殖民统治。从普拉河到沃尔特河横距约400公里，从海边到内地纵深60公里左右的地区，变成了英国的势力范围和非正式的"保护地"。1844年3月6日，总督希尔中校同沿海地区芳蒂、邓克拉和阿辛等地的8个酋长共同签署一项协定，酋长们在法律上承认了英国在沿海地区的"权力和权限"。根据这个协定，英国将其侵占的沿海地区连成一片，称为"黄金海岸保护地"。1874年7月24日，英国颁布一道"英王敕令"，将黄金海岸在行政区划上同塞拉利昂分开，成为一个单独的殖民地，命名为"黄金海岸殖民地"。同年8月，英国枢密院授权黄金海岸殖民地的立法议会，以条约形式为这个殖民地制定法律。

第四节　英国对加纳的占领和殖民统治

一　英国对加纳的占领

西方资本主义国家在经过"自由竞争"阶段后，19世纪70年代开始向垄断资本主义过渡，19世纪末和20世纪初进入垄断资本主义阶段。此时，资本主义各国由于生产和资本的日益集中和垄断，人民生活的不断贫困和购买力的不断下降，经常发生"生产过剩"的危机。在这种情况下，国内市场已无法满足垄断资本家榨取高额利润的要求，所以他们对外也不满足于从事商品输出的贸易掠夺，而要求向别的国家和地区输出

资本。这就是从19世纪70年代开始资本主义各国对外侵略扩张，疯狂掠夺殖民地的经济根源。在当时美洲、大洋洲已被瓜分完毕，对亚洲的瓜分接近完了的情况下，广阔富饶的非洲自然成了资本主义各国激烈争夺和共同瓜分的目标。这样，从19世纪70年代起，就开始了西方列强抢占和瓜分非洲的狂潮。具有丰富自然资源的加纳，则成了英国必须尽快抢占的一个重要地方。

英国为了尽快实现对整个加纳的占领，作为第一步，就是要设法把荷兰人在加纳沿海地区的要塞攫取到手。通过谈判，1871年2月25日英国与荷兰在海牙签订协定。荷兰同意就自己在黄金海岸已经营274年之久包括埃尔米纳要塞在内的所有殖民据点"转让"给英国，而英国则答应不干涉荷兰在亚洲苏门答腊的扩张。这件事引起阿散蒂王国的高度关注。阿散蒂王国认为埃尔米纳是自己的领土，是本国通向几内亚湾的出海口，这是得到荷兰人承认的，荷兰人还因此每年向阿散蒂王国交纳租金，英国人无权从荷兰人手中接收埃尔米纳。但鉴于1831年阿散蒂王国与英国签订和约后，英国挑衅仍接连不断，战事时有发生，所以阿散蒂王国一方面向英国提出希望通过谈判解决埃尔米纳问题，另一方面做好出兵埃尔米纳的准备。在英国一再拒绝和谈建议后，1873年初，阿散蒂王国趁荷兰人撤出加纳沿海之时，派出一支1.2万人的军队进驻埃尔米纳。不久，英国从塞拉利昂、冈比亚、尼日利亚调来殖民军，封锁埃尔米纳海面，然后发起进攻。阿散蒂军顽强奋战，屡创敌军。英国殖民者无法取胜。战争持续到当年10月，阿散蒂军突然流行天花和痢疾，兵力严重受损，被迫放弃埃尔米纳，撤退到普拉河北岸。从此以后，阿散蒂王国抗击英国侵略扩张的斗争就在普拉河以北地区进行了。

1873年12月，英国殖民者从本国调来第二步兵旅、皇家威尔逊第23火枪队和苏格兰高地军第42团等精锐部队后，组成了一支包括工兵、炮兵在内的万余人部队，渡过普拉河，向阿散蒂首都库马西推进。1874年1月31日，阿散蒂在阿摩阿弗村选择了有利地形，隐蔽在茂密的灌木丛中，居高临下地控制住通往库马西的要道。待英军先头部队走近，阿散蒂军一跃而起，打得英军抱头鼠窜，死伤累累。英军步兵无法取胜，就用远程炮和榴霰弹轰击阿散蒂军阵地，使阿散蒂军遭到重大伤亡。阿散蒂军司令阿曼克瓦·迪亚（Amankwa Dia）也中弹身亡。通往库马西的要道被打开了。2月4日，英军攻到离库马西约10公里的奥达苏村。2月5日下午，英军攻下库马西。英军司令加内特（Garnett）扬言，阿散蒂国王必须出来投降，签订和约，否则库马西就会遭蹂躏，居民遭屠杀。可是就在这一天夜里，库马西的居民带着粮食和财物悄悄撤离了。6日清晨，英军才发现被他们占领的库马西已变成一座空城。加内特生怕中计，就下令军队焚烧库马西，炸毁皇宫和军事堡垒等，匆忙从库马西撤离。3月14日，英国强迫阿散蒂国王在福梅纳（Fomena）签订条约，被称为"福梅纳条约"。根据该条约，阿散蒂向英国赔偿5万盎司黄金，放弃埃尔米纳和其他沿海地区的领土主权，撤回留在沿海地区的部队，保证库马西到普拉河的公路畅通，开放贸易通道，允许英国人在阿散蒂王国境内自由贸易，并同意英国向库马西派遣一名驻节官，以监督条约的执行。这是十足的奴役性条约。1876年，阿散蒂王国在经过一年多的休整后，继续开展反对英国侵略扩张的斗争，停止向英国支付赔偿，将英国驻节官赶出库马西，并收回部分沿海领土。在此后20年间，英国殖民者在加纳内地无法再前进一步。

1885年2月西方列强瓜分非洲的柏林会议结束后，英国生怕加纳内地被法国或德国占领，急于吞并阿散蒂王国。1889年和1890年，英国殖民总督格菲利斯两次派人到库马西，要求阿散蒂王国接受英国"保护"，都被阿散蒂国王普列姆佩（Prempeh）严词拒绝。1895年3月，普列姆佩派遣一个使团前

往伦敦,向英国表明阿散蒂王国坚持独立的严正立场。同年4月,接替格利菲斯总督职务的麦克斯威尔到达黄金海岸,说是奉英国殖民大臣之命向阿散蒂国王提出最后通牒,要他接纳英国政府代表,接受英国"保护",并在10月31日以前作出答复。普列姆佩于11月8日作出答复。他在答复中说,他已经派了一个代表团前往伦敦,在未得到这个代表团的消息之前,他不能作出任何承诺。在得知阿散蒂的代表团于12月无果返回后,1896年1月3日,早已做好战争准备的英国殖民者就以普列姆佩未履行1874年"福梅纳条约"为由,出动一支包括英国约克郡第二团、陆军步兵特务队等在内的3000余人部队进攻阿散蒂王国。1月17日,英军再次占领库马西,烧杀抢掠,逼普列姆佩就范,要他交出象征阿散蒂王国权力和民族尊严的国宝——金凳子。普列姆佩予以严词拒绝。英国殖民者恼羞成怒,于20日逮捕了国王、母后、国王的父亲和7位近臣。起初,他们被囚禁于埃尔米纳要塞,后来又被流放到塞舌尔岛。同年8月16日,英国宣布阿散蒂为英国"保护地",并向库马西派了一个驻节官。但是,英国殖民者渴望的金凳子始终没有得到。金凳子早已被不甘受殖民者奴役的阿散蒂人藏匿起来了。

1899年12月,据说有一位阿散蒂的男孩告诉英国殖民当局,说他知道金凳子的藏匿之处。现任总督弗·霍吉逊(F. Hokgson)爵士决定亲自前去搜寻。1900年3月28日,霍吉逊从阿克拉来到库马西,在当地召集了一次酋长会议。他在要求酋长们把金凳子作为一项战利品移交给英国人时说:"这个国家的最高统治权力是英国女王,金凳子应该是属于她的。"又说:"我是最高权力的代表,你们为什么没有把这个金凳子移交给我呢?你们为什么不趁我到库马西来的机会,把金凳子带来交给我,我好坐在上面呢?"酋长们默默地听着霍吉逊的讲话,不动声色地离开了会场,但心里都明白霍吉逊的挑衅行为是对神物金凳子的亵渎。当天晚上，酋长们举行了一次秘密会议，宣誓不再忍受英国人的统治。三天以后，即4月1日，阿散蒂人举行了一次声势浩大的起义。

1900年4月1日起义，又称为"阿散特娃之战"，因为这次起义的主要策划者和鼓舞者是埃吉苏（Ejisu）部落酋长的母亲雅·阿散特娃（Yan Asantewa）。起义者包围了英国在库马西的要塞。要塞里面的人员包括霍吉逊在内的英国官员、传教士、医生和士兵等，共779人，由于食物和军需品有限，从6月的第二周开始，每天都有人饿死或病死。6月23日，霍吉逊玩弄"和谈"花招，利用停战间歇，除了留下3名军官和150名士兵守要塞之外，其余的人实行突围。在阿散蒂王国辖区，逃窜的英国部队不断遭到阿散蒂人的袭击，伤亡不断。到7月10日霍吉逊回到阿克拉时，他所带领的部队只剩百余人了。

阿散特娃起义爆发后，英国殖民者火速从西非和中非等地方调动1400名部队到黄金海岸，威尔科克斯（Wellcocks）上校担任指挥官。这支部队于5月26日在海岸角登陆。7月1日从普拉苏向阿散蒂王国发动进攻。7月中旬至9月底，起义军与英军在贝克威到库马丁沿途展开多次激战。10月，库马西的防御设施被英军炮火摧毁。起义军队撤出库马西，分成小股进行游击战。12月，阿散特娃和其他大多数起义领袖先后被俘，被押送至埃尔米纳要塞，起义遂告失败。次年，阿散特娃和其他15名起义领袖被流放到塞舌尔岛。

1902年1月1日，英国正式宣布阿散蒂地区和加纳北部地区均为自己的殖民地，并同"黄金海岸殖民地"合并，成为英国的直辖殖民地，命名为"黄金海岸"。在此前后，英国通过同法国、德国签订条约的办法，确定了黄金海岸殖民地的西部同法属科特迪瓦的疆界，北部同法属布基纳法索的疆界，东部同德属多哥的疆界。

二 英国对加纳的殖民统治

在 1874 年,英国在加纳沿海建立"黄金海岸殖民地"时,英国女王就向当地派遣自己的代表——总督作为最高统治者。总督之下设有行政委员会和立法议会。行政委员会起初由 4 名高级官员,即殖民事务秘书、总检察官、司库长和军事总监组成。1903 年,行政委员会改由 5 人组成,除了殖民事务秘书、总检察官、司库长继续留任之外,其他两个职位改由卫生事业督办和土地事务秘书担任。1943 年,行政委员会由于任命了两位非官方的非洲籍委员而变成 7 人。在两位非洲籍委员中,一名是著名的律师,一名是有威望的酋长。不过,行政委员会的决议即使全体一致通过,总督也不一定非采纳不可。这就是说,总督对行政事务拥有最后决定权。立法议会初期由 5 名官方人士和 3 名非官方人士组成。在 5 名官方人士中,有 4 名是行政委员会委员,1 名是首席法官。1916 年立法议会中的官方成员增至 11 名,非官方成员增至 10 名。这个由官方成员占 10 多名的方案,在 1925 年通过的宪法中被保留了下来。根据 1925 年宪法,立法议会由 15 名官方议员和 14 名非官方议员组成。在 14 名非官方议员中,有 9 名非洲籍人士。与其他英国直辖殖民地一样,所有官方议员不论本人有何不同意见,都必须根据总督表达的意图投票。这项规定使总督完全控制了立法议会。

地方殖民政府的组建有两种情况。一种是由英国政治官员组建,被称为"直接统治"。担任政治官员的人基本上都是从英国贵族公学和牛津、剑桥大学的毕业生中挑选出来的,都是十分忠实于英国殖民事业的人。他们到一个地方就职时,就将原有的统治者废黜,将原有的统治机构抛弃,由他们自己直接组建地方殖民政府机构。另一种是将原有的地方土著政权和行政系统留下来,将原有的部落酋长和氏族头人变成领取薪金的官吏,变成殖民者的代理人，被称为"间接统治"。不过，"直接"和"间接"的区分纯粹是表面形式。这是因为国家政权的性质并不是依据政府机关的形式，而是依据这个政权代表哪一阶级或集团的利益。一个酋长或头人被殖民者委以重任后，如果他不执行殖民者的政策，就会立即被抛弃；如果他执行殖民者的政策，那么这种"间接统治"与英国殖民官员的"直接统治"就无所谓区别。要说有区别，那只是掌权者的肤色有所不同而已。同时，即使在"直接统治"的地方，人们也能发现大量"间接统治"的成分，当地的传统制度和酋长、头人的势力都被用来为英国殖民利益服务。起初，英国的"直接统治"主要在加纳沿海地区实行，"间接统治"主要在阿散蒂人居住区及其他内地实行。第二次世界大战结束后，随着加纳民族独立运动的兴起，英国殖民者越来越倾向采取更多的"间接统治"形式。可见，"直接统治"和"间接统治"是英国殖民统治机器不可或缺的两个方面。英国殖民官员也说，加纳的殖民统治制度是"由中央政府的直接统治和依靠当地非洲制度的间接统治的一种混合物"。所以，在英国侵占加纳后，不管实行"直接统治"还是"间接统治"，加纳劳动群众在政治上同样都处于受压迫和无权的地位。

在经济上，英国殖民者竭力将加纳变成英国的原料产地和商品销售市场，阻碍加纳的工业发展，使加纳处于依附于英国的落后状态。

英国殖民者起初是为掠夺黄金来到加纳的。在侵占加纳后，黄金仍是英国殖民者掠夺的主要财富之一，英国的"阿散蒂金矿公司"等机构控制了加纳的全部采金业。可是，随着英国工业的发展和需求的增加，英国殖民者发现加纳这块土地还蕴藏着大量的钻石、锰和铁等矿物，因而加大了对加纳矿业部门的投资，扩大了掠夺范围。到1937年，加纳的矿业产量已相当可观。当年黄金出口数量为55.7万多盎司，价值391万多英镑；钻石

加纳

157.7万克拉，价值64.8万英镑；锰矿石52.7万吨，价值102.5万英镑。铁矿是从1941年开始开采的。此前，英国是从法国输入铁矿石来满足自己的需要。1941德国军队占领法国，来自法国的铁矿石停止后，英国才开始加紧开发加纳的铁矿。1945年，从加纳输往英国的铁矿石达14.8万吨，满足了当时英国工业需要的90%。

英国殖民者在加纳除了大力兴办采矿业之外，还兴办了一些原料加工业和小型轻工业企业，如榨油厂、锯木厂、煤炭厂、砖瓦厂、冰淇淋厂、果汁厂和碾米厂等。他们办原料加工业主要是为了方便出口运输，节约开支，增加收入。例如，将原木加工成木板和其他材料之后，就可以减去1/2的重量，在运往欧洲和美洲时可节省很多运费。此外，原木加工时所需要的电力，也可利用原木加工过程中去掉的废弃物作燃料来发动。至于一些无需很高技术来制作的物品，如砖瓦、冰淇淋和果汁等，显然无须从宗主国运来，而是应该在当地制造或加工。不过，就是这些加工业和轻工业企业，其中很多也是受英国资本家控制的。

在农业方面，英国殖民者竭力把加纳变成可赚取高额利润的可可生产基地。可可是一种适合小农经营的作物，是1879年一位名叫特提·克瓦西（Teti Kwashi）的阿克拉人从斐南多波岛和圣多美岛引进到加纳的。1891年，加纳生产了首次供出售的可可80磅。1901年，可可输出量上升到536吨。英国殖民者见经营可可有利可图，就使用一切经济和超经济的强制手段，迫使农民减少粮食和其他作物种植面积，扩大可可种植面积。到1935年，种植可可的土地已达45万公顷，超过了加纳传统经济作物油棕、可拉果和橡胶的种植面积。到20世纪40年代后期，加纳从事可可种植的农户达30万户，约占全国农户总数的50%。1935年加纳可可出口量，已占世界可可出口总量的50%。1954年，世界可可出口总量为70万吨，加纳可可出口21.7万吨，仍是最大的出口国。当年巴西是世界可可第二大出口国，出口量为 12.1 万吨。

对从事可可生产的加纳农民的苦难，英国学者布雷特在《黄金海岸》一书中有所披露。他认为，加纳可可种植业的"资金供应组织得很坏，或者不如说完全没有组织，结果大多数可可种植者都对放高利贷的人负很多的债，很少能还清。这些放高利贷的人主要是欧洲公司的经纪人。公司给他们钱去预付给农民，以便保证这一季度的收成一定卖给这家公司。如果遇到坏天气、病害或价格波动，农民不能交出放青苗的可可，他们就会陷入债网之中"。布雷特还说，这些经纪人放出的高利贷其利率很少在 50% 以下。[①] 布雷特这里说的欧洲公司，主要是英国公司。这些公司给农民的预付款，一般就是实际购买可可的钱。而这种实际付出的价钱，往往只有该公司售出这些可可的价钱的 1/3 到 1/2。以 1950 年为例，当年各公司购买可可的预付款为 3100 万英镑，在国际市场上则以 6200 万英镑售出，除去一切支出，净赚 1800 万英镑。英国及欧洲其他国家公司不仅垄断加纳可可的收购价格，而且垄断加纳大多数进口贸易和零售业，用不等价交换剥削当地农民。农民出售可可等农产品和购买粮食等生活必需品，都免不了遭受外国资本家的剥削。所以，随着可可生产的增加和扩大，加纳农村两极分化日益明显，不仅出现了佃农和雇农，而且出现了富农和种植园主。在可可种植区，有的酋长利用手中的权力，也办起一定规模的可可种植园，实行雇工劳动，变成农业资本家。一些经纪人，则变成商业资本家。

为了便于掠夺加纳资源和降低运输成本，英国殖民者注重发展加纳的交通。到 1918 年，全国可以通车的公路达 1775 公里。1922 年增加到 2935 公里，1935 年增加到 7065 公里。到 20 世纪

---

① F. M. Bourret, *The Gold Coast*, London, 1949, p.124.

加纳

50年代初，增加到1.2万多公里。但多为碎石公路，经常近一半的公路不能通车。铁路是从1896年开始兴建的。1901年建成了从港口塞康第到加纳西南部矿产中心塔库瓦的铁路，总长为60.8公里。1903年，这条铁路延伸到库马西。1923年，又建成了从阿克拉到库马西的铁路。这两条铁路建成后，承担着70%以上出口货物的运输任务。进口货物如机器设备、建筑材料和粮食等，大部分由这两条铁路运入内地。加纳没有天然海港。1925年开始在塔科拉迪建造第一个人工海港，1928年投入使用。随后，又在阿克拉以东的特马湾修建了一个更大的人工海港。

为了对加纳人民进行奴化教育，炫耀西方文明，培养在加纳殖民所需人才，英国殖民者在加纳创办了一些学校。除了创办百余所小学、数十所中学之外，英国殖民者还于1924年创办了阿奇莫塔学院（Achimota College）。1902年，加纳中等学校的学生只有65名。1938年，各类中学生已逾3000名。到1948年，官办中学的学生是2225名，私立中学的学生近5000名。有的青年还被派往欧美国家学习。不过，对于各类学校培养出来的人才，英国殖民者只能控制其中的一部分人。大部分人都走到了英国殖民者愿望的反面，成为英国殖民制度的掘墓人。

第五节　加纳人民反对英国殖民统治的斗争

英国殖民者在侵占加纳后，对加纳人民政治上进行压迫，经济上进行剥削掠夺，思想上进行奴化教育，其目的是要使加纳永远成为英国的殖民地。然而，事物的发展正好走向它的反面。英国殖民者对加纳的侵略和统治刺激了加纳的社会经济，在使加纳的传统经济结构变成殖民地经济结构的同时，也造就了自己的对立物——人数相当的无产阶级、拥有一定土地或财产的民族资产阶级和一定数量的民族知识分子。加纳无产阶级包括被雇佣的农业工人、矿工、筑路（公路和铁路）工人、建筑工人、司机和码头工人等。到 1951 年，加纳无产阶级人数已达 30.6 万人，相当于当时加纳成年男子人口的 1/4。民族资产阶级主要有两类：一类是充当英国商贸公司中间商（经纪人）的商人；另一类是向工矿业部门投资，自己开办公司的商人。充当中间商的当地商人起初只是为英国商人收购经济作物，推销英国日用商品，而当这些商人在商界赢得一定的社会地位后，就力图打破英国商业公司对加纳的贸易垄断。向工矿业部门投资的本地商人在赚到一定的钱后，有的就自己开办公司，但经常遭到殖民当局和英国资本家的压迫和排挤。民族知识分子包括医生、律师、教师、新闻记者、编辑、行政职员和公司雇员等，其中有的还是从欧美留学回来的人。这些人一方面饱受种族歧视之苦，另一方面又受西方近代资产阶级民族民主思想熏陶，因而逐步走上反对英国殖民统治，争取民族独立的道路。

一　早期反殖斗争

还在 1897 年，当英国以黄金海岸殖民政府的名义通过《公有土地法案》，宣布当地"一切无主之土地"都是"英王财产"时，很快引起加纳有识之士的警觉与反对。为了争取废除这个违反土著居民权利的法案，1898 年律师约翰·萨尔巴、约瑟夫·海福德和商人格拉夫特·约翰逊共同发起，成立了"黄金海岸土著居民权利保障协会"。由于《公有土地法案》也涉及酋长的权益，所以该协会也得到各地酋长的支持。该协会除了组织群众进行抗议活动之外，还于 1898 年派了一个代表团到伦敦进行交涉。结果，斗争获得胜利，殖民当局被迫撤销《公有土地法案》。1900 年通过的新法案规定：土著居民仍拥有原来属于他们的土地。

加纳

在 1898~1900 年的斗争获得胜利之后,"协会"继续活动,对殖民当局损害土著居民权利的法案和政策进行斗争。1911~1912 年,"协会"针对殖民当局用剥夺土著居民土地的办法来建立"森林保留地"的计划又组织了一次群众抗议活动,迫使殖民当局放弃该计划。

为了争取政治权利,1913 年,以著名政论家凯斯利·海福德律师为首的一部分知识分子发起了一个改革立法议会的运动。他们还向尼日利亚政治活动家赫伯特·麦考莱建议,召开英属西非四个殖民地(尼日利亚、黄金海岸、塞拉利昂和冈比亚)社会活动家会议,制订共同斗争计划,来反对各殖民地当局没收土著居民的土地。不过,这个会议由于第一次世界大战爆发而未能召开。

二 两次世界大战之间的反殖斗争

1914 年第一次世界大战爆发后,英国加强了对加纳的控制和掠夺。为了保证战争需要,殖民当局在加纳的工矿部门和农业部门实行强迫劳动。原料和物资的收购价格降低,而进口的粮食和日用销售价格一再上涨。殖民当局还强迫青年男子加入英国武装部队。一战期间,加纳和英属西非其他殖民地共同组成的 2.6 万名"西非边防军",在德属多哥、喀麦隆和坦噶尼喀战场上作战,许多人受伤,不少人付出了生命。此外,还有万余名加纳人被强征去修筑军用交通线和从事后勤运输等繁重劳动,有些人因劳动过度而失去生命。人员的大量伤亡,劳动强度的增加,税收的加重,以及其他各种强征措施,一再激起加纳人民群众的不满和抗议,但均遭殖民当局镇压。这从反面教育了加纳人民,有助于提高他们对英国殖民统治不合理性的认识。

第一次世界大战结束后不久,即 1920 年 3 月,加纳和尼日利亚、塞拉利昂、冈比亚的代表在阿克拉召开会议,成立了

"英属西非国民大会"（National Congress of British West Africa）。经过讨论，会议通过了多项决议。其中最主要的要求就是扩大非洲本地人的权利，用选举的办法产生立法议会的成员。但就是这样的要求不仅遭到英国政府的拒绝，而且遭到地方酋长的反对。1920 年 10 月，英国殖民大臣米尔纳在接见"英属西非国民大会"派往伦敦的请愿团时说，非洲人还不能参加管理自己的国家。而自 1914 年起一直是立法议会成员的酋长奥弗里·阿塔（Ofori Atta），因害怕选举会使自己丧失特权地位，就怂恿各地传统的酋长共同拒绝用选举产生立法议会成员的办法。不过事后不久，英国殖民者还是作了一定的让步。首先，逐步增加了非洲籍人士在政府机关里工作的人数。1919 年在政府机关里工作的非洲籍人士仅 3 名，经逐年增加，到 1927 年已达 38 名。其次，1925 年颁布的宪法有关立法议会成员的条文中，明确规定增加非洲籍人士的比例。根据这部宪法，立法议会由 15 名官方议员和 14 名非官方议员组成。在 14 名非官方议员中，欧洲人 5 名，非洲人 9 名。在 9 名非洲人中，有 6 名分别由西部省、中央省和东部省的酋长会议推选。另 3 名分配给阿克拉、塞康第和海岸角 3 个自治市，由拥有一所房屋和纳税率达 6 英镑的公民们推选。这是殖民当局微不足道的让步，但对加纳民族民主力量来说是一次前所未有的胜利。

1929 年资本主义世界经济危机给加纳带来了严重后果，可可销售价格从危机前每吨 50 英镑猛跌到 1930 年每吨 20 英镑，大批可可生产者破产，失业人数有增无减。殖民当局的年收入也从 400 万英镑减少到 250 万英镑，预算出现了庞大的赤字。为了摆脱困境，殖民当局除了削减各种开发计划和社会设施建设之外，还实行直接税，提高进口税等。这不仅引起广大劳动群众的不满，而且引起殖民政府里领取薪金，被认为是殖民统治可靠支柱的酋长的不满。阿克拉、库马西和塞康第等不少地方，都发生

加纳

了有各阶层人士参加的抗议集会和示威游行。1930年4月,由著名政论家凯斯利·海福德、医生南卡-布鲁卡和酋长奥弗里·阿塔共同发起,在阿奇莫塔学院成立了"黄金海岸青年大会"。该组织提出的要求主要有:政府机关"非洲化";非洲人在立法议会中占多数,取消立法议会中的官方多数;行政委员会中应有固定的非洲人代表等。同年夏天,该组织还派出一个代表团到伦敦请愿。该组织的活动,对加纳反殖力量的团结具有促进作用。其主要缺点是活动范围仅限于城镇,联络对象基本上限于青年学生,没有提出一个反对殖民主义的纲领,也没有要求废除殖民统治。

1937年,资本主义世界尚未从1929年经济危机中摆脱出来,又发生了新的经济危机。这次危机也席卷加纳。为了继续保持高额利润,在加纳的14家英国商贸公司签订了一个收购可可的协议,规定一方面要统一压低可可收购价格,另一方面要普遍提高进口商品的零售价格。这个协议签订的消息透露出来后,立即引起加纳各阶层尤其农民的愤怒和抗议。该年10月,加纳各地农民在农民协会和酋长的领导下团结起来,决定一致拒绝出售可可,并拒绝购买这14家公司经营的零售商品。这次斗争一直延续到1938年4月,加纳的社会经济处于瘫痪状态。在这种情况下,1938年2月,英国政府决定派遣一个以威廉·诺威尔为首的调查团前去调查。诺威尔在调查报告中承认,100%的加纳本地人都支持这次斗争。在该调查团的调解下,买卖双方的矛盾得到解决。到1938年10月,积存的可可约47.6万吨全部售出。加纳人民"拒售可可"的斗争取得了胜利。

三 第二次世界大战:加纳走向独立的契机

第二次世界大战爆发后,加纳对英国来说既是提供人力和战略物资的重要场所,又是进行战争的一个重要军事基地。英军西非司令部设在距阿克拉15公里的阿奇莫塔学院。阿克拉军用飞机场被扩大,除了供英国空军使用之外,还供美国空军使用。1942~1943年间,每天有200~300架美国飞机飞到这个机场来加油,然后飞向目的地。

第二次世界大战期间,约7万名加纳人被征加入英属西非部队,奔赴东非和东南亚战场,对法西斯军队作战。工矿企业规模扩大了,黄金、钻石、镁和锰矿石等的开采量比战前增加50%左右。从1941年起,又开始了铁矿石的开采。可可、棕榈油和橡胶等产量也增加了。生产规模的扩大,新工艺采矿业的建立,以及军事设施的建设等,不仅使外国资本家获得大量利润,而且使加纳民族资产阶级获得发展机会。加纳的商人、企业主和高利贷者利用战时殖民当局放款对民族资本的限制,加紧活动,发展和壮大自己的实力。一部分酋长和封建上层也涉足工商领域,他们与民族资产阶级的关系比以往更加密切。所有这些,都使雇佣工人人数快速增加。到二战末期,加纳工农业两大部门雇佣工人已超过20万人,比战前增加了一倍。战时民族资产阶级和无产阶级实力的增强,是加纳战后获得民族独立的重要前提。

大战期间,殖民当局利用战争形势,借口"为了国家最高利益",诱使加纳人民"自动"捐款34万英镑,分摊无息战争公债100万英镑以上。工人的工资不断下降,有时还被冻结。从1943年起,殖民当局开始征收所得税。殖民当局还与不法商人狼狈为奸,利用战时粮食和日用品短缺,哄抬物价。1939~1942年,消费品价格上涨50%~70%。工农大众的生活极其艰苦。

二战使加纳人民承受了战争重担,作出了牺牲,但大战也扩大了加纳人民的眼界,给他们带来了反压迫、争权利、求解放的思想和经验,提高了他们的政治认识水平,使他们对于争取民族独立和解放增强了信心。

1941年8月,美国总统罗斯福与英国首相丘吉尔在纽芬兰

湾的军舰上会晤,并于8月14日发表了《大西洋宪章》,宣称"各民族有自由选择其所赖以生存的政府形式的权利"。《大西洋宪章》首先在加纳留学英国的学生中引起强烈反响。在该宪章公布不久,他们与英属西非其他几个殖民地的留学生一起向英国政府递交了一份备忘录,要求英国政府将宪章的原则应用于英属西非各殖民地。也就在1941年,"黄金海岸青年大会"根据《大西洋宪章》的原则拟订了一份政改方案,向英国总督阿伦·伯恩斯(Alan Burns)递交,遭拒绝。翌年,律师约瑟夫·丹凯(Joseph Danquah)和科佐·汤普森(Kojo Tompson)等人组成了一个宪法修改委员会,开始起草新的宪法。1943年1月初,英国总督为这一年开始征收所得税辩护说:"征收所得税是所有文明国家的行为。"海岸角的议员立即反问道:既然这是所有文明国家的行为,那么英国为什么不承认黄金海岸也是一个文明国家,而仍要保留其殖民政权呢?该年春,英国殖民大臣克伦博内(Cranborne)来到加纳访问,以丹凯为首的宪法修改委员向他递交了新的宪法草案。新宪法草案的主要内容是:行政系统非洲化,非洲人在立法议会中应占绝对多数。英国政府以二战期间情况特殊为由,拒绝讨论宪法改革。但是因形势所迫,英国又不得不允诺一旦战争结束,不仅要扩大非洲人的政治权利,而且要改善他们的物质生活。

二战前,英国殖民当局不许加纳工人成立工会组织。二战爆发后,在世界各国人民反法西斯斗争的激励下,加纳工人一方面为支援盟国反法西斯战争夜以继日地辛勤劳动,另一方面为争取自身权利举行多次罢工,与英国殖民当局进行不屈不挠的斗争,终于迫使当局于1942年9月承认汽车司机、建筑工人、邮电工人和码头工人等行业工会为合法工会组织。随后,其他行业工会也相继成立。到二战末期和战后初期,加纳无产阶级队伍由于相当数量的复员军人的加入而进一步壮大,已有50多个工会组织,并在此基础上成立了全国性的工会组织——黄金海岸工会大会。这表明加纳无产阶级已是加纳社会一个有组织的社会阶层，是争取民族独立的中坚力量。二战后，加纳民族主义政党在领导加纳民族独立斗争中所取得的成就，不能不首先归功于加纳无产阶级。

四　宪法改革

第二次世界大战结束后，英国没有履行二战期间向加纳人民许下的诺言。为了弥补二战给英国造成的损失，英国殖民者通过提高直接税、压低可可收购价格等办法加强对加纳人民的剥削，使加纳人民的生活不仅没有因大战结束得到改善，而是更加困苦。当时，殖民当局的"农产品购销局"是以出口价格50%～60%的价钱收购可可，然后以高价出口，所得的高额利润就成为殖民当局的英镑外汇存款。这笔钱要存入伦敦英国国库。如何使用这笔钱，则由英国政府决定。这不能不引起加纳人民的不满和反抗。工人、退伍军人和知识分子首先行动起来，他们纷纷走上街头，举行抗议示威。为了缓和加纳人民的反英情绪，转移斗争视线，英国政府声称要在加纳实施"宪法改革"，"给予非洲人权力"等。1946年3月29日，颁布了以当时英国总督阿伦·伯恩斯的名字命名的"伯恩斯宪法"。这部宪法比1925年的宪法前进了一步，非洲人在立法议会中的名额由9名增至18名。[①]

但是，总督仍保留有最后决定权。同时，掌握实际权力的行政委员会的成员仍由英国派遣的官员担任。所以，所谓让步，实际上是微不足道的。这样的宪法改革自然会引起加纳人民的反

---

① 1925年宪法规定，立法议会由29人组成，其中非洲人仅9名。"伯恩斯宪法"将立法议会扩大为31人，其中非洲人为18名。

对。在"伯恩斯宪法"公布不久,阿克拉街头就出现了反对的标语:"打倒总督的保留权"。

为了有效抵制"伯恩斯宪法",1947年8月黄金海岸民族主义者成立了"黄金海岸统一大会党"(United Gold Coast Covention)。该党成员相当一部分是原来"黄金海岸青年大会"的人,其中包括"青年大会"的一些领袖人物。这些领袖人物已认识到像"青年大会"这样的政治组织其活动范围太狭窄,应该组织一个能得到全国各阶层支持的政党。被选为"统一大会党"主席的是塞康第的木材企业家兼商人乔治·阿尔弗雷德·格兰特(George Alfred Grant),副主席就是前面已提到的那位律师约瑟夫·丹凯,他是大酋长奥弗里·阿塔的一个兄弟。格兰特在阐明大会党的宗旨时明确指出:"我们的目标是在尽可能短的时间内取得自治。而在我看来,这个时候目前已经来到了。"为了实现"统一大会党"的宗旨,同年11月经格兰特提议,该党决定当时尚在英国伦敦的恩克鲁玛为该党总书记。12月16日,恩克鲁玛回到了黄金海岸。从此,他成了黄金海岸独立运动的真正领袖。

五 恩克鲁玛与人民大会党的创建

克瓦米·恩克鲁玛(Kwame Nkrumah,1909-1972),1909年9月21日出生于黄金海岸西南端阿克西姆镇附近的恩克罗伏尔村。父亲是一位金匠,靠卖手艺为生,母亲是一位虔诚的天主教徒。1915年,恩克鲁玛进入阿克拉公立师范学院学习。次年,这个学院并入阿奇莫塔的威尔士亲王学院,他就成了该学院的学生。在那里,他遇到了他的民族主义思想的第一位启蒙教师维吉尔·阿格雷。此人是西非学生联合会的负责人,也是威尔士亲王学院第一位非洲籍教员。在阿格雷的影响下,恩克鲁玛已朦胧地意识到黑人要能与白人平等相处,就必须

"拥有自己的政府"，开始萌发了独立的思想。1930年从威尔士亲王学院毕业回到家乡后，他曾先后在小学、中学和天主教神学院任教，结识了西非一些著名的民族主义者，其中有西非国民大会秘书斯·伍德和尼日利亚民族运动先驱纳姆迪·阿齐克韦。伍德帮助他认识了殖民地问题。阿齐克韦当时从美国留学回来不久，积极从事民族主义的宣传和鼓动。正是在阿齐克韦影响下，恩克鲁玛打消了一度想从事教士职业的念头，决心去美国留学，寻求民族解放的道路。1935年10月他考入宾夕法尼亚州的林肯大学，主攻经济学和社会学。他学习勤奋，成绩优异，每学期都获得奖学金。1939年获得文科学士学位后，他又入林肯大学神学院和宾夕法尼亚大学攻读神学和哲学，获得硕士和名誉博士学位。与此同时，他还在林肯大学担任助教和讲师。在美国学习和任教期间，他阅读了包括康德、黑格尔、笛卡儿、尼采、马克思、恩格斯、加尔维和甘地等人在内的大量著作，接触了形形色色的思想。对他影响最大的一是加尔维的泛非主义，另一是甘地的非暴力主义。加尔维是20世纪20年代很有影响的美国黑人领袖，"返回非洲"运动的创始人之一，竭力提倡"非洲人的非洲"，主张建立一个自由、强大的非洲合众国，作为所有黑人的祖国。正是在加尔维的思想影响下，恩克鲁玛从一个普通的民族主义者发展成为一个热情的泛非主义者，要为非洲的完全解放和统一而奋斗。他还广泛接触美国各种政治派别和团体，对非洲裔美国人的状况进行调查，参加了当地黑人的社会活动，成立了非洲研究小组。后来，他还组织了"美国和加拿大非洲学生联合会"，创办联合会的机关刊物《非洲讲解员》，宣传非洲民族解放思想。为了总结经验，他在1943年写了一本题为《争取殖民地自由的道路》的书。他写道："殖民国家的全部政策就是使当地人民继续处于原始状态，并且使他们在经济上依附于殖民国家。"他认为，英、法和其他所有"殖民国家绝不可能自动地把

它们已得的东西拿出来。同时,幻想这些殖民国家会自动地把自由和独立放在银盘子里端来送给它们的殖民地,那是最大的蠢事"。他还认为,非洲各殖民地要达到"自由和独立"的目标,就"必须对殖民地群众进行政治教育和组织工作。……工人和自由职业者必须联合成为一条共同战线","共同推进"民族解放事业。① 这说明恩克鲁玛的反帝反殖的民族主义思想已经成熟,有助于他后来领导本国人民为争取国家独立进行百折不挠的斗争。

1945年6月初,恩克鲁玛从美国来到英国伦敦。他原打算到此攻读法律。但是,从第二次世界大战末期开始日渐兴起的非洲民族独立风暴使他振奋不已。他毅然放弃了继续求学的计划,投身到争取民族独立的政治斗争中去。他到伦敦后,除了同非洲留学生联系之外,还同包括英国共产党在内的许多英国政党团体接触。他很快加入了西非学生联合会,并被推选为该会的副主席。从该年7月起,恩克鲁玛同著名的泛非主义活动家杜波伊斯、帕特莫尔等人一起,积极筹备将于同年10月在曼彻斯特召开的第五届泛非大会。大会如期召开。他担任大会秘书长,不仅把大会组织得井井有条,而且为大会起草了一个重要宣言——《告殖民地人民书》。大会结束后,他负责实施大会制定的纲领,协调非洲各殖民地人民的斗争。他特别重视西非地区的工作,重视西非各殖民地人民在反帝反殖斗争中的相互联合和团结。恰在此时,他接到了来自国内民族主义者的邀请,请他回国担任黄金海岸统一大会党的总书记。1947年12月,恩克鲁玛回到了阔别10多年的祖国。1948年1月,他正式就任统一大会党总书记,开始肩负领导黄金海岸独立运动的重任。

恩克鲁玛回到黄金海岸后不久,国内群众在继续反对"伯恩斯宪法"的同时,又掀起了反对通货膨胀、"抵制英货"的斗

---

① 参阅《恩克鲁玛自传》,世界知识出版社,1960,第49~51页。

争。第二次世界大战结束后不久，英国"西非商业公司"为了加强对黄金海岸人民的掠夺和剥削，与殖民当局达成一项协议，该公司可以高出世界市场价格75%的赚头在黄金海岸出售纺织品及其他商品，运输费用还要另加。这不仅损害了工农群众的利益，而且损害了民族资产阶级和酋长们的利益。1946年12月，各省酋长委员会的代表与英国商人委员会的代表在殖民当局官员主持下举行会议。会上，酋长们抱怨物价飞涨和黑市猖獗，要求殖民当局对市场物价予以监督和制约。殖民当局答应了酋长们的要求。但政府言而无信。一年过去了，到1947年12月，政府仍没有采取任何措施来限制物价上涨。群众不满情绪与日俱增。从1947年3月到12月，工人们为要求按时发放工资，反对物价上涨，举行了数十次罢工。到1948年1月26日，局部罢工发展成为全国性的罢工、罢课和"抵制英货"的运动。2月，又发展成为大规模的群众性示威游行。

1948年2月28日，一批退伍军人同盟的成员来到政府大厦请愿，要求政府给生活没有着落的退伍军人发放补助金，安排工作。政府出动警察用武力驱赶，当场打死2名退伍军人，伤2名。消息传开，人们义愤填膺，痛斥当局的野蛮暴行。当天，阿克拉市民就涌上街头，举行声势浩大的示威游行，要求降低物价，要求合理安置退伍军人。人们还打开中心监狱，释放那里的囚犯，捣毁英国人和其他一些外国人开设的商店。在随后的数个星期，在阿克拉附近的城镇和内地的库马西等，都爆发了类似的群众示威游行。这些示威游行均遭当局的镇压，有29人被打死，266人受伤。

阿克拉"二月事件"震动了加纳，也震动了非洲。统一大会党利用这一事件以及人们对"伯恩斯宪法"的不满，向英国政府发出了一封长篇电报，认为黄金海岸当局的"民政管理已经破产"，"必须召开国民议会"，并应邀请统一大会党"组织临

时政府"。英国认为这样的事如果任其发展，必将对英国在黄金海岸的殖民统治造成威胁。1948年3月18日，殖民当局在镇压各地群众示威游行后，就下令逮捕包括丹凯和恩克鲁玛在内的6名统一大会党领导成员，并把他们分别遣送到加纳北部偏僻的村落。这再次激起了群众的愤怒。为了平息群众的愤怒，该年4月30日殖民当局宣布释放统一大会党6名领袖，并决定对他们采取分化和拉拢的政策。6月，又宣布重新制定宪法。1949年1月，成立了以大法官亨利·库西（Henley Coussey）为主席的宪法委员会。

在英国殖民当局的分化和拉拢政策影响下，统一大会党的一些领导人开始向右转。尤其是该党副主席丹凯，公开出来为英国殖民政策辩护，说英国已改变了对殖民地的态度，统一大会党原来提出的"在最短时间内取得自治"的宗旨应束之高阁，一切行动应遵循"宪法程序"。恩克鲁玛因持相反意见，1948年9月3日被解除统一大会党总书记的职务。在此情况下，恩克鲁玛决定另辟蹊径，另立新党。

恩克鲁玛在被解除统一大会党的职务后，他首先致力于联合各地方的青年组织，成立了"青年联盟"，以便为建立新党奠定基础。为帮助因罢课而被开除出校的学生继续学业，他创办了一所名为"国民公学"的学校，并借此培养民族运动的骨干。他还创办《阿克拉晚报》，作为重要的宣传理论工具。1949年6月初，青年联盟召开全国代表会议。会议认为，由于统一大会党的领导人不可能继续领导民族解放运动，而需成立一个新党。1949年6月12日，在阿克拉召开的有6万人参加的群众大会上，恩克鲁玛正式宣布"黄金海岸人民大会党"（Gold Coast Convention People's Party）成立，并提出要以"非暴力的积极行动"，"以一切合乎宪法的手段"，为"立即实现完全的自治"而"进行坚决的斗争"。人民大会党是在青年联盟改组的基础上建立的，其成员基本上是原青年联盟盟员,他们是反对殖民统治和压迫的先锋。

六 从自治到独立

人民大会党成立后,黄金海岸争取独立的斗争进入了积极行动的阶段。1949年7月,恩克鲁玛以人民大会党主席的身份向殖民政府提出如果到1949年末还不让黄金海岸自治,人民大会党就要采取罢工、抵制和根据"非暴力"的原则的真正不合作。英国为了阻止事态的深入发展,于1949年10月抛出了以库西为首的宪法委员会拟订的新宪法草案,史称"库西宪法草案"。这个宪法草案比"伯恩斯宪法"有了较大的让步。它允许非洲人代表在立法议会84名议员中占75名,在行政委员会11名部长中占8名,但行政委员会主席仍由总督兼任。外交、财政、国防和司法等大权仍由英国人掌握。此外,总督仍拥有否决权,并在必要时可直接颁布法律。11月20日,恩克鲁玛主持召开了有50多个群众组织的代表参加的会议,与会者一致表示拒绝接受"库西宪法草案",要求立即实现完全自治。随后,恩克鲁玛致函总督,要求接受黄金海岸人民的意愿,否则将发动一场群众性的抵制运动。总督顽固拒绝接受。

1950年新年伊始,人民大会党发动了声势浩大的全国总罢工和抵制英国货运动。1月6日,工人开始行动,举行罢工。1月8日,恩克鲁玛在阿克拉群众大会上宣布:从当天午夜开始举行全国总罢工。然后,他又赶到海岸角、塞康第、塔库瓦等城市和一些矿区进行宣传鼓动。各地群众纷纷响应,立即行动。面对整个黄金海岸总罢工造成的社会经济生活瘫痪状态,英国殖民当局万分惊恐,于1月11日宣布处于紧急状态,实行宵禁,出动军警弹压。1月22日,恩克鲁玛再次被捕入狱。当局还以"煽

动民变"罪,判处他有期徒刑1年。但是,人民大会党仍积极进行活动,各地群众的反英斗争仍接连不断。到人民大会党成立一周年的时候,该党已拥有4.5万名党员,其中4000名是在恩克鲁玛1950年1月被捕以后加入的。原来支持统一大会党的青年,有80%转到人民大会党那里去了。统一大会党的威望一落千丈。

1950年12月30日,英国殖民当局在镇压群众反英斗争的同时,匆忙宣布新宪法将于1951年1月开始生效,2月举行立法议会选举,并成立责任政府和实行内部自治。人民大会党研究了时局,相信自己在人民群众中的影响和威望,决定参加议会竞选,以便取胜后在政府内部开展斗争,实现既定的政治纲领。

1951年2月上旬,黄金海岸举行了第一次大选。在警察严密监视下,人民大会党还是取得了巨大胜利,在立法议会规定由直接选举产生的38个议席中获得35个。在狱中坚持斗争的恩克鲁玛也当选为议员。殖民当局被迫于该年2月12日提前将恩克鲁玛释放。阿克拉群众得知这一消息后,倾城出动,涌向詹姆斯监狱欢迎这位不屈的战士和民族英雄。恩克鲁玛站在人群中的一辆汽车上,向大家挥手致意。他激动万分地说:"这是我有生以来最伟大的一天,我的胜利的一天。"

1951年2月下旬,新政府成立。在新政府11名部长中,人民大会党占6名,恩克鲁玛被任命为政府事务部长(1952年1月改称为首席部长)。但几个重要的部仍由英国人控制,实权仍在英国派驻的总督手中,英国仍是黄金海岸的宗主国。针对这一情况,恩克鲁玛及时指出:"我们参加立法议会本身不是目的,而是为了争取立即实现自治。"他还提出在政府内外开展斗争的计划,在逐步迫使英国作出让步的同时,要逐步扩大人民大会党的权力。1952年3月5日,英国政府批准恩克鲁玛的提议,改行政委员会为内阁,改政府事务首席部长为总理。总理的权限高于英国人部长,仅次于总督。恩克鲁玛成了加纳历史上第一位非洲人总理。这是加纳人民的又一次胜利。但是,他们不满足于这次胜利。为了迫使英国人交出全部权力,实现独立自主,他们继续进行斗争。正是由于广大群众坚持不懈的斗争,人民大会党才得以实现自己的政治纲领。

1953年7月2日,在全国人民支持和推动下,恩克鲁玛向议会提交一项议案,要求英国政府宣布黄金海岸为"英联邦内的独立自主国家"。议会以压倒多数通过了这个议案。此后不久,恩克鲁玛以政府的名义向英国提出修改宪法的建议,表明"黄金海岸决心在在没有冲突和融洽、和谐的气氛中走向完全的自治"。在这种情况下,英国政府决定作出更大的让步,并于1954年4月28日颁布了再次修改后的宪法。这部宪法规定,立法议会全部由非洲人组成,并设立非洲人的内阁管理内政事务,但国防、外交的权力仍操在英国总督之手。根据这部宪法,1954年6月举行了新的立法议会的选举。结果,人民大会党在104个议席中获得71个,取得了超过2/3多数。恩克鲁玛继续组织自治政府。

此时,英国已意识到让黄金海岸独立不过是时间早晚的问题,但又很不愿意看到这一天的到来。为了能长期保持自己在黄金海岸的利益,英国利用黄金海岸多民族的特点,暗中支持各地的分裂势力,削弱人民大会党的力量。1954年下半年新成立的反对派如"民族解放运动党"、"北方人民党"等,还有原来的统一大会党,都积极活动,有的发动叛乱,有的公开要求分裂国家,成立以族别为单位的小国家。英国乘机提出重新进行立法议会选举,表示新的立法议会只要以多数通过实行联邦制,或实行英联邦内的独立,英国都准备接受,人民大会党接受英国政府的这个挑战,主动解散他们占多数的立法议会,同意在1956年6

加纳

月举行大选。恩克鲁玛在谈到人民大会党的这一做法时,满怀信心地说,这是对人民大会党在争取独立斗争中的"最后考验"。选举结果,人民大会党在104个议席中获得72个,反对派遭到了失败。

人民大会党在新的选举中获胜后,趁热打铁,迫使英国承认黄金海岸独立。1956年8月3日,黄金海岸立法议会通过决议,要求在"英联邦内独立"。9月15日,英国殖民大臣宣布说,英国政府将在议会中提出新宪法,以给予黄金海岸"在英联邦之内的独立"。1957年2月8日,英国殖民大臣在英国议会以白皮书的形式宣布了拟议中的新宪法。根据这个宪法,黄金海岸将成为英联邦内的一个独立国家。这个国家以英国女王为元首,女王由总督代表。该宪法还规定,黄金海岸将成立由一名议长和104名议员组成的国民议会。全国划分为5个区,各个区要设立区议会和酋长院。酋长的职位和权益应根据习惯法得以保障。随后不久,即同年3月6日,黄金海岸宣布独立,更名为加纳。原英属黄金海岸的领土变成了独立的国家。正如恩克鲁玛在阿克拉群众庆祝大会上发表演讲时说的,从现在开始,"我们不再是殖民地国家,而是自由和独立的国家了"。

第六节 独立后的加纳

加纳于1957年3月6日获得独立后,其历史大体上可分为7个时期,即第一共和国时期(1957年3月至1966年2月)、第一军政府时期(1966年2月至1969年9月)、第二共和国时期(1969年10月至1972年1月)、第二军政府时期(1972年1月至1979年9月)、第三共和国时期(1979年9月至1981年12月)、向第四共和国过渡时期(1982年1月至1992年12月)和第四共和国时期(1993年1月至今)。

第二章 历 史

一 第一共和国时期

如前所述,1957年3月6日加纳的独立地位是根据该年2月8日英国宣布的加纳宪法确定的。这个宪法规定,英国同意加纳独立,但必须作为一个自治领留在英联邦内,国家元首仍是英王,其职务由英国派驻加纳的代表即总督行使。为了争取完全独立,人民大会党领导群众开展要求修改宪法、取消自治领地位的斗争。1960年4月,加纳政府就国家新宪法和政治体制举行全民投票,并选举共和国总统。投票结果,赞成新宪法和建立共和国的有100.8万人,反对的只有13.1万人。恩克鲁玛以89.1%的得票率当选共和国总统。新宪法规定,加纳共和国实行总统制,总统兼任政府首脑,废除英国总督在加纳的职位;加纳仍留在英联邦内,原自治领地位在共和国宣布成立后自行消失。同年7月1日,加纳共和国正式宣布成立,史称加纳第一共和国。

加纳独立后,民族政府对内实行发展民族经济、巩固国家独立和统一的政策,对外奉行和平、中立和不结盟政策,反对帝国主义和殖民主义,支持非洲各国民族独立运动。这一独立自主的内外政策得到加纳各族人民的拥护和支持,但引起西方殖民者和国内反动分子的仇恨,他们相互勾结,搞集会、爆炸、暗杀和分裂等活动。为了维护加纳的独立、主权和统一,恩克鲁玛采取了一系列措施。为了集中权力,他于1961年4月下令由他直接控制军队、警察和计划财政三个部门。此后不久,又宣布他自任人民大会党总书记的职务。1964年初,恩克鲁玛又宣布修改共和国宪法,取消多党制,实行一党制,确定人民大会党为唯一合法政党。

民族政府对发展本国经济十分重视。恩克鲁玛多次指出,民族政府如果不迅速发展本国经济,争取经济独立,就难以保持政

治独立,并有可能因没有改变人民群众的贫困落后状态而被他们所推翻。为了发展本国经济,在恩克鲁玛主持下,民族政府先后采取了发展国民经济的"三年计划"(1957~1960年)和"七年计划"(1963~1970年)。在实行发展国民经济的计划中,民族政府首先对商贸金融系统进行改革,实行国家对外贸易和外汇业务的管制。原英国殖民当局的"黄金海岸贸易公司"和"农产品购销局"被撤销,设立了加纳国家贸易公司、可可购销局等机构。为了摆脱经济上对英国的依赖,1958年7月14日加纳开始实行本国的货币——加纳镑。①

工业方面,民族政府重视发展国营企业和公私合营企业。在加纳的外国企业有的被收归国有,有的被政府收买部分股份成为合资企业。1962年1月,著名的沃尔特水电工程开始动工兴建。到1963年,政府为国营企业投入的资金达4000万加镑。在国营企业就业的职工,占全国职工总数的36%。

农业方面,为了改变近代以来形成的可可生产片面发展的畸形经济,民族政府在继续扶持可可生产的同时,大力提倡"农业生产多样性",促进粮食和其他经济作物的生产。民族政府还积极提倡建立国营农场和农业生产合作社。到60年代中期,加纳已拥有105个国营农场,约10万个农业生产合作社。国营农村耕地3万多公顷,职工3万多人。

为了加快经济建设,民族政府实行对外开放政策。为了鼓励外国投资,1963年加纳政府公布了《外国资本投资条例》。条例规定,外国投资者有权自由转移资本和利润,加纳政府对外国资

---

① 1965年以前加纳所使用的货币名称为加纳镑,其价值与英镑相同。1965年加纳更换货币,新的货币名称为塞迪(Cedi)。2007年7月,加纳塞迪再次重新确定币值,将1万旧塞迪改为1新塞迪。2007年,新塞迪对美元的汇率为0.94,2008年汇率为1.07,2009年汇率估计为1.43,2010年汇率估计为1.53。

本一概不加征用。新办的外贸企业不仅享有进口工业原料免关税的优待，而且对其所得利润享有10年免征税的优惠条件。这些优惠条件不仅促使西方国家向加纳提供大量借贷资本，而且促使苏联和东欧一些民主国家也以援助形式向加纳提供贷款或同加纳合办企业。据统计，1962年和1963年，加纳总共吸收外国贷款2000万美元，而1964～1967年外国贷款每年达3200万美元。外国人（不包括非洲有关国家的人）在加纳兴办的企业总数达500家，雇用的工人占加纳工业系统就业总人数的16%。

上述措施使得加纳经济在60年代前半期得到较快发展，年生产增长率为5.5%～6%，人均国民生产总值在非洲居第五。1960年加纳黄金产量达100万盎司，创历史最高水平。历时4年的沃尔特水电工程于1966年1月竣工。该工程先后耗资7000万加纳镑。该工程的完成不仅促进了加纳工业的发展，而且促进了农耕业和渔业的发展。该工程每年发电量50多亿度，除了满足加纳自身电力需求之外，还可向多哥、贝宁等邻国输出电力。[①]

自然，鉴于加纳独立初期的国际环境和加纳自身条件，民族政府实行的政策也存在偏差。实行中央集权和一党制虽然是客观需要，但是实行过程中出现了权力过于集中和个人专断的现象，有的官员（主要是留用的殖民时期的官员）利用手中的权力开始为自己捞取钱财。国营企业和公私合营企业得到快速发展，但由于经验不足，管理不善，大部分企业出现了亏损。1966～1967年，45家大型国有企业中有22家出现了亏损，金额达6200万塞迪，而13家赢利企业累计盈余只有1600万塞迪。国营农场和农业生产合作社也存在管理不善和不易调动人们积极性的问题，生产效率比不上个体经营者。此外，民族政府虽为改变"单一

---

① 参阅中国社会科学院西亚非洲研究所编《非洲经济》（一），人民出版社，1987，第92～118页。

经济结构"作了多方努力,但加纳主要依赖传统经济作物可可的出口来增加财政收入的状况仍没有明显改变。国际市场可可价格的涨与跌,对加纳经济影响很大。1964年可可国际市场价格每吨是190.8英镑,1965年1月跌至91.6英镑,致使加纳进口商品价格急剧上涨,国家现金储备急剧减少,农民收入和工人实际工资明显下降,失业人数有增无减。所有这一切,都引起群众的不满,还引发许多起罢工事件。1966年2月24日,加纳军队和警察中的反对派利用群众的不满情绪,在外来势力支持下,趁恩克鲁玛出国访问之际发动政变,宣布罢免恩克鲁玛的总统职务,废除宪法,解散议会,解散人民大会党。加纳第一共和国因此终结。

二 第一军政府时期

加纳军队和警察中的反对派于1966年2月24日推翻恩克鲁玛领导的第一共和国政府之后,2月26日宣布成立由8名军官和警官组成的"全国解放委员会",负责国家行政管理。委员会主席是国防军参谋长约瑟夫·安克拉（Joseph Aankra）中将。随后,军政府宣布禁止一切政党活动,成立专门委员会来调查恩克鲁玛和他所领导的政府官员的问题。该政府还宣布释放被恩克鲁玛政府关押的人,使一些因反对恩克鲁玛政府而被罢免酋长职位的人官复原职,而一批由恩克鲁玛政府授予酋长职位的人则被罢免。第一共和国时期被禁止的一些报刊恢复出版。罢工被宣布为非法。为了处理经济、政治、文化和外交等各项问题,在"全国解放委员会"下面还设立了4个常设委员会和一些专业委员会。这些机构均聘有文职官员和专业人士。

为了让西方国家放心并全力支持自己,军政府在表示要积极发展同西方国家之间关系的时候,一方面主动承认恩克鲁玛政府欠下的债务,另一方面请求西方国家给予援助。军政府很快得到了英、美、联邦德国和加拿大等国家政府的承认,并从这些国家得到一批数量相当的物资(主要是食品和药品)援助。为了消除邻国的疑虑,军政府迅速向多哥、布基纳法索和科特迪瓦分别派出"特别使团"进行解释。恩克鲁玛政府被推翻后,加纳与这三个邻国一度被关闭的边界很快得到重新开放。

经济上,军政府采取紧缩政策,宣布第一共和国政府的"七年计划"(1963~1970年)工程立即下马。为节约开支,驻外使馆减少了20个。1966年6月,军政府经济委员会宣布加纳经济复兴计划分为三个阶段,即应急阶段、稳定阶段和新的发展阶段。7月,军政府决定取消企业国有化,并对外国人开放。根据这一决定,国营企业有的被全部出售,有的引入私人股份。1967年7月,根据国际货币基金组织提出的建议,经济建设重点由工业转向农业,货币塞迪贬值30%,以鼓励私人投资。农业生产合作社相继全被解散。从1968年7月起,军政府开始执行从稳定到发展的"两年计划"(1968~1970年)。根据该计划,私人企业在税收和贷款方面均享有优惠,外资企业除了在税收方面享有优惠之外,在利润提取和使用方面也享有优惠。

军政府的政策措施对国内动荡不定的政局起到一定程度的稳定作用,使经济上存在的严重问题得到一定的缓解,但难以解决严重的失业问题,更难以解决因货币塞迪贬值而引起的物价飞涨问题。1967年7月登记的失业人数逾60万人,占全国劳动人口总数的25%。这不能不引起群众尤其是青年学生和失业者的不满。罢工虽然被军政府所禁止,但是罢工仍不时发生。据统计,1968年工人罢工为5.9万多人次,1969年猛增到14.8万人次。1967年还发生了新的军事政变,政变者一度占领了国家电台。所有这些都是对军政府的严重挑战。军政府在如何对待这些挑战问题上意见不一,最终导致内部分裂。其中,主张尽早恢复民主、还政给通过选举产生的"文官政府"的一派逐渐占了优势。

为了缓和群众的不满情绪,也为了表明军政府还政给"文官政府"的诚意,1968年7月军政府主持召开制宪会议,着手制定"第二共和国宪法"。1969年5月,军政府主要负责人调整,安克拉辞去"全国解放委员会"主席的职务,由阿弗里法(Afrifa)接替。与此同时,军政府宣布开放党禁。不久,全国就出现了22个政党,其中主要的有进步党、全国解放联盟、人民行动党、全民共和党和民族联合党。1969年8月,军政府公布"第二共和国宪法",举行国民议会选举。"第二共和国宪法"规定,加纳共和国实行总统制,总统是国家元首和武装部队总司令。总统任命总理,组织政府行使国家行政权。议会选举结果,进步党获得将近58.7%的选票,在140个议席中占130个席位,可单独组阁。奥伦努(Ollennu)当选议长。随后,国民议会选举爱德华·阿库福-阿多(Edward Akufo-Addo)为共和国总统。阿库福-阿多就任总统后,立即任命进步党首领科费·布西亚(Kofi Bushia)为政府总理。1969年10月1日,军政府正式将权力移交给文官政府。这一天就成为第二共和国诞生日。

三　第二共和国时期

1969年10月1日第二共和国成立后,布西亚政府继续清洗亲恩克鲁玛的政治势力,禁止恩克鲁玛回国,禁止原人民大会党成员担任政府公职,对一切要求恢复恩克鲁玛职位和人民大会党活动的宣传都予以禁止。经济上,布西亚政府一方面强调私人经济作用,另一方面加强国家对经济的干预。为了克服财政上的巨大赤字,布西亚政府实行财政紧缩政策,减少进口商品种类,提高进口商品关税10%~30%,提高汽油价格,取消免费医疗和免费教育制度。布西亚政府还以发展经济的名义,向国民征收所谓"国家发展税",多次冻结工资,将货币塞迪贬值。其结果是物价上涨,失业人数比军政府时期不仅没有减

第二章 历 史

少,反而增加。

对外关系上,布西亚政府实行亲西方政策,与英、美关系尤其密切。它不顾非洲统一组织和联合国有关不同南非种族主义政权交往的决议,积极鼓吹与南非当局正式交往。而对一些积极执行非洲统一组织和联合国决议的非洲国家如几内亚、尼日利亚和坦桑尼亚等,布西亚政府则不时与之对立。

可见,布西亚政府虽然通过选举产生,自诩为民主政府,但其实行的政策与前军政府基本上没有区别。这不能不引起群众的不满和愤怒。为反对冻结工资和征收所谓"国家发展税",工人们首先行动起来举行多次罢工,要求保证"最低日工资额"。为了转移工人和其他阶层人们的不满情绪,布西亚政府开始驱赶在加纳打工的尼日利亚、多哥和布基纳法索等国的侨民,使加纳与这些邻国的关系恶化。1971年9月,布西亚政府颁布《新工业关系法》。根据这个关系法,加纳工会大会被解散,其财产和基金被查封,工人们为反对政府冻结工资和征收"国家发展税"而发动罢工被认为非法。为维护工人利益,继续与当局作斗争,加纳工会大会在被解散后,其所属的17个工会又组织了新的工会大会。布西亚政府的政策、措施还激起青年学生的不满和反对,他们尤其反对布西亚政府冒天下之大不韪,同南非种族主义政权频繁交往。为了有效地进行反对当局的斗争,1971年4月,全国学联与加纳工会大会达成协议,成立联合协商机构,定期就国内问题进行讨论,协调行动。

上述情况说明,布西亚政府在加纳已失去了继续存在下去的政治基础和社会基础。所以,1972年1月13日以加纳陆军第二步兵旅旅长阿昌庞(Acheamphong)上校为首的一批军官发动军事政变,轻而易举地夺取了国家政权。阿昌庞在夺得国家政权后,一方面宣布解除总统阿库福-阿多和总理布西亚(当时此人正在欧洲访问)的职务,废除第二共和国宪法,解散议会,

加纳

禁止政党活动；另一方面宣布成立"救国委员会"，行使国家最高权力，他本人既是国家元首，又是"救国委员会"主席。加纳第二共和国至此终结，第二军政府时期自此开始。

四　第二军政府时期

推翻布西亚政府后，阿昌庞认为这个政府之所以被推翻，是因为"恩克鲁玛政权所有的毛病，例如腐败、任人唯亲、经济管理不善以及其他不良现象"，在这个政府"仍然存在"。他表示，他崇尚"民众主义"（populism），要建立一个没有政党的国家，要由民众直接选举出来的代表组成政府。他还表示，"我们必须尽快使大多数人摆脱贫困状态"，"假如不能实现'一人一块面包'的原则，那么'一人一票'的原则也毫无意义。"[1] 不过，后来的事实表明，阿昌庞所谓"必须尽快使大多数人摆脱贫困状态"仅仅停留在口头上。

1972年1月13日，以阿昌庞为首的军人集团顺利夺得国家政权后，即着手组织内阁。1月29日，新内阁组成，由10名军人出任内阁部长，阿昌庞兼任国防、财政和经济发展部长。军人控制了全部国家机构，阿昌庞是最高决策者。1975年10月，"救国委员会"内部矛盾激化，阿昌庞组织了由他自己任主席的"最高军事委员会"。原"救国委员会"成为咨询机构，国家权力高度集中，阿昌庞大权独揽已是登峰造极。

经济上，阿昌庞军政府的指导原则是"自力更生"，尽量减少对外界的经济依赖，减少各种商品进口。军政府否定布西亚政府实行的国营企业私有化的做法，重新将一些较大的企业国有化。在1972年，军政府先后接管了600多家外国商店，只有33

---

[1] 参阅 Youry Petchenkine, *Ghana: In Search of Stability, 1957 – 1992*, Westport, Conn.: Praeger, 1993。

家外国商店被批准继续营业。对外国人经营的厂矿企业，或收归国有，或收买其部分股份，使其成为公私合营企业。对原有的国营企业加以整顿，成立了一些新的国营公司。为了提高加纳货币价值，1972年2月5日军政府宣布将塞迪升值42%。军政府还将历届政府欠下的外债划分为"正当的"和"不正当的"，并单方面宣布拒还历届政府所欠下的1亿多美元的外债。

在外交上，阿昌庞军政府宣布奉行不结盟和积极的中立政策，支持非洲国家争取独立的斗争，不同南非种族主义政权交往。在与英联邦关系上，军政府表示加纳将继续作为英联邦成员留在英联邦内。

然而，阿昌庞军政府成立后不久，就逐渐陷入困境。1972年2月5日宣布将货币塞迪升值42%后不久发现，塞迪的实际价值远远低于提升的价值，因而导致金融系统混乱，外汇黑市猖獗。而军政府片面将历届政府欠下的外债划分为"正当的"和"不正当的"，单方面宣布拒还所谓"不正当的"外债1亿多美元，这极大地损害了外国投资者的利益，恶化了加纳与债权国之间的关系，因而使加纳无法获得新的外国贷款。此外，国际市场原料价格也不景气，加纳可可出口收入有减无增。结果，阿昌庞军政府从成立的1972年起，财政连年出现赤字，数额越来越大。1972年军政府财政赤字为0.99亿塞迪，1973年增至1.51亿塞迪，1975年为3.56亿塞迪，1976年为6.23亿塞迪，1977年为8.61亿塞迪，1978年高达18.102亿塞迪。物资短缺，日用品价格急剧上升。1977年通货膨胀率为100%，食品实际价格比1963年上涨了23倍。但当年一个普通工人日平均工资只有4塞迪，而5口人之家一顿饭就需15塞迪。这不能不引起群众的不满和舆论的谴责。

面对国内经济不景气和群众的不满状况，阿昌庞军政府一方面表示要采取措施发展经济，要在工人中推行失业保险制度，另

加纳

一方面对一切反对军政府的活动采取高压政策，禁止反对派批评军政府，对报刊实行严格检查制度。军政府还颁发"反颠覆活动令"，规定凡图谋推翻现政府的人，将被判处 15~30 年徒刑。为应对舆论的压力，1976 年 10 月阿昌庞宣布准备先建立"联合政府"，然后再过渡到"民选政府"。但反对派很快揭穿阿昌庞的政治骗局，指出所谓"联合政府"不过是另一种形式的军人政权，其目的是确保阿昌庞继续担任国家元首。1977 年伊始，一个反对建立"联合政府"的斗争迅速在全国展开，参加的人包括学生、教师、商人、律师、教士、军人和农民等众多阶层。学生们还要求阿昌庞立即辞职，把权力交给一个过渡机构。为了统一力量，1978 年初，反对派成立了"自由与正义人民运动"组织，其首领是酋长奥弗利－阿塔·阿弗里法和伯德马。

面对反对派的强大压力，1978 年 1 月阿昌庞不得不表示将在 1979 年 7 月 1 日前还政于"民选政府"，并成立了一个选举委员会。随后，该选举委员会拟订了一个宪政方案，并在 1978 年 3 月举行的全民投票中，以 55% 的多数票获得通过。与此同时，阿昌庞军政府又加强对反对派的压制。这不能不使人们对阿昌庞还政于"民选政府"的诚意产生怀疑。青年学生举行集会和游行，要求阿昌庞立即辞职。在这种情况下，军政府内部发生了分裂，出现了要阿昌庞下台的喊声。在军内外双重压力下，1978 年 7 月 5 日阿昌庞提出辞职，其国家元首和最高军事委员会职务由国防军参谋长阿库福（Akufo）接任。

阿库福接任军政府大权后，宣布由他重新组织的是"过渡性军政府"，3 年后将允许政党活动和举行大选，把权力移交给文官政府。他还任命了一个"制宪委员会"，开始制定新宪法。为显示他与阿昌庞的不同，他免去了一些声誉不好的高级军官的职务，把政府部门一半的职务让文人来担任。为了安抚反对派，阿库福在指责阿昌庞"独断专横"之后，还下令逮捕阿昌庞，并成立了一个阿昌庞罪行调查委员会。

在经济方面,面对全国日用品短缺,物价上涨,货币贬值的状况,1978年9月阿库福成立了一个由15名经济专家组成的"全国经济咨询委员会",制订了一个紧缩和改善国内财政状况的计划。但这个计划的一些具体措施如冻结工资、增加所得税(包括对退休金和一些工人的津贴收入也征税)等,非常不得人心,再加上日用品仍继续短缺,物价继续上涨,这就不能不引起人们对阿库福军政府的不满。

人们的不满主要表现在从1978年8月起,罢工事件不断发生。据统计,在1978年8月至11月,全国发生罢工80多次。同年11月6日,阿库福军政府颁布"紧急状态令",宣布国家进入紧急状态,认定罢工是犯罪行为,下令所有罢工工人必须返回厂矿企业。在军政府高压下,工会被迫作出让步,签署了复工协议。

1978年11月17日,全国在紧急气氛中举行地方政府选举。尽管军政府对选举进行严密监视,但在选出的地方政府官员中军人所占比例很少。阿库福军政府从这件事认识到,如果在当时这种情况下举行全国大选,国家政权肯定落到文官手中。于是,阿库福军政府决定作出更大的让步。1979年1月1日,阿库福政府宣布取消"紧急状态令"。同一天,还宣布取消自1972年1月以来实行的"党禁"。就在军政府宣布取消"党禁"的第一个月,加纳先后就出现了29个政党。但其中只有16个符合登记条件,6个被选举委员会正式承认。在被正式承认的6个政党中,影响较大的是全国人民党、人民民族党和人民阵线党。从该年4月起,各政党开始积极的宣传活动,扩大自己的影响,以便在未来的竞选中取胜,成为执政党。

社会的动荡和不安也影响到加纳军队。就在各政党开展竞选活动期间,加纳军队内部出现了维持现状的保守派和要求改变现

状的改革派。属于保守派的主要是老一代加纳军官。他们受的是西方教育,多数人还同西方国家的军界和政界保持较密切的联系。这些人处在加纳军队上层,当时又掌握着国家政权,都认为目前的任务就是维持国家现有的格局。属于改革派的主要是加纳独立后成长起来的一批青年军官。他们在加纳土生土长,接受的主要是民族思想教育,对加纳国家和民族有深厚的感情和强烈的责任心。他们对加纳社会现状不满,开始走出兵营,投身社会实践,探索独立后国家和民族发展的新道路。以罗林斯为首的一批青年军官,正是当时加纳军中崛起的改革派的代表。

杰里·约翰·罗林斯(Jerry John Rawlings,1947 -),1947年6月22日生于阿克拉。他从一名普通青年学生到1978年成为一名空军上尉的年代,正是加纳社会激烈动荡不定的年代。1957~1978年这段时期,政局的动荡和政权的不时更迭使加纳这个撒哈拉以南非洲首先获得独立的国家沦为当时非洲最不安定的国家之一,由原来经济状况较好的国家变成"到处去乞讨"的"国际乞丐",而这又同国家当权者的贪污腐败密切相关。所有这一切都促使以罗林斯为代表的一批青年军官感到,为了国家的进步和发展,必须推翻现政权。

改革派起初拟于1979年5月5日发动推翻阿库福军政府的政变,但由于政变消息泄露,阿库福军政府抢先采取反政变措施,罗林斯被捕,并被判处死刑。同年6月4日,罗林斯被战友们营救出狱,并于当天再次发动政变,成功推翻阿库福军政府。6月5日,由6名军官和8名士兵组成的"武装部队革命委员会"(以下简称"武革会")成立,罗林斯任主席。

罗林斯夺取国家政权的1979年6月,正是加纳各党开展激烈竞选之际。因此,罗林斯一上台就面临如何对待大选和是否恢复文官政府的问题。尽管"武革会"内部对这个问题存在意见分歧,但是6月7日罗林斯在会见各政党领袖和总统候选人时明确表示,全国大选将按原定日期——6月18日举行。6月9日,"武革会"命令所有担任过政府职务的军官上报自己的财产情况。6月15日,"武革会"颁布"制宪委员会"提交的新宪法,史称"第三共和国宪法"。同一天,罗林斯宣布到10月1日新宪法生效之日,"武革会"即将权力交给"民选政府"。6月18日,全国举行总统和议会选举。但因总统候选人得票均未超过半数,决定在9月举行第二轮总统选举。在两轮总统选举期间,"武革会"开展"大清扫"运动,对贪官污吏实施打击。前国家元首阿昌庞、阿库福等8名原军政府高级官员被法庭以利用职权聚敛私人财富,挥霍国家钱财,危害国家利益等罪名判处死刑。"武革会"还加强市场管理,打击投机倒把,降低物价。

1979年9月举行第二轮总统选举,24日揭晓。结果,人民民族党推荐的该党领袖希拉·利曼当选。就在大选揭晓的9月24日,以罗林斯为首的"武革会"比原计划(10月1日)提前一个星期将国家权力交给利曼政府。从这届政府开始,加纳进入第三共和国时期。

五 第三共和国时期

希拉·利曼(Hilla Limann),1934年出生在加纳北部一个名叫圭卢的村子,其父是一位铁匠。20世纪50年代他加入恩克鲁玛领导的人民大会党,60年代前半期留学英国和法国,获法学博士学位。1965年回国后,利曼长期在外事部门任职。1979年1月阿库福军政府取消党禁后,他参与人民民族党的创建,成为该党的一位领袖。他在1979年9月总统选举中当选,其主要原因是人民民族党在选举中借助了恩克鲁玛的影响。在恩克鲁玛领导的政府被推翻后的10余年间,人们经过对各届政府的比较,普遍认为恩克鲁玛政府虽然是有错误的,但仍是加纳独立以来最能代表民族和群众利益的政府。加纳多数人

加纳

还是怀念恩克鲁玛的。所以,当1979年大选活动开始后,人民民族党要求继承恩克鲁玛的事业时,就得到广泛的支持和拥护。

在就任第三共和国总统后,利曼说,10多年来对恩克鲁玛采取全盘否定是"不合理的",他的一些符合加纳国情的主张和政策应当"加以贯彻执行"。但是,由于10多年来"许多事情发生了变化,我们的人口增加了,经济出现了相当程度的恶化",所以制定政策还是"要从实际出发,做任何应该做的事情"。①

政治上,利曼注重推行西方式民主。根据1979年6月颁布的"加纳第三共和国宪法",利曼既是国家元首,又是政府首脑,并兼武装部队总司令,但仍赋予议会以较大权力,实行"开放的"政治和"广泛的"民主,鼓励来自任何方面的意见和建议。为了争取军队对现政府的支持,利曼政府特别注意同军方上层搞好关系,而对以罗林斯为首的军中"改革派"则采取"排斥"态度。"改革派"军人有的被派往国外,有的被调离军队到其他部门,有的被"解甲归田"。在惩治官员贪污腐败问题上,利曼政府一直裹足不前。这就使利曼政府逐渐失去原来的群众基础。

面对日趋恶化的国内经济状况,利曼强调"恢复"经济是政府和人民的"共同责任",改善大多数人的生活是人民民族党经济政策的"基本目标"。为了发展经济,改善人们的生活,利曼政府改变了恩克鲁玛时期优先发展工业的方针,强调优先发展农业,同时鼓励国营和私营经济各自提高效率。为了提高农业生产,利曼政府采取了一些措施,如增加对农业的投资,提高可可收购价格,为可可农户提供驱除虫害的必要手段,修建农村的道路和桥梁,改善农业区的运输条件,打击走私和投机倒把等。为

---

① 吴治清等编著《亚非拉各种社会主义》,求实出版社,1983,第97页。

了使工业继续发展,利曼政府还鼓励工人参加企业管理,鼓励军队参加生产和国家发展项目的建设,努力争取外援等。利曼政府还要求行政部门节约开支,节省外汇。这些措施收到了一定的效果。1980年有的农作物如玉米、木薯、香蕉等的产量,比1979年有所增加。黄金储备从1979年的21.9万盎司,增加到1980年的25.3万盎司。[1]

然而,加纳经济恶化的状况并未因此改观。到1981年12月,也就是利曼的人民民族党执政两年零三个月的时候,加纳的情况仍是社会经济处于停滞状态,货物短缺,物价昂贵。主要农产品可可1980年和1981年的产量,比1979年都有所下降。工矿企业开工不足,失业工人逾20万人。一个普通职员一天的工资只够买一块肥皂。而政府和军事部门的官员,尤其是高级官员照样利用职权,贪赃枉法,强取豪夺。人们对人民民族党政府普遍由支持转向谴责,罢工事件时有发生,社会秩序难以安定。在这种情况下,以罗林斯为首的"改革派"青年军人不得不再次发动政变。

还在1979年9月"武革会"向人民民族党政府移交权力的仪式上,罗林斯曾说:"军队将坐下来,看看在人民民族党的领导下,这个国家将如何发展。"目睹人民民族党掌权之后所作所为,目睹利曼上台后加纳国家的停滞状况,以罗林斯为首的改革派再也不能坐视不理了。在经过一番准备后,1981年12月31日,改革派发动了推翻利曼政府的政变。他们当天就控制了机场、陆军司令部、国防部、总统府和广播电台等要害部门,并逮捕了一些内阁部长和高级军官。上午11时,罗林斯在国家电台发表讲话,宣布加纳"又发生了一场革命"。陆军已接管了政府,成立了由前国防参谋长努努·萨门和前陆军司令奎努等人组成的"人民保卫组织",以整顿国家秩序。随后,罗林斯又宣布

---

[1] 国际货币基金组织:《国际金融统计》,华盛顿,1982,第207页。

恢复原"武革会"时期重要军事官员的职务。改革派的行动很快得到阿克拉驻军的支持。1982年1月2日,"人民保卫组织"宣布终止宪法,解散内阁和议会,禁止一切政党活动,勒令利曼政府官员、议员以及人民民族党的重要成员到警察局报到,冻结1000多名高级官员及其家属的财产。在随后数天中,包括前总统利曼和副总统约翰逊在内的原政府各类高级官员相继前往警察局表示悔过。加纳第三共和国至此结束。

六　向第四共和国过渡时期

改革派在推翻利曼政府后,为了稳定政局,1982年1月11日成立了一个由原来一些反对党领导人、部分军人、工会和学生领袖组成,并由罗林斯任主席的"全国临时保卫委员会",以行使国家权力。同时,改革派还公布了《政府官员行为准则》,以防止政府官员腐败。

对以罗林斯为首的改革派推翻利曼政府,夺取国家政权的行动,虽然西方国家多有非议,但是加纳国内多表示欢迎。加纳工会大会、全国学生联合会等组织在改革派夺得政权后,纷纷组织群众大会和游行示威,以表示对新政权的支持。一些商人,尤其小商贩也支持新政权。过去攻击罗林斯的报刊有的也改变态度,转而赞扬罗林斯,并对利曼政府的腐败和无能进行抨击。

在"全国临时保卫委员会"成立前后,罗林斯多次就新政权职能和方针政策发表讲话和声明。其主要内容如下:

(1) 实行新的政治体制,建立一种更高形式的民主制度,让人民当家做主,"自己掌握自己的命运"。"我们要让全世界都知道加纳人民决心使民主成为普通人的民主,而不是一小部分人剥削人民,并骑在人民头上作威作福的民主。"

(2) 发展"自主和有纪律的经济",控制市场和物价,打击走私和囤积居奇,逐步"将经济活动的重点由以市场贸易为主转而以生产为主"。

（3）加强民族团结，防止民族冲突；改造军队，废除殖民地型的军队，以维持和巩固国家的独立、主权和领土完整。

（4）对外继续奉行不结盟政策，不参加任何大国集团，继续履行对联合国、不结盟运动、非洲统一组织、西非国家经济共同体、英联邦以及加纳参加的一切国际组织承担的义务，同所有国家（不论其意识形态如何）发展友好关系。

为了有效行使国家权力，1982年3月，改革派撤销了"全国临时保卫委员会"，成立正式的中央政府——"全国保卫委员会"。该委员会由6人组成，罗林斯任主席。改革派在地方和基层成立了"人民保卫委员会"和"工人保卫委员会"。不久，这两个委员会合而为一，改组为"保卫革命委员会"。对利曼等前政府官员，新政权不再采取当年"武革会"过激的做法，而是依法律程序处理。对恩克鲁玛，新政权认为他的历史功绩应予肯定。

新政权十分重视社会经济问题。罗林斯认为，"加纳的问题基本上是一个经济问题"，要发展经济就应"将经济活动的重点由市场贸易为主转为以生产为主"。1983年起，新政权开始实施以调整经济结构为中心的"三年经济恢复计划"，采取了货币贬值，开支紧缩，贸易自由，吸引外资，提高可可及其他农产品收购价格等措施。为了吸引外资，促进同外国的经济技术合作，新政权对《外资法》作了修改。1983～1987年，加纳每年都从西方国家获得相当数量的低息贷款和赠款，其中从国际货币基金组织获得的贷款就达6亿美元。新政权的这些措施使加纳经济较快得到恢复。1984～1987年，加纳经济年均增长率为6%。通货膨胀率从1983年的123%，降到1986年的24.6%。1983～1991年，加纳财政连年没有赤字。加纳由此被国际社会誉为非洲国家经济结构调整的"样本"。

在经济状况明显好转，政局基本稳定后，新政权即着手政治

体制改革。对于加纳政治体制改革这个问题，罗林斯曾多次指出，政党政治不适合加纳国情，多党制不等于民主，加纳可以在没有政党的情况下实现全体人民参政，实行民主。1987年6月，"全国保卫委员会"宣布，加纳将于1988年举行不以政党为基础的地方议会选举，以便自下而上逐步建立民选政府。为了筹备地方议会选举，改革派还成立了一个专门机构"全国民主委员会"。同年7月，改革派颁布了地方议会"选举法"。该选举法规定，民选的县、市议会是地方最高权力机构，拥有立法权和行政权。中央政府计划先建立民选的县、市议会，然后逐步过渡到民选的全国议会。改革派还规定，县、市议会的议员2/3由普选产生，1/3由政府任命，任期3年。县、市议会由中央提供财政拨款，并有权在当地征税。为便于操作，中央政府对全国县、市地域进行重新划分，将原来65个县、市划分为110个。1987年11月，改革派进行选民登记。1988年4月，改革派开始提出候选人和组织竞选活动。中央政府对所有竞选人一视同仁，向每个竞选人提供相同的竞选费用。1988年12月至1989年2月，各县、市议会选举相继完成。选民投票率为59.1%至60.8%。由于县、市议会是一种既立法又执政的一元化地方政权机构，便于吸取各方面人士的意见，可避免一党专政和个人独裁，可防止民族主义，所以得到社会各阶层的广泛支持。

新政权重视教育事业。1988年开始实行教育体制改革，缩短学制，加强基础教育，计划到21世纪初使每个学龄儿童都享受义务基础教育。

正当加纳经济、政治等方面改革逐步走向深入的时候，非洲大陆出现了"多党民主化"浪潮。加纳国内反对派势力也异常活跃，要求在加纳实行多党民主制。1990年7月5日至11月9日，在全国各个省的省府就未来政治体制问题举行了题为"地方议会与推进民主进程"的大型辩论会。参加辩论会的各级政府官员、县市议会议员、社会团体代表、部落氏族首领和群众代表，共约1万人。在会上发言的，约400人。尽管大多数人赞成加纳政治体制应建立在"无党派议会民主制"的基础上，但是"全国民主委员会"根据国内外形势，1991年3月在就1990年"大辩论"情况向中央政府提交的报告中，仍建议在加纳实行多党民主制。罗林斯批准了这个报告。同年5月10日，"全国保卫委员会"作出了实行多党民主制的决定。6月，成立了"宪法和选举专家委员会"，并宣布对所有在海外流亡的政界人士实行大赦，允许他们回国参政。

1991年8月，召开了由260名成员组成的全国协商会议，对专家委员会提出的宪法草案进行讨论。在参加协商会议的260名成员中，除了22名成员由政府任命之外，其余皆由全国110个县、市地方议会和工会、商会、军队、警察等系统选举产生。1992年3月，协商会议完成了对新宪法草案的讨论和修改。4月26日，就新宪法进行全民公决。92.6%的人投了赞成票，新宪法获得通过，史称"第四共和国宪法"。新宪法规定，加纳是一个民主国家，致力于实现自由和公正，尊重基本人权、自由和尊严。总统是国家元首、政府首脑和武装部队司令，任期4年，可连任一届。内阁由总统任命，议会批准。议会需在通过相关法案并得到总统同意后，方可行使制宪权。司法独立，司法机关有解释、执行和强制执行法律的权力。

1992年5月18日，公布"政党法"，开放党禁。"政党法"对政党的注册规定了一些条件，其中主要的是必须在全国各省有分支机构，在全国各县、市都有创始成员。否则，不予注册。这样既能避免政党以某一民族或宗教为基础的狭隘性，使之具有全国性，又可保证政党的数量得到一定的限制，从而避免了有些国家在开放党禁后出现党派林立、混斗不休的局面。经过各政治派别的各自努力和运作，获准注册的政党有全国民主大会党、新爱

国党、全国独立党、人民全国大会党、加纳全民党和全国大会党等。1992年9月,罗林斯宣布退出军界,并以全国民主大会党候选人的身份参加总统竞选。

1992年11月,加纳举行首次多党总统大选。罗林斯作为全国民主大会党候选人提出的竞选口号是:"统一、稳定、发展"。选举结果,罗林斯以58.3%的选票当选总统。前来监督选举的英联邦观察团对487个投票站进行调查后认为,尽管此次选举程序有不完善之处,但是从总体上说,这次选举是"自由公正的,没有恐吓行为"。然而,反对派仍以总统选举存在舞弊行为作借口,抵制随后进行的议会选举。12月29日议会选举结果,在全部200个席位中,全国民主大会党赢得189个席位,全国大会党赢得8个席位,加纳全民党赢得1个席位,无党派独立人士赢得2个席位,从而产生了一个没有反对党的多党议会。不久,反对党宣布承认既成事实,表示将"发挥议会外反对党的作用"。

1993年1月7日,加纳第四共和国成立,罗林斯正式宣誓就任总统。从此,加纳进入第四共和国时期。

七 第四共和国时期

19 93年1月第四共和国成立后,罗林斯领导的政府致力于国家政治民主化,注意解决国内民族矛盾,加强民族团结。罗林斯认为,国家的财富是由劳动群众创造的,应该尊重劳动群众,尤其要尊重勤劳的农民。他言行一致,平等待人,深入实际,联系群众。在中央政府人事安排方面,罗林斯既注意各省地方力量的平衡,也注意各民族之间关系的协调。人们对他的信任,超过历届政府领导人。1994年初,加纳北部省民族矛盾激化,发生了大规模的冲突。由于中央政府应对及时,冲突很快得以平息。3月,中央政府对相关责任人进行处理,撤换了几位严重渎职的官员,得到人们的普遍赞许。

经济上，政府继续进行改革，加快国营企业私有化，改善投资环境，放宽投资限制；实行贸易自由化政策，取消进口许可证和出口限制，提高进口税率，向银行和出口商提供技术援助。农业生产连续增长。1993年可可产量25万吨，1994年出口创汇3.05亿美元，占加纳当年出口总值的33%。工业在国民经济中的比重有所上升。1992年工业产值在国内生产总值中占18.3%，1994年增至21.1%。黄金产量1992年首次突破百万盎司大关，达100.4万盎司，1994年增至140万盎司，出口创汇5.49亿美元，占出口总值的45.2%。国家财政扭亏为盈。1994年加纳财政收入1.2613万亿塞迪，支出1.1496万亿塞迪，盈余1117亿塞迪。鉴于加纳社会经济状况的改善，1994年加纳被联合国取消"最不发达国家"的称谓。

由于罗林斯采取的政策措施符合加纳国情，加纳国内政局稳定，经济发展，再加上他本人为政清廉，办事公道，所以在1996年12月总统换届选举时，在全国10个省中，他在9个省赢得了多数票，以57.5%的得票率蝉联总统。在议会选举中，罗林斯所在的全国民主大会党获得133个席位，新爱国党获得61个席位，其他政党和独立人士获得6个席位。

1997年1月，罗林斯宣誓就任第四共和国第二届总统，并宣布在新的任期内继续奉行原先行之有效的政策。尽管1998年发生世界性的能源危机，以及接踵而至的国际黄金、可可价格下跌等外部不利因素的冲击，但是加纳经济仍有所增长，政局稳定，人民生活水平也有所提高。2000年，政府将工人最低"一个星期"工资从原来的2900塞迪提高到4200塞迪。

2000年12月，加纳举行总统换届选举。根据加纳"第四共和国宪法"，罗林斯作为总统已连任两届，不能再参加第三届总统竞选，因此执政的全国民主大会党推举副总统米尔斯参加竞选，而在野党——新爱国党则推举该党的一位创始人库福尔参加竞选。结果,库福尔以48.2%的得票率获胜,当选第四共和国第三届总统。

在议会200个席位竞选中,执政党新爱国党(NPP)赢得100个席位,主要反对党罗林斯的全国民主大会党(NDC)赢得92个席位,人民全国大会党(PNC)赢得3个席位,人民大会党(CPP)赢得1个席位,独立竞选人(Independent Candidates)赢得4个席位。

2001年1月7日,罗林斯正式向库福尔移交总统权力,库福尔正式就任第四共和国第三届总统。这是加纳历史上国家政权首次平稳过渡,说明加纳政局已摆脱长期动荡,逐步走上稳定发展的道路。

约翰·阿吉耶库姆·库福尔(John Ageyekum Kufuor,1938－)就任加纳第四共和国第三届总统后,在宣布以自由、民主、良政、法治与民族和解作为治国准则,组成以新爱国党为主并有无党派人士参加的新一届政府的同时,以保持军方对政府的忠诚为由,首先让支持原执政党——全国民主大会党的高级警官退役,还设立"武装部队委员会"(Armed Forces Council),对军队进行全面改组,更换陆、海、空三军的高级将领,任命新的高级警官。库福尔将作为联合国驻黎巴嫩临时部队的指挥官塞斯·奥宾(Seth Obeng)少将调回国内,任国防参谋长。他还更换"国家调查局"的领导人,对该机构进行彻底改组。为了解决军政权期间受迫害的人的问题,2002年9月设立了"全国和解委员会"。对2002年北部地区发生的民族冲突,库福尔政府本着民族和解与国家稳定的原则予以妥善处理。政府还注意提高最低工资标准,努力增加就业人数,发展教育和医疗卫生事业,不断提高和改善大众生活水平。

经济上,库福尔政府实行的基本上是罗林斯执政时的政策:鼓励经济多元化,大力发展私人经济,加强宏观调控;重视农业和劳动密集型产品出口；重视发展工业和服务业，加强基础设施建设；积极寻求外援和债务减免，2000年加入"重债穷国倡议"（HIPC），争取西方国家减免债务，缓解偿还压力。2004年，加纳达到重债穷国"完成点"，预计在此后20年内可获免债务35亿美元。

在对外关系上，库福尔政府奉行务实外交，在积极同世界各国建立外交关系的同时，重点发展同西方发达国家的关系，寻求这些国家在政治、经济和军事等方面对加纳的支持。它重视同邻国和周边国家保持良好关系，积极参与地区国家间合作，推动西非区域一体化进程，树立加纳作为西非重要国家的形象。它还加强同其他大洲发展中国家的关系，促进相互间合作，努力提高加纳在国际上的影响力。

上述举措，使加纳社会经济得以持续发展，2001～2004年国内生产总值年均增长率5%以上。工业在国民经济中的比重有所上升，2003年其产值在国内生产总值中已占24.5%。2003年农业产值在国内生产总值中占36%。粮食产量600万吨左右，基本上满足国内需要。通货膨胀率有所下降，2004年降至12.6%。

2004年12月，加纳举行总统换届选举。虽然库福尔在第一届任期没能使加纳人民生活水平获得明显改善，但是选民希望库福尔在第二届任期能在稳定经济方面取得成功。选举结果，库福尔以52.5%的得票率获胜，成为第四共和国第四届总统。同年12月，宪法对议会席位数量进行了修改，由200个增加到230个。

库福尔蝉联总统后，继续把稳定和发展作为工作重点。2005年4月，政府公布了"全国和解委员会"有关军政府时期各类受迫害案件的报告。根据报告，政府对受迫害人提供总额为135亿塞迪（约合150万美元）的补偿金，被非法征用的非金融资产一律退还给受迫害者本人。补偿金从2006年10月开始支付，每位受迫害者可得到190万～304万塞迪补助。

加纳

经济上,库福尔政府在积极推行自由开放,大力发展私有经济的同时,加强了宏观调控,经济发展平稳。按当年价格计算,2004年国内生产总值为89亿美元,2005年为106亿美元,2006年为120亿美元,2008年为146亿美元。[1]

2008年12月,加纳举行总统换届选举。2009年1月3日,选举结果揭晓,最大在野党——全国民主大会党候选人约翰·米尔斯(John Mills)以50.23%的得票率获胜,当选为加纳第四共和国第五届总统。米尔斯是加纳知识界的精英,曾留学英国和美国,懂法律、懂经济。此前他曾两次参加总统竞选,均以失败告终。这次他在平稳气氛中当选总统,使人再次看到加纳已走上稳定发展的道路。

第七节 著名历史人物和当代政治人物

一 克瓦米·恩克鲁玛

恩克鲁玛(Kwame Nkrumah,1909-1972),非洲著名的民族主义政治家和思想家,加纳开国元勋,总理(1957~1960年在位),总统(1960~1966年在位)。1909年出生于加纳西南端阿克西姆镇附近的恩克罗伏尔村,其父是一位金匠,靠卖手艺为生,其母为虔诚的天主教徒。1915年,恩克鲁玛进入本地区一所天主教小学读书,并接受洗礼加入了天主教。1927年经天主教会保送,进入阿克拉师范学院学习。次年,该学院并入阿奇莫塔的威尔士亲王学院,他就成了威尔士亲王学院的学生。1930年从该学院毕业回到家乡后,先后在小学、中学和天主教神学院任教。在校学习和任教期间,结识了维吉尔·阿

---

[1] Economist Intelligence Unit: *Country Report*, *Ghana*, February 2009.

格雷、斯·伍德和纳姆迪·阿齐克韦等西非民族主义者,开始萌发民族独立思想。为了寻求民族解放的道路,1935年赴美国留学。当年10月考入美国宾夕法尼亚州的林肯大学。为便于用勤工俭学的方式完成学业,他加入了美国的海员工会,时而出海当一名普通水手,时而在船坞里做工。1939年获得文学学士学位后,又考入林肯大学神学院和宾夕法尼亚大学,攻读神学和哲学,获得硕士学位和名誉博士学位。与此同时,还在林肯大学担任助教和讲师。在美国期间,他阅读了大量书籍,接触了形形色色的思想。对他影响最大的首先是加尔维的泛非主义,其次是甘地的非暴力主义。他广泛接触美国各种政治团体,对非洲裔美国人进行调查,参加当地黑人的社会活动,组织"美国和加拿大非洲学生联合会",被推选为主席。为了总结经验,他在1943年撰写了《争取殖民地自由的道路》一书,认为西方"殖民国家绝不可能自动地把它们已得的东西拿出来",非洲国家要实现"自由和独立"的目标,就"必须对殖民地群众进行政治教育和组织工作",包括工人、自由职业在内的各阶层人士"联合成一条共同战线",进行持续不懈的斗争。

1945年6月,恩克鲁玛从美国来到英国伦敦。他原打算到此攻读法律。但是,从第二次世界大战末期开始日渐兴起的非洲民族独立运动的风暴使他振奋不已。他放弃了继续学习的打算,积极投身到争取民族独立的政治斗争中去。他很快加入了"西非学生联合会",被推选为联合会的副主席。他还同著名的泛非主义活动家杜波伊斯、帕特莫尔等人一起,积极筹备将于同年10月在曼彻斯特召开的第五届泛非大会。他担任大会秘书长。由他起草,并经讨论通过的大会宣言《告殖民地人民书》,号召各被压迫民族人民组织起来结束殖民主义的统治。大会结束后,他负责实施大会制订的纲领,协调非洲和西印度群岛各殖民地人民的斗争。他特别重视西非地区的工作,担任西非国民大会秘书

加纳

长,与在法国巴黎的西非民族主义者桑戈尔、博瓦尼等人商讨如何结束西非地区西方殖民统治的问题。

1947年12月,恩克鲁玛应黄金海岸统一大会党领导人的邀请回到国内,担任该党总书记职务。1948年3月,殖民当局以领导群众要求自治为由将其逮捕,两个月后被释放。不久,因主张"立即自治"而被免去统一大会党总书记的职务。1949年6月,创建黄金海岸人民大会党,任该党主席。1950年1月,领导全国总罢工,要求立即自治,再次被捕。1951年2月,黄金海岸举行立法议会选举,人民大会党获多数席位。恩克鲁玛虽在狱中,但仍获多数票当选议员,被释放出狱,并在新组建的"自治政府"中任事务部长。1952年3月,政府事务首席部长改称总理,恩克鲁玛担任,兼任建设部长。1957年3月,黄金海岸独立,根据恩克鲁玛的建议,改国名为加纳。

加纳独立后,恩克鲁玛致力于发展本国民族经济,巩固国家的独立和统一。1960年7月,当选加纳共和国首任总统,1965年6月再次当选总统,兼任武装部队总司令、人民大会党总书记、外交部长和工业部长等职。1966年2月24日,国外敌对势力和国内反对派利用其政策上的失误,乘他出国访问之际发动政变,推翻他所领导的共和国政府。3月2日,恩克鲁玛应几内亚总统塞古·杜尔的邀请抵达科纳克里,被授予"几内亚共和国两总统之一"的荣誉称号。1971年8月,他因患癌症前往罗马尼亚治疗。1972年4月27日,病逝于布加勒斯特。

恩克鲁玛一生在致力于加纳的独立和解放的同时,还提倡泛非主义,主张非洲统一,建立非洲合众国(联盟)。1958年,他倡议在加纳阿克拉召开第一届非洲独立国家会议和全非人民大会。1959年11月,加纳和几内亚成立加纳—几内亚联盟,作为非洲国家联盟的核心。1960年6月,在比属刚果获得独立后,他与卢蒙巴总理在阿克拉签署了一项秘密协议,对建立非洲联盟作了具体构想。但不久,比利时和美国干涉刚果,制造"刚果危机",卢蒙巴遭杀害,建立非洲联盟计划也成为泡影。1960年11月,加纳、几内亚和马里组成加纳—几内亚—马里联邦。1961年1月,恩克鲁玛参加卡萨布兰卡会议,会上制定了旨在促进非洲国家团结与统一的《卡萨布兰卡非洲宪章》,简称《非洲宪章》。恩克鲁玛这些活动对非洲完全摆脱西方殖民统治,增强非洲团结,促进非洲统一组织的建立起了积极作用。曾荣获1961年度"加强国际和平"列宁国际奖金。

主要著作有《恩克鲁玛自传》、《我谈自由》、《争取殖民地自由的道路》、《非洲必须统一》、《良知主义》、《新殖民主义——帝国主义的最后阶段》和《非洲的阶级斗争》等。

二 科菲·布西亚

布西亚(Kofi Busia, 1913 – 1978),加纳政府总理(1969~1972年在位),教育家。1913年出生于加纳中部地区一豪门家庭,属阿散蒂族。其兄是文奇区酋长。1932年布西亚毕业于库马西的卫斯理学院。1932~1938年,先后在卫斯理学院和阿奇莫塔学院任指导教师。1939~1941年,先后在英国伦敦大学和牛津大学学习政治、历史和经济,获硕士学位。1942年,任黄金海岸地区专员助理。不久,又前往英国研究哲学和社会人类学,获博士学位。1949年任加纳大学非洲学系讲师。1951年当选阿散蒂酋长院委员。1952年任加纳大学非洲学系主任和教授,还是加纳统一大会党领导成员。1954~1956年,先后在美国的西北大学、英国的牛津大学和荷兰的瓦赫宁根农业大学任教。1955~1964年,任联合国教科文组织国际社会科学委员会委员。1956年,加纳统一大会党与其他一些政党合并,组成全国解放运动党,他为该党领导成员。1957年加纳独立后,解放运动党又与其他一些政党合并,成立联合党,布西亚成为该党主要领导人和议会反对党领袖。1959年被控参与谋杀恩克鲁玛而逃亡英国,然后辗转荷兰和墨西哥,在海牙社会研究院、莱顿大学和墨西哥大学任教多年。1966年恩克鲁玛领导的政府被推翻后,布西亚回到加纳,1966~1967年任全国解放委员会政治顾问委员会副主席、主席。1967~1968年任国家咨询委员会和公民教育中心主席。1968~1969年为加纳制宪委员会成员。1969年5月,组建加纳进步党。1969年8月,被文奇区选为议员,他领导的进步党在议会选举中获得多数席位。同年9月出任政府总理,大搞"非恩克鲁玛化",对恩克鲁玛采取全盘否定态度。1972年1月13日,以阿昌庞为首的一批军人乘他出国访问之际发动政变,推翻他所领导的政府。他流亡英国,1978年病逝于伦敦。有著作10多本。

三 伊格纳修斯·库图·阿昌庞

阿昌庞(Ignatius Kutu Acheamphong,1931-1979),加纳国家元首(1972~1978年在位),救国委员会主席(1972~1978年在位),最高军事委员会主席(1975~1978年在位)。1931年出生于库马西,天主教徒。其祖父是阿散蒂族的一位酋长。曾就读于加纳中央商业学院。1949年在库马西商业学院任教。1950~1951年任中央商业学院副院长。1951年调任东部地区任西方商业学院院长。1953年参军。1958~1959年在英国奥尔德肖特的蒙斯后备军官学校受训,并在英国驻德意志联邦军队中服役。1960年又赴美国利文沃斯堡参谋学院进修。1961年回加纳,加入陆军第二营。1962~1963年在联合国驻刚果(金)部队中任连长。1966年任第六营营长。同年2月恩克鲁玛领导的政府被推翻,他被政变当局任命为西部地区行政委员会主席。1969年任第五营营长。1971年任首都阿克拉驻军第一步兵旅旅长。1972年1月发动政变掌握国家政权后,任国家元首、救国委员会主席,并先后兼任国防、财政、经济计划、新闻、公共关系和体育部部长等职。1975 年任最高军事委员会主席。1976 年 3 月晋升为上将。1978 年 7 月,其职位被国防参谋长阿库福取代。不久,他本人被拘捕。1979 年 5 月 1 日获释。同年 6 月,军内"改革派"夺取国家政权,成立"武装部队革命委员会"后,将其逮捕。6 月 16 日,他和阿库福等 8 名原军政府高官被法庭以贪赃枉法罪判处死刑。

四 希拉·利曼

利曼 (Hilla Limann, 1934 –),总统 (1979～1981 年在位)。1934 年 12 月 12 日生于加纳北部一个名叫圭卢的村子。1949 年入政府师范学院学习。1952 年毕业后执教 3 年,并任图穆县议会议员、议长。在此期间,加入黄金海岸人民大会党。1956～1965 年留学英国和法国,获哲学博士学位。1965 年回国,在外交部任职。1968～1971 年任驻多哥大使馆二秘。1971～1975 年任常驻联合国日内瓦使团参赞。1975～1979 年任外交部副部长。1979 年 1 月加纳军政府取消党禁,3 月参与组建人民民族党,为该党领导人之一。同年 6 月 4 日,加纳军内"改革派"发动政变推翻贪污腐败的阿库福军政府,决定在加纳恢复文官政府。6 月 14 日,第三共和国宪法公布。在同年 9 月举行的总统选举中,利曼当选。利曼上台后,政治上和经济上进行一些改革,但对惩治贪污腐败裹足不前。1981 年 12 月 31 日,利曼政府在军内"改革派"发动的政变中被推翻。利曼于 1982 年 1 月 4 日被捕。1983 年 9 月 19 日获释。

五 杰里·约翰·罗林斯

罗林斯 (Jerry John Rawlings, 1947 –),加纳武装部队革命委员会主席 (1979 年 6 月至 9 月),全国保卫委

加纳

员会主席（1982~1992年），总统（1993~2000年）。1947年6月22日生于阿克拉。父亲是一位英国商人，在罗林斯幼年时就离开加纳。母亲是加纳埃维族一位善良朴实的女性，她含辛茹苦，抚养罗林斯长大，还使其上了著名的阿奇莫塔中学。1967年应征入伍，先后在加纳军事学院、塔科拉迪空军飞行训练学校学习和受训。1969年结业时荣获最佳飞行员奖章——"快乐纪念奖章"，并被授予空军少尉军衔。1976年晋升空军中尉，1978年晋升上尉。罗林斯对加纳社会现状不满，主张改革，在军内逐渐形成以他为核心的"改革派"。1979年5月15日"改革派"发动军事政变，未遂。罗林斯本人被捕，并被判处死刑。同年6月4日被营救出狱，再次发动政变，推翻阿库福军政府，成立"武装革命委员会"（简称"武革会"），任主席。在掌握国家政权后对贪官污吏和不法商贾实施打击，对阿昌庞、阿库福等8名贪赃枉法的高官，由法庭依法判处死刑。9月24日，"武革会"将国家权力移交给经选举产生的以利曼为首的人民民族党政府。利曼政府治国不善，贪污腐败之风盛行。1981年12月31日，以罗林斯为首的军内"改革派"发动推翻利曼政府的政变。1982年1月11日成立"全国保卫委员会"，任主席。1985年5月，非统组织解放委员会第43次会议在加纳召开，他代表加纳参加会议，并当选为该委员会主席。1992年当选加纳第四共和国总统。1996年连任。

　　罗林斯执政后，对内加强民主与法制建设，加强民族团结，调整经济结构，对自1966年军事政变结束以来政局由动荡逐步走向稳定，经济由停滞衰退走向发展起了重要作用。对外开展多方外交，坚持中立和不结盟政策，积极参加国际合作，承担国际义务，要求建立国际新秩序，对提高加纳国际地位起了积极作用。1993年7月获"非洲长期结束饥饿领导人奖"。他对华友好，1985年和1995年先后两次访华。

妻子纳纳·科娜图1948年11月17日生于阿散蒂省一个世袭酋长家庭,是罗林斯中学时期同学。1972年毕业于库马西科技大学应用艺术系,获图案设计学士学位。随后留学英国,1975年毕业于伦敦艺术学院,获室内装饰学士学位。1977年与罗林斯结婚。1979年在加纳大学获高级行政管理学士。纳纳·科娜图·罗林斯积极致力于妇女和社会福利事业,多次率领代表团出席有关妇女问题的国际会议。1995年,她率加纳政府代表团出席在北京召开的第四届世界妇女大会。1998年7月,在阿克拉主持召开西非地区国家第一夫人和平会议。科纳图对华友好。她除了两次随罗林斯总统访华之外,还于1987年和1998年先后两次率加纳妇女代表团访华。在1998年8月访华期间,她本人向我国遭受洪水灾害地区捐赠3000美元和500箱可可粉。

六　约翰·阿吉耶库姆·库福尔

库福尔(John Ageyekum Kufuor, 1938 -),总统(2001 ~ 2008年)。1938年出生于阿散蒂省达芒的一个酋长家庭,信天主教。在库马西上小学和中学。1961 ~ 1964年留学英国,在牛津大学攻读法学,获法学硕士学位。1965年回加纳后起初在库马西从事私人律师事务,随后任库马西市市长兼首席法官,继之又任布西亚政府外交部副部长。1972年布西亚政府被推翻后,弃政从商。1979年1月加纳取消党禁后重返政坛,参加制定第三共和国宪法,并任人民阵线副主席兼外事发言人。1982年初在罗林斯组建的政府中任"地方政府和农村发展部"部长。不久,因与罗林斯政见不一而辞职。1992年参加创建"新爱国党"。2000年12月作为新爱国党推荐的候选人参加总统竞选,当选为加纳第四共和国第三届总统。2003年任西非国家经济共同体(ECOWAS)轮值主席。2004年12月,举行加纳第四共和国第四届总统选举,再次当选。2007年任"非盟"

加纳

（African Union）主席。2008年12月库福尔第四届总统到期退休。2002年10月来华访问。

妻子特雷莎·库福尔，有5个子女。

七 约翰·伊文斯·阿塔·米尔斯

米尔斯（John Ivans Atta Mills, 1944 - ），副总统（1996~2000年在位），总统（2009~）。1944年7月21日出生于加纳西部省塔库瓦。1957~1963年在阿奇莫塔中学学习。1963~1967年在加纳大学学习，获法学学士学位和律师资格证书。在校学习期间参加"全国社会主义学生组织"，是该组织的积极分子。1967~1971年，先后在英国伦敦大学和美国斯坦福大学学习。1971年，获伦敦大学东方和非洲研究学院法学博士学位。同年回国，执教于加纳大学法律系，先后任讲师、高级讲师和副教授，并成为加纳较有名望的税务律师。1978年和1986年，先后以学者身份访问美国费城坦普尔法学院和荷兰莱顿大学等。1986年4月任加纳税务局代理专员，1993年任专员。对税务制度问题有研究，并写有专著。1996年作为罗林斯竞选总统的伙伴在大选中获胜，成为加纳第四共和国第二届副总统。他勤于政务，在群众中颇有威信。2000年、2004年和2008年，先后三次被全国民主大会党提名作为该党总统候选人，参加竞选。虽然前两次惜未成功，但第三次以50.23%的得票率战胜执政的新爱国党竞选人纳纳·阿库福－阿多，成为加纳第四共和国第五届总统。米尔斯对华友好，坚持"一个中国"立场。妻子斯蒂娜·纳杜·米尔斯，1944年10月4日出生，1989年毕业于加纳大学，获哲学硕士学位，在政府部门任职。

第三章 政　治

第一节　国体与政体

一　国体的演变

加纳具有悠久的历史。从中古时代起,到欧洲殖民者入侵以前,加纳是酋长统治的部落社会,从原始公社末期向阶级社会过渡,进而发展成为封建制国家。在封建社会,封建地主、酋长是统治者,广大农民是被统治者。到了近代,欧洲殖民主义者争先恐后地来到加纳沿海探险。在1471年发现黄金后,他们开始掠夺黄金,进行黄金贸易。继之,就是猎取奴隶,进行长期的奴隶贸易。到19世纪末,西方列强开始瓜分非洲时,首先是加纳沿海地区被英国侵占,继之是整个加纳沦为英国的殖民地。英国殖民者将加纳沿海省份、阿散蒂和北部领土三个部分统称黄金海岸,由英国总督代表英国女王进行直接统治。加纳各族人民完全处于被压迫和被统治的地位,毫无政治权利可言。

1957年3月6日加纳宣布独立,但大权仍掌握在英国总督手中,实际上是一个半殖民地国家。1960年7月1日,经过宪法改革,加纳共和国宣布成立。从此,加纳各族人民成了国家的主人。

加纳

1960年7月1日加纳共和国成立后，国内先后发生过10多起未遂和成功的军事政变，宪法多次被废除、重新制订和修改，但是国体和政体并没有发生实质性的变化，所不同的只是政府有时是文官政府，有时是军人政府。目前，加纳是多党共和制国家，由文官执政。

二　宪法更替与政体演变

加纳独立后相继颁布过4部宪法。随着宪法的更替，加纳的政治体制也有所变化。

1. 加纳的第一部宪法

1957年2月，英国提出了一个宪法草案建议。2月7日，加纳独立法案获得英王批准，并根据英国枢密院敕令作为加纳宪法予以颁布。根据该宪法，加纳独立后的国家元首仍是英国女王，由英国总督代表女王行使国家元首职务。1957年3月6日，加纳正式宣布独立。此时加纳的政体是君主立宪制。

2. 加纳的第二部宪法

为了争取更加充分的独立，加纳人民在恩克鲁玛的领导下，展开了制定加纳第二部宪法的斗争。1960年3月14日，恩克鲁玛向国民议会提出了共和国宪法草案。同年4月，加纳举行全国公民投票，通过了加纳共和国宪法；7月1日加纳宣布成为共和国。

加纳第二部宪法规定：加纳将有一个拥有行政权的总统，由他行使本来由总督和总理掌握的全部行政权力；加纳将有一个由总统任命的内阁（至少有8名部长）；加纳将有一个国民议会，包括1名议长和民选的104名议员。

3. 加纳的第三部宪法

1972年1月13日，以加纳第一步兵旅旅长阿昌庞上校为首的军官发动军事政变，废止宪法，实行军人统治。

1979年6月15日，以罗林斯为首的"武装部队革命委员会"颁布加纳独立后的第三部宪法。

该宪法规定，加纳将还政于民，选举总统，仍留在英联邦内，实行总统共和制。该宪法将于1979年10月1日正式生效。

4. 加纳的第四部宪法

加纳自1990年起加快"民主化"进程，在全国各县举行了议会直接选举。1991年6月成立了"宪法选举专家委员会"，起草"宪法草案建议书"，并于8月26日召开全国协商会议讨论和修改宪法草案。1992年4月28日，加纳就新宪法举行全民公决并获得通过，1993年1月7日生效。

该宪法以美国宪法模式为基础，规定加纳政体为共和制，实行多党民主制。大选中如总统候选人均未获得50%以上选票，在21天内由两名得票最多的候选人再次竞选。议会需征得总统同意才可以行使立法权。议会由200人组成，直接选举产生，任期4年，可连任一届。内阁由总统任命，议会批准。根据宪法规定，成立了由总统任命和地区代表组成的25人国务委员会和由副总统主持、20人组成的国家安全委员会。国务委员会和国家安全委员会均为总统的咨询机构。

这部宪法还受到英国议会模式和法国法律的影响。宪法序言确定的原则包括：与世界各国人民友好和和平相处；自由和正义、诚信和负责任；人民主权；成人普选权；法治；保障和维护基本人权和自由、国家统一和社会稳定。

加纳是一院制国家，总统、立法机关和法院三者权力分开，法院有判决复审权。

宪法第57条规定，总统是国家元首、政府首脑和武装部队总司令，在加纳的地位至高无上，总统本人免于民事或刑事程序。总统有权任命副总统。

加纳

总统任期每届4年,可连任一届,不能超过两届。总统向立法机关咨询后任命国会成员,向国会咨询后任命驻外大使和其他使节。总统接受外国使节递交国书。任何条约必须经立法机关批准和总统签字才能生效。总统向国会咨询后才能签发大赦令和减刑令。

在特别情况下,经立法机关1/3成员表决同意,总统可以被罢免。罢免决定必须由大法官召集的法庭作出,由立法机关全体成员2/3多数同意后批准。

国会由前任大法官、前任国防部长、前任警察总监、全国酋长院主席和各省代表组成。总统可以将立法机关批准的提案提请国会审查。

内阁由总统、副总统和10～19名部长组成。宪法第76条规定,内阁应支持总统决定政府总政策。

宪法第93条规定,加纳立法权属于议会。从技术上看加纳议会不是一个严格意义上的议会,而更像是一个全体代表大会。议会至少由140名选举的议员组成。1992年,议会议员共计200名。2004年,议会议员增加至230人。选民必须是加纳公民,或者是加纳常住人口,而且是纳税人。第94条规定,凡年满18岁、头脑健全的公民,都可以登记注册参加投票选举。选举以后,议会选举一位议长和两位副议长。议长和副议长都享受特权和豁免权,如在议会有言论、辩论和活动自由,免于民事或刑事起诉。第104条规定,议会事务由与会者多数票表决通过,半数议员与会即构成法定人数。

经议会通过和总统同意的提案才能产生法律效力。除财政提案包括税费的构成提案必须由总统或其代表提交外,其他提案必须附上解释性备忘录。与酋长制度有关的提案还须提交全国酋长院。一读后的提案提交一个委员会,并由其就该提案提交报告,经过辩论后才能成为法律。

总统同意或拒绝某项提案，须在7天内将自己的意见通知议长。如果拒绝某项提案，必须说明理由，或者根据第90条的规定，将该提案提交国会，如果该提案再次获得2/3议员表决通过，总统则必须同意该提案。

宪法第125条规定，正义来自人民，判决权力属于法院系统。法院系统是独立的，只服从宪法。第127条规定，法院系统的判决职能和行政管理职能，包括财政管理，只服从宪法，不服从任何个人或机构。加纳法院系统由上级法院包括最高法院、上诉法院、高级法院、省级法院及依法设立的下级法院组成。

20世纪70年代军人统治时期，立法机关被解散，最高法院被撤销。1983年有3名高级法院法官在自己私宅被劫持。这段历史给加纳司法系统独立带来了负面影响。宪法第18章规定设立一个妇女权利委员会，并安排1名行政管理法官，专门负责对官员舞弊行为进行调查。

宪法第289条至292条规定，对宪法进行修改必须遵守立法机关的有关法令，对"不可随意修改的"条款（"Entrenched" Provisions）进行修改必须由议长提交国会征求意见，一切修改必须在立法机关采用前6个月正式公布，一读后必须进行公民投票，而且投票率必须达到75%、支持者达到40%，才算通过。修正案一旦被公民投票通过，立法机关也必须通过，总统也必须同意。对"可随意修改的"条款（"Nonentrenched" Provisions）进行修改的修正案，必须正式公布两次。一读后议长必须将该提案提交国会征求意见。如该提案在二读和三读时获得立法机关2/3多数票同意支持，总统也必须正式签署使之生效。[1]

---

[1] Robert L. Maddex, *Constitutions of the World*, Routledge, London, 1996, pp. 93-96.

加纳

第二节 2008年总统选举与米尔斯政府

一 2008年总统竞选与议会

2008年12月7日,加纳举行总统大选,参加竞选的共计8个政党(见表3-1)。由于全国民主大会党(NDC)和新爱国党(NPP)的竞选人的得票率谁都没有超过50%,根据宪法,选举委员会决定在21天内,即12月28日进行第二轮投票,结果,反对党竞选人约翰·伊文斯·阿塔·米尔

表3-1 2008年12月总统大选结果

竞选人	投票数	得票率(%)
第 一 轮		
纳纳·阿库福-阿多(新爱国党)	4159439	49.13
约翰·伊文斯·阿塔·米尔斯(全国民主大会党)	4056634	47.92
帕·克韦西·恩多姆(人民大会党)	113494	1.34
爱德华·马哈马(人民全国大会党)	73494	0.87
伊曼纽尔·安萨-安特维(民主自由党)	27889	0.33
克韦西·阿莫阿福-耶伯亚(独立党人)	19342	0.23
托马斯·努亚科·沃德-布鲁(人民民主党)	8653	0.10
克瓦比纳·阿杰(改良爱国党人)	6889	0.08
第 二 轮		
约翰·伊文斯·阿塔·米尔斯(全国民主大会党)	4521032	50.23
纳纳·阿库福-阿多(新爱国党)	4480446	49.77

资料来源:选举委员会。

斯以50.23%的得票率战胜前执政的新爱国党竞选人纳纳·阿库福-阿多（得票率为49.77%），成为加纳第四共和国第五届总统。

根据英国经济情报局2009年5月份加纳国别报告，约翰·伊文斯·阿塔·米尔斯所在的全国民主大会党在2008年12月7日举行的议会选举中，最终赢得230个席位总数中的115个席位，新爱国党赢得107个席位，其余席位由其他政党和独立人士赢得。

2008年12月7日的大选是"清洁而健康"的，投票过程是"自由而公正"的，因此，国际社会的反应"非常积极"，普遍欢迎"和平的投票结果"。

二 米尔斯内阁

2008年12月28日，米尔斯竞选总统成功，于2009年1月7日宣誓就职。米尔斯的全国民主大会党内阁组成如下：

总统：约翰·伊文斯·阿塔·米尔斯（John Atta Mills）

副总统：德拉马尼·马哈马（Dramani Mahama）

主要部长包括：

通信部长：哈伦纳·伊德里苏（Haruna Iddrisu）

国防部长：J.H.史密斯中将（退休）（Lieutenant-General J. H. Smith）

体育与教育部长：亚历克斯·特泰·恩约（Alex Tettey-Enyo）

就业和社会事务部长：斯蒂芬·克瓦奥·阿莫阿诺（Stephen Kwao Amoanor）

能源部长：乔·奥腾·阿杰（Joe Oteng Adjei）

环境科学技术部长：哈尼·谢里·艾伊泰（Hani Sherry Ayittey）

财政和经济计划部长：克瓦比纳·杜福尔（Kwabena Duffuor）

农业部长：克韦西·奥霍伊（Kwesi Awhoi）

外交部长：莫汉梅德·穆穆尼（Alhaji Mohammed Mumuni）

卫生部长：乔治·赛帕·扬基（George Sepa Yankey）

内政部长：克莱特斯·阿沃卡（Cletus Avokah）

司法部长：贝蒂·莫尔德·伊德里苏（Betty Mould Iddrisu）

国土资源部长：科林斯·杜奥达（Alhaji Collins Duoda）

地方政府和乡村发展部长：约瑟夫·伊利·奇里（Joseph Yieleh Chireh）

道路和高速公路部长：乔·吉迪苏（Joe Gidisu）

贸易和工业部长：汉纳·特特（Hannah Tetteh）

交通部长：迈克·哈马（Mike Hammah）

水力资源和工程住房部长：艾伯特·阿邦戈（Albert Abongo）

中央银行行长：保尔·阿莫阿科·阿克瓦（Paul Amoako Acquah）

第三节 司法机构

加纳司法机构有司法和公共法庭两大系统。

一　司法系统

1. 最高法院

最高法院是终审上诉法院。在实施和解释宪法方面，在确定某项法令的制定是否超出议会或宪法所赋予有关法律机构的权限范围方面，最高法院有最高权限。在下级法院出现此类问题时，诉讼程序暂时中止，等待最高法院裁决。具体案件可听取上诉法院裁决。最高法院由 1 名大法官和至少 4 名其他成员组成。大法官由总统经咨询国会后任命。其他成员由总统经咨询国会并听取司法委员会的意见后任命。司法委员会由大法官担任主席，其他成员包括总检察长和律师等人。由大法官任最高法院院长。最高法院所有成员任命均须经过立法机关批准。

2. 上诉法院

由 1 名大法官和 5 名法官组成，负责听证和决定对高等法院判决的上诉。

3. 巡回法院

判决除死刑和叛国罪以外的普通民事和刑事案件，并对巡回区内的县级法院判决有上诉审判权。

4. 县级法院

审理辖区内一般民事和刑事案件。一级的县级法院可判处两年以下有期徒刑。二级的县级法院可判处一年以下徒刑或监禁。县级法院无上诉审判权。

5. 少年法院

处理 17 岁以下青少年违法案件。

二　公共法庭系统

加纳从中央到地方各级的公共法庭，是 1982 年设置的，目的是实现司法民主化，使"人民有权参与司法程序"。中央设置的全国公共法庭是终审庭。此外，还设立了特别军事法庭，处理军人刑事案件。

三　传统法庭

另外，加纳还保存着传统法庭，由酋长按传统习惯法处理当地的民事纠纷。

四　司法制度的特点

加纳司法制度最大特点是：从本国的实际情况出发，比较注重司法改革和法制制度，主要体现在以下几个方面。

1. 把司法改革作为法制建设的一项重要内容

改革的目的是使司法体制更符合本国的国情和实际需要。他们提出要为民众参加司法活动创造更有利的条件，使人民的意志在法律中得到更好的体现。加纳在改革英国殖民统治时期形成的司法体制过程中，设立了新型的审判委员会——公共法庭委员会。这种委员会由法官和有关方面的代表组成，如工农代表、士兵代表和知识分子代表。这样可以扩大民众在审判活动中的作用，有利于更好地反映民众的意愿，加强对审判机关的监督。

2. 十分重视强化司法部的职能，充分发挥其在法制建设中的作用

司法部是政府法制建设的职能部门，具有较大的权力和较高的权威。司法部长兼任总检察长，是政府首脑的首席法律顾问，参与政府的各项重大法律事务活动和重要决策，是政府首脑的律师事务参谋和助手。司法部里设有三个引人注目的机构：一是法律起草局。这个局主要负责政府的行政立法草拟工作。政府的法律、法规都由这个局负责起草，并征求有关部门的意见，最后提交政府审议通过。二是民法局（或民事诉讼局）。这个局主要负责政府有关法律事务的咨询，代表政府出庭应诉，以及处理有关政府的民事索赔等。三是法律报告委员会。这个委员会主要负责审查法院的判决是否符合法律规定，并提出意见。它还负责将有参考价值的判决整理成判例，并编辑出版。这三个机构的设置使司法部更好地发挥了其主管政府法律事务的职能作用，促进了国家法律建设的发展。

另外，加纳十分重视律师队伍建设，加纳的律师在社会上具有较高的地位。

第四节 政党团体

一 恩克鲁玛统治时期的政党

1964 年对宪法进行修正以后，加纳实行一党制的体制，执政的人民大会党成为唯一合法政党，原来的联合党①及其他政党便处于非法地位。

1. 黄金海岸统一大会党（United Gold Coast Convention）

它是黄金海岸第一个民族主义政党，是由乔治·格兰特和丹凯等人在黄金海岸青年大会基础上，于 1947 年 12 月 29 日在索尔特庞德成立的。由乔治·格兰特任主席，丹凯任副主席。随后，该党任命克瓦米·恩克鲁玛为执行秘书，不久改称总书记。但恩克鲁玛 1949 年 6 月脱离黄金海岸统一大会党，着手组建了他自己的人民大会党。黄金海岸统一大会党的宗旨是："保证用一切合法的手段，使控制和指导政府的权力在最短时期内转到人民及其酋长手中。"但在英国殖民当局的分化和拉拢政策影响下，以丹凯为代表的统一大会党的一些领导人逐渐向右转，从 1948 年 7 月开始，就竭力鼓吹遵守"宪法程序"，把统一大会党的主张"在最可能短的时间内实行自治"束之高阁。恩克鲁玛因持相反意见，于 1948 年 9 月 3 日被解除统一大会党总书记职务。为了争取国家早日独立，恩克鲁玛决定另立新党。随着 1949 年 6 月 12 日黄金海岸人民大会党的成立，统一大会党就逐渐退出加纳历史舞台。

---

① 联合党于 1957 年由民族解放运动党、北部人民党、穆斯林协会党、加族人民协会、瓦萨青年协会和阿散蒂青年协会 6 个反对党派组成。

加纳

2. 人民大会党（Convention People's Party）

人民大会党于 1949 年 6 月 12 日成立，其组成人员主要包括：由黄金海岸统一大会党分裂出来的一部分党员、由恩克鲁玛组织的青年读书会及后来产生的"青年联盟"的成员。人民大会党主要代表民族资产阶级的利益，其目标和宗旨包括以下两个方面。

（1）国内方面：①为加纳（黄金海岸）人民和他们的酋长取得并保持独立而进行不懈的斗争。②为废除一切形式的压迫和建立一个民主政府而发挥强有力的、自觉的政治先锋队作用。③使殖民地地区、阿散蒂地区、北部领土地区和外沃尔特多哥地区取得并保持完全的统一。④在符合本党党章和议事规则的情况下，在联合的政治行动和其他行动中，同工会及其他类似组织合作，并为它们的利益而工作。⑤为迅速地把加纳改建成一个美好的国家而努力，在这个国家里，人民和他们的酋长们将有权作为自由的人民生活，管理他们自己。⑥为促进人民在政治、社会和经济上的解放而努力，特别要使那些直接依靠自己的体力劳动和脑力劳动谋生的人获得解放。

（2）国际方面：①同非洲和其他大陆上的民族主义、民主主义和社会主义运动合作，以便推翻帝国主义、殖民主义、部落制度以及各种形式的民族压迫和种族压迫，消灭各民族、各种族和人民之间的经济不平等，并且支持一切争取世界和平的行动。②以促进非洲和非洲人血统的各族人民行动一致的办法，来支持成立西非联邦和实现泛非主义的要求。

人民大会党在全国各地的工厂、矿山、农村、机关、学校、教堂、社会文化团体和企业单位都建立了基层支部。领导人多半是资产阶级知识分子。党员包括工人、农民、封建酋长、地主、富农和城市小资产阶级。党员人数号称 150 万（1961 年），约占全国人口的 1/4。1962 年 7 月 29 日，人民大会党在库马西举行第十一届全国代表大会，通过了人民大会党的《工作和幸福纲领》。它确立以恩克鲁玛主义为人民大会党的行动和实践基础；宣布加纳走上了"社会主义道路"；并重申反对帝国主义、反对殖民主义，维护民族独立，发展民族经济和民族文化，提高人民福利和生活水平，推行非洲统一和不结盟的对外政策。人民大会党的最高机构是全国执行委员会，下设中央委员会。恩克鲁玛担任党的终身主席兼总书记。中央委员会的执行机构是全国书记处。全国书记处由总书记主持日常工作，由15个局组成。每个局设书记一人，领导局的工作。各省设立省书记处，党的基层组织是支部。实际上党内一切重大事务都由恩克鲁玛一人作决定。人民大会党内部长期存在着派系斗争。财政部长阿莫阿科·阿塔、全非工联总书记科菲·特特加是激进派。他们反帝反殖的态度比较坚决，要求比较彻底的民族独立。这一派占少数。总统府经济顾问阿伊·库米、对外贸易部长克韦西·阿马、国防部长科菲·巴科、负责宣传事务的国务部长韦尔贝克是保守派。他们同西方大国关系密切，主张走资本主义道路。这派也占少数。恩克鲁玛及其主要追随者是中间派。他们有要求民族独立的愿望，但对西方的"援助"抱有很大幻想。这一派占大多数。

二 实行多党制后出现的政党

加纳从1992年5月开放党禁以后，开始实行多党制。加纳政党分为三大派系。按照建党时间先后，它们是：丹凯—布西亚派、恩克鲁玛派、罗林斯派。各党经过改组、联合，目前在加纳选举委员会登记注册的政党共计10个。它们是：

1. 全国民主大会党（NDC）

全国民主大会党在罗林斯时期是执政党。该党于1992年6月10日建立。其前身是新国家俱乐部、发展联盟、鹰俱乐部和前线俱乐部4个独立的政治团体。该党号称有党员300万人，支持者500万人。该党的全国主席是伊赛福·阿里，总书记是胡

图·叶海亚。该党的纲领是：主张多党民主，以民主和宪制方式夺取政权，普通百姓参政议政，实行法制，提供免费义务基础教育，尽快解决人民的基本需求，以农业为基础发展经济，同所有国家建立友好关系，加强同西非国家经济共同体成员的经济、政治和文化合作。该党在库福尔时期是加纳最大的在野党。2008年，它在大选获胜后，又成为执政党。

2. 新爱国党（NPP）

新爱国党在罗林斯时期是在野党，在库福尔时期是执政党。该党属于丹凯—布西亚派，于1992年6月2日建立。党员主要是上层知识界人士。新爱国党的主席是奥多伊·赛克斯。三位副主席是阿玛·布西亚（女）、瓦约·塞尼和夸库·阿弗雷伊。总书记是丹·博特韦。新爱国党的纲领是：尊重人权，实行法制，推行政治多元化，保证民主、言论、结社和宗教信仰自由；实行自由市场经济，加快推行私有化，保证人民自由地从事经济活动；推行务实外交，努力吸引外资，解决经济问题。

3. 人民全国大会党（PNC）

人民全国大会党属于恩克鲁玛派，于1992年5月29日建立。该党的全国主席是约翰·埃德温。副主席是大卫·赞勒里库上校（退役）。该党的纲领是：巩固、维护国家独立和主权，促进民族和解和统一；优先发展农业，建立新的经济制度，防止财富和生产手段掌握在少数人手里；同等地关心国有、私人和其他企业；对外实行积极中立政策，促进非洲团结，同各国政党和政府合作，根除外国经济剥削、新殖民主义和种族歧视。

4. 加纳全民党（EGLE）

加纳全民党在罗林斯时期是参政党，在库福尔时期是在野党。该党于1992年6月25日建立，同全国民主大会党结成"进步联盟"，两次赢得大选胜利。该党的全国主席是奥伍拉库·阿莫法，总书记是萨姆·雅利。该党的纲领是：主张自力更生地开发国家资源，平等公正地分享生产成果，同国内各政党团结相处，寻求国家和平、稳定和社会正义，同各界爱国民主力量合作，促进世界和平与发展，争取非洲统一。

5. 加纳民主共和党（GDRP）

加纳民主共和党属于恩克鲁玛派，于1992年6月建立。该党的主席是科菲·阿莫亚博士，总书记是克瓦克耶·伊阿多姆。该党的纲领是：以个人自由、正义和法制为原则，建立自由富裕的社会和关心人民群众的政府，确保言论、行动和个人幸福的自由，创造自由开放的政治环境，反对独裁，促进私人和教育事业的发展。

6. 民主人民党（DPP）

民主人民党属于恩克鲁玛派，于1992年6月建立。1996年7月参加"进步联盟"，在大选中获胜。1998年12月5日举行全国代表大会，选出了新一届领导人。该党的全国主席是丹尼尔·马金。两名副主席是卡西姆·扎拉雷阿和约翰·阿库福，总书记是劳伦斯·霍努，副总书记是阿尔伯特·努阿玛。该党的纲领是：促进和解统一，公民积极参政，言论和信仰自由，保证国家各种所有制企业共存，促进农业革命，尊重人权，反对帝国主义、新老殖民主义、种族歧视和隔离政策，促进非洲团结合作，奉行积极的中立和不结盟的对外政策。

7. 大联合人民党（GCPP）

大联合人民党于1996年6月成立，由恩克鲁玛派成员组成。该党的全国主席是丹·拉蒂（Dan Lartey），总书记是尼科拉斯·曼萨。该党的纲领是：维护国家独立和主权，促进国家稳定和民族和解，积极参与民主进程，重建社会经济体制，确保无剥削、无压迫、无非正义和部落主义，同世界各国政党和政府合作，消灭种族歧视，争取非洲统一，睦邻友好，建立平等的世界经济新秩序。

8. 加纳统一运动党（UGM）

加纳统一运动党于1996年8月建立，成员主要来自罗林斯的反对党派组织。因未获得承认，它未能参加1996年竞选。该党的全国主席是尼·阿尔马·塔戈，全国副主席是巴希努·阿拉散·达巴利，总书记是埃里克·迪登亚。该党的纲领是：建立统一、民主的社会，维护宪法，保障人权和公民自由，实行法制，促进发展，改善人民福利，以合法、民主手段夺取政权。

9. 大会党（CP）

大会党于1998年6月由原人民大会党和全国大会党合并而成，8月11日经过登记注册，成为合法政党。该党的代理全国主席、第一副主席是菲利克斯·阿莫阿，总书记是尼·诺伊·多沃纳博士。该党的纲领是：巩固、维护国家独立和主权，以恩克鲁玛主义为指导原则，建立关心社会正义和人民福利的政府，促进民族和解统一，实行混合经济，吸取社会主义和资本主义的长处，管理国家和经济事务，维护非洲团结和世界和平，建立世界政治经济新秩序。

10. 全国改革党（NRP）

全国改革党由全国民主大会党中分裂出来的党员组成，1999年7月27日经过登记注册，成为合法政党。该党的临时全国主席是彼得·科波杜比，临时全国书记是克耶瑞特维·奥波库。该党的纲领是：努力建设可持续发展的国家经济，确保社会公正，促进开放和自由发展，提倡自由交换思想和政治讨论，保障宪法赋予的民主。

三　罗林斯执政时期的群众团体

加纳当时有群众团体550多个，都是非政府组织，其中主要有：

1. 加纳工会大会

加纳工会大会于1945年成立，会员约50万人，总部设在阿克拉，下辖17个行业工会。该组织的宗旨是：联合全体工人，统一工会运动，保证社会、政治、经济正义和工人利益，支持行业工会为提高工资、缩短工作时间和创造更好的工作条件所做的努力，捍卫、加强、维护、发展传统和建立民主，保证工人有充分的权利和自由，促进民主自由、人权和世界和平。该组织是西非工会组织、非洲工会统一组织和国际自由工会联盟成员，总书记是克里斯琴·阿皮亚·阿杰，全国执委会主席是亚历克斯·邦尼。

2. 加纳雇主协会

加纳雇主协会于1959年成立，由雇用5名以上工人的国营或私营雇主或从事工商、文教活动的人员组成。该组织的宗旨是：团结雇主、在同劳工组织和政府交往中代表雇主利益，促进雇主同劳工的良好关系，在同劳工组织谈判时协助雇主。该组织是国际劳工组织、国际雇主组织、非统劳工委员会和泛非雇主联盟成员，主席是伊斯梅尔·亚姆森，副主席是阿多·安皮亚。

3. 加纳全国学生联合会

加纳全国学生联合会于1965年成立，是全国性学生民主组织，由6所大学、8所职业院校、全国中专和初等学校的学生机构组成。该组织的宗旨是：保障学生的利益，确保适龄儿童和青年不分民族、肤色、信仰和地域，都有权享受良好教育；促进国内外学生组织之间的和平、团结和合作。该组织的总部设在加纳大学，主席是约瑟夫·阿东戈。

4. 保卫革命委员会协会

1982年成立"人民保卫委员会"和"工人保卫委员会"，1984年这两个组织合并成"保卫革命委员会"，1992年改称"保卫革命委员会协会"。保卫革命委员会协会的宗旨是：团结加纳人，坚持1979年6月4日、1981年12月31日革命的理想和1992年共和国宪法的精神，维护经济、政治稳定的基础，完成国家发展的任务。

5. "12·31"妇女运动组织

该组织于 1982 年 5 月 15 日成立，拥有 15 岁以上登记注册会员 250 万人，大多数是从事工商业和农业的劳动妇女。"12·31"妇女运动组织的宗旨是：主张实现妇女的彻底解放，提高妇女的经济、社会、文化地位，增强妇女参与经济和政治的意识。"12·31"妇女运动组织的总部设在阿克拉，主席是前总统罗林斯夫人纳纳·科娜图·罗林斯。"12·31"妇女运动组织在全国各地都有基层组织。其经费来自各种创收、国内外组织机构和个人赞助。

6. 加纳新闻记者协会

该协会于 1984 年成立。加纳新闻记者协会的宗旨是：提高专业水平，发展大众媒体，捍卫言论自由。其全国执委会由会员选举产生，活动重在增强人权意识。

7. 私营企业基金组织

该组织于 1994 年 1 月 24 日成立，由加纳工业家协会、加纳全国商会、加纳雇主协会和加纳出口商联合会联合组成。私营企业基金组织面向私商和贸易协会开放，加纳银行家协会也参加了。该组织的宗旨是：代表私人企业的利益，密切私人企业组织的关系，指导和服务于私人企业，发展私营部门，促进工业协调发展。

8. 全国青年委员会

该委员会隶属于青年和体育部领导，由 1 名主席和 6 名委员组成。全国秘书处设在阿克拉全国青年中心，辖 10 个省青年委员会秘书处，65 个县青年委员会秘书处。委员会的主要职责是协调 19 个青年组织的活动，有 6 个全国青年领导培训学院，对 15~23 岁的青年进行职业培训。全国青年委员会的宗旨是：协调全国青年组织，推动青年运动，关心青年的利益。全国青年委员会主席是乔·克彭杰。

第四章

经　济

第一节　概况

一　概述

加纳自然资源很丰富，主要矿物有黄金、钻石、铝土和锰，已探明的储量都较高。经济以农业为主，除粮食生产外，经济作物主要有可可、咖啡、油棕、棉花和橡胶。这些都是加纳发展经济的重要基础。但迄今加纳尚未完全摆脱殖民地时期形成的单一经济结构，主要仍依靠农业和矿业初级产品的出口，其中，黄金、可可和木材是传统出口产品，仍是加纳经济三大支柱。20世纪90年代起加纳暂停原木出口，实行多元化出口战略，扩大附加值高的产品出口。这个战略已经初见成效。

独立初期，加纳政府积极推行公有制，企业实行国有化，农业方面建立国营农场和合作社，积极推行机械化。1957~1960年，年均国内生产总值增长率超过6%，大大高于非洲其他国家。但是，后来由于国家领导人指导思想过激，脱离本国国情，生产方式贪大求洋，物资耗损严重超过了最不发达国家的承受能力，结果是虽然经济取得一些增长，但生产力遭到严重破坏。

1973~1983年，经济进入10年衰退时期，国内生产总值以年均0.5%的比率递减。1981年，可可产量下降到25.8万吨，只相当于最高年产量的45%；1982年国内生产总值增长率降至-6.4%；1983年外汇储备枯竭，财政出现巨额赤字，通货膨胀率达到142%。

由于形势所迫，从1983年4月起，加纳决定采纳国际货币基金组织和世界银行的建议，对经济结构进行调整，实施经济复兴计划，或称经济改革。

加纳的经济改革取得了预期结果。1984~1986年，国内生产总值增长率分别达8.6%、5.1%和5.2%，工业生产增长率分别达11.9%、17.6%和7.6%。1987~1989年，国内生产总值增长率分别达4.8%、5.6%和5.1%，1990年和1991年分别达3.1%和5.1%。在1983~1991年的8年时间里，国内生产总值年均增长率达5.33%，而且没有财政赤字，通货膨胀率从142%下降到18%。1994年5月，联合国给加纳摘掉了"世界上最不发达国家"的帽子。根据2001年加纳统计局和政府财政预算报告，1996~2000年，加纳国内生产总值年均增长率为4.3%，其中：1999年为4.4%，2000年为3.7%。加纳经济的产业结构基本情况是：农业产值占国内生产总值的40.63%；服务业占31.55%；工业占27.81%，其中制造业只占10.09%。加纳被西方看做非洲国家经济结构调整的"样板"，现正在进一步推行经济私有化和贸易自由化的改革，使经济的调整和改革继续深化。不过，经济私有化的推进速度比经济结构调整初期减缓，而贸易自由化的推进速度则相对快一些。

在加纳，农业劳动力占全国劳动力人口总数的55%，工业劳动力占15%，服务业劳动力占30%。2000年，服务业劳动力占全国劳动力人口总数的11%。2007年，生活在贫困线（以年均收入90万塞迪即110美元为标准）以下的人口占全国人口的比例由上年的40%下降至29%。

新爱国党政府执政后,确认经济面临的主要问题包括:巨额财政赤字、巨额公共部门债务、经济增长率下降、通货膨胀增长和失业率上升。政府应大力控制财政开支,增加税收,加强行政管理。

1995~2003年,加纳年均国内生产总值实际增长率为4.4%。2003年,由于宏观经济重新恢复稳定,国内生产总值实际增长率为5.2%,2004年达到5.8%。不过,农业作为经济增长发动机的传统作用发生了重要变化,或说经济结构发生了一定变化,最突出的是服务业创造的国内生产总值在国内生产总值中占的比例超过了农业(见表4-1)。

表4-1 国内生产总值来源(各部门在国内生产总值中所占比例)

单位:%

年 份	2003	2004	2005	2006	2007
农 业	41.0	44.2	43.5	43.3	42.5
服务业	45.0	43.6	44.0	44.1	44.5

资料来源:英国经济情报局2008年加纳年报。

从加纳独立后的发展历程来看,加纳的经济是很脆弱的,很容易受到政局动荡、经济政策不当、国际市场原料价格涨跌、国际资金流入的状况及气候变化等内外诸多因素的影响和制约。在库福尔执政期间,加纳政府为基础设施建设动用了相当数量的外援和财政预算。今后,加纳经济则有赖于进一步鼓励私人部门承担新的建设项目。

巨大的现金账户赤字导致塞迪对美元贬值。2007年,塞迪对美元的兑换率为0.94:1,2008年为1.07:1。2007年,以美元计算的现金账户赤字为22亿美元,2008年上升至29亿美元。2007年和2008年,现金账户赤字占国内生部总值的比例分别为

加纳

13.8%、19.5%。在过去几年中,加纳银行完成了比较谨慎的财政政策和增加塞迪稳定性这两个主要目标,因此,2007年,年均消费价格通货膨胀率为10.7%,但是,2008年提高至16.5%。2007年,年均贷款利率为9.7%,2008年提高至17.0%。2007年,出口额(到岸价格)为42亿美元,进口额(到岸价格)为81亿美元,贸易赤字为39亿美元。2008年出口额和进口额分别为49亿美元和101亿美元,贸易赤字为52亿美元。

2006年,加纳国内生产总值实际增长率继续保持强势,为6.4%;2007年为5.7%;2008年为7.3%。2007年,政府赤字在国内生产总值中的比例为7.7%,2008年上升至15.3%。

二 2009年经济形势

新总统约翰·伊文斯·阿塔·米尔斯及其执政的全国民主大会党(NDC)将用几个月的时间巩固政权和重建其自2001年起失去政权后的诚信威望。

在全球经济危机冲击下,加纳新的决策者将面对初级产品价格进一步下降、财政状况更加严峻从而使经济发展速度放慢的挑战。

全国民主大会党与新爱国党之间有相当大的矛盾,全国民主大会党可能会以反腐败名义调查和逮捕新爱国党主要党员,像新爱国党在执政时期对付反对党一样。看来,许多加纳人将支持起诉涉嫌腐败案件的新爱国党党员。但是,如果起诉过分政治化,选民就会对全国民主大会党反腐败行动持怀疑态度。

全国民主大会党可能面对强烈反对,诸如公众部门的工资问题,因为公正工资和补贴委员会(Fair Wages and Salaries Commission)将呼吁增加收入。新政府显然不愿意在其第一个财政预算中采取违反民意的步骤,而且,在其巩固政权努力中难以避免提高工资问题。

加纳将维持其作为"非洲发展新伙伴计划"坚强成员的地位,并支持其重点强调的原则,如:德政和贵族审议程序(good governance and the process of peer review)。新政府将与主要贸易伙伴和捐助国特别是美国和英国维持良好关系。近年来,在中国为其基础设施项目提供贴息贷款的支持下,加纳与中国的关系发生了一些积极变化。

2009年6月,加纳财政部同意接受世界银行提供为数3亿美元的经济和减贫信贷,并希望这项信贷仅仅是一系列新资本流入的开始。加纳财政部部长克瓦比纳·杜福尔(Kwabena Duffuor)希望确保从世界银行得到12亿美元预算和项目援助,从国际货币基金组织得到10亿美元国际收支援助。

2009年8月,经议会批准政府决定对企业征收5%的"全国稳定税"(National Stabilization Levy)。这是一种直接税,旨在减少财政赤字,在企业申报所得净利润后开征,从9月起按季度计征,一直到2010年12月止。

2009年6月,加纳年均通货膨胀率为20.7%,高于5月的20.1%。鉴于公务员提高工资的压力,看来年末通货膨胀率降至12.5%的政府目标难以实现,英国经济情报局估计可能降至18.2%。

加纳银行的数据显示,2009年上半年总收入和赠款达到26亿塞迪(折合18亿美元),比2008年增加23.5%。总支出(不含外援资本支出)是30亿塞迪。2009年上半年,财政赤字为5.492亿塞迪(折合3.762亿美元),相当于国内生产总值的2.5%。5.492亿塞迪加上8490万塞迪的外国贷款债务,是由国内融资的。推迟与国际货币基金组织和世界银行的谈判意味着,国外对预算援助的支付只能在2009年下半年逐步进行。

2009年上半年,来自侨汇的资本输入为7.283亿美元,比上年同期减少11.4%。银行和外汇兑换所买卖的外汇比上年同

加纳

期27亿美元减少了14.5%。所以，截至2009年6月末，总计国际储备下降至17亿美元，只够支付一个半月货物和服务进口之用。第二季度塞迪对美元贬值6.2%，2009年3月末贬值11.5%。这说明，市场信心比年初有所提高。

加纳政府鼓励可可农户生产一级可可豆并将产品出售给19个特许收购公司，承诺从2008/2009主要作物年起分两次向可可农户发送奖金，标准是32塞迪/吨。2008/2009主要作物年，即6月初加纳可可局的特许收购公司收购了63.4256万吨可可豆，超过了整个作物年收购60万吨的原订目标。2009年上半年，可可豆和可可产品出口额达到11亿美元，比上年同期9.1亿美元增长20.9%。

2009年，世界国内生产总值实际增长率预计为 -1.8%，加纳国内生产总值实际增长率预计为4.7%，低于上年的7.3%。农业产量增长率从上年的5.2%下降至5.0%。国内粮食价格下降，电力相关开支的减少和石油价格的降低使年均消费价格通货膨胀率从上年的6.5%上升至20%。加纳主要出口商品黄金和可可的价格下降，黄金价格从2008年的872美元/盎司下降至775美元/盎司，可可价格从2008年的116.6美分/磅下降至98美分/磅，贝仑特原油价格下降至35美元/桶。

加纳银行（中央银行）的货币政策目标是：在促进经济增长的同时控制通货膨胀。高通货膨胀使加纳银行在2009年第二季度以前不会降低利率。年均银行间拆借利率从上年的17%，上升至23%。政府赤字在国内生产总值的比例从上年的15.3%下降至9.7%。以美元计算的离岸价格货物出口额为57亿美元，货物进口额为100亿美元。现金账户赤字从上年的29亿美元下降至22亿美元。现金账户赤字在国内生产总值中的比例从上年的19.5%下降至16%。外债65亿美元。塞迪对美元汇率从上年的1.07，贬值至1.43。

三 经济前景预测

2010年,加纳石油部门的更大投资活动将推动国内生产总值实际增长率上升到5.4%(见表4-2)。农业产量总计增长率将与2009年持平,为5.0%。从紧的财政政策和国内较低的粮食价格将有助于进一步降低年均消费价格通货膨胀率,预计为13.7%。年均短期银行间拆借利率将下降至15.7%。政府赤字在国内生产总值中比例将下降至7.9%。以美元计算的离岸价格货物出口额将上升至61亿美元,货物进口额将比上年略有增加,达到103亿美元。现金账户赤字将从上年的

表4-2 经济预测概要(除非另行指定)

单位:%

	2007a	2008b	2009c	2010c
国内生产总值实际增长率	5.7	7.3d	4.7	5.4
农业产量增长率	2.5	5.2	5.0	5.0
消费价格通货膨胀率(平均)	10.7	16.5a	20.0	13.7
消费价格通货膨胀率(年末)	12.7	18.1a	18.2	12.0
年均短期银行间拆借利率	9.7	17.0	23.0	15.7
政府预算平衡(在国内生产总值中占%)	-7.7b	-15.3	-9.7	-7.9
货物出口(离岸价格,10亿美元)	4.2	4.9	5.7	6.1
货物进口(离岸价格,10亿美元)	8.1	10.1	10.0	10.3
现金账户平衡(10亿美元)	-2.2	-2.9	-2.2	-1.8
现金账户平衡(在国内生产总值中占%)	-13.8b	-19.5	-16.0	-12.0
外债(年末,10亿美元)	4.5	5.5	6.5	7.1
汇率(塞迪对美元,平均)e	0.94	1.07a	1.43	1.53

说明:a. 实际数字。b. 英国经济情报局估计。c. 英国经济情报局预计。d. 加纳官方估计。e. 2007年7月加纳塞迪重新定值,1万旧塞迪变为1新塞迪。所有当地货币均为新塞迪。

资料来源:英国经济情报局2009年8月国别报告。

22亿美元，下降至18亿美元。现金账户赤字在国内生产总值中的比例从上年的16%，下降至12%。外债从上年的65亿美元上升至71亿美元。塞迪对美元汇率从上年的1.43，贬值至1.53。另据英国经济情报局统计，加纳2010年的国际储备将从2009年的20.23亿美元增至21.66亿美元。

第二节 农业

这里所说的农业，是广义上的农业，包括农耕、牧、林、渔四个行业。

一 概况

加纳农业人口比例很高。20世纪60年代，农业人口占70%以上。其中，上东部省、上西部省和北部省农业人口超过80%。布朗阿哈福省、阿散蒂省、西部省、中部省、东部省和沃尔特省农业人口比例较低，大阿克拉省农业人口比例最低。到了90年代，随着经济的发展，大中城市人口比60年代更集中了。但就总体而言，各省农业人口比例并没有发生实质性变化。农业在国民经济中仍占有重要地位。根据2001年加纳统计局和政府财政预算报告，农业仍是加纳经济的中流砥柱，2000年农业约占国内生产总值的36%，提供的就业人数约为69%。1996~2000年加纳农业的国内生产总值年均增长率为4.1%，其中：1999年为3.9%，2000年为2.1%。加纳独立后，由于人少地多，土地矛盾并不尖锐。全国可耕地面积为2300万公顷，已耕地面积为300万公顷，仅占可耕地面积的13%。灌溉面积只占耕地的3%。由于政府实行了广泛的经济改革，2008年农业占国内生产总值的比例为24%。

根据世界银行2005年"非洲发展指数"，到2002年加纳耕地总面积扩大到420万公顷。土地关系主要有以下四种。

1. 国有土地

包括前"（英国）皇室土地"和一切公用土地，例如政府机构的办公室用地，特马港、沃尔特水坝等用地。自1962年公布国家土地法、土地租让法、采矿法、土地登记法以后，加纳政府控制的公用土地面积逐渐扩大。据土地与森林部1998年介绍，加纳国有土地约占30%。

2. 部落氏族公地

这类土地的管理权属于酋长，但已由政府官吏控制。酋长在处理这类土地时，必须取得管理氏族公地的政府官员的同意。通常，酋长本人就是政府的主要土地官员。氏族公地地租的分配由政府规定，每年的地租1/3交给中央政府，1/3交给地方政府，1/3交给酋长。

3. 家族土地

这类土地的所有权实际上属于家族的族长。

4. 私人土地

这种土地大部分属于种植经济作物的小农和种植园主。在城市郊区和沿海地区已经有大量私有土地。

二 农耕作物

加纳农耕作物分经济作物和粮食作物两大类。

1. 经济作物

可可是加纳最重要的经济作物。恩克鲁玛总统说过："可可是加纳经济的生命线。"20世纪60、70年代，可可种植面积为180万公顷。据加纳粮农部1998年估计，加纳可可种植面积已经达到202万公顷，可可农户有50万户，此外，从事可可生产的季节农工还有25万人。靠可可为生的人口占全国总人口的

加纳

40%左右。可可种植大部分以小农生产方式经营,每个农户平均约占耕地2.4公顷,也有少数大型可可种植园。可可的主要产地在南部森林地区。阿散蒂省和布朗阿哈福省的可可产量占全国产量的一半以上,东部省的可可产量占全国产量20%以上。

第二次世界大战前,加纳的可可主要由13家英国私人垄断公司收购。在第二次世界大战期间,可可的收购和销售直接由黄金海岸殖民政府控制。1947年成立了"可可销售局",可可销售局委托有执照的代理商进行收购;产品全部在伦敦销售。可可销售局的收购价格比出口价格低一半。

1961年,恩克鲁玛政府把可可收购业务交给亦官亦民的农民理事会管理。1962年,这个组织在全国各地的1165家可可合作社中建立了收购站。恩克鲁玛政府还在阿克拉设立了可可销售市场,成立了"可可销售公司"。这样,可可在阿克拉也可以进行交易,不再完全依赖伦敦一地,从而在一定程度上削弱了英国对可可的垄断经营。

在第二个五年计划(1962~1966年)期间,加纳政府每年为发展可可拨款250万加纳镑,并在西部省扩大可可种植面积。1963/1964年度①,可可产量达到42.1万吨,1964/1965年度进一步达到58.09万吨,创造了历史最高水平。

20世纪60年代,加纳是世界上可可产量最多的国家。直到1979年,加纳才被科特迪瓦超过。1983年后,在经济复兴计划推动下,可可产量开始回升,1986/1987年度可可产量增至22.8万吨,1987/1988年底下降到18.82万吨。从1988/1989年度起,可可产量长期在30万吨左右徘徊,在世界可可生产国中的位次是第二位或第三位,1993/1994年度降至第四位。1995/1996年度可可产量达到40.39万吨,1997/1998年度达到40.9万吨,在

---

① 1963/1964年度是指可可作物年度,其含义是从1963年10月到1964年9月。

世界生产国中的位次上升到第二位。1998/1999年度可可产量下降到39万吨，1999/2000年度上升到41万吨。

1983/1984年度可可产量降至最低，为15.9万吨。从1990年起，每年预定的可可收购价格年均增长超过50%，可可产量大幅增长，2001/2002年度为33.9万吨，2002/2003年度达到47.9万吨，2003/2004年度达到历史高峰，为73.7万吨，使加纳重新位居世界第二位。成绩的取得有多种原因，最重要的有：一是气候条件良好，二是使用加纳可可研究所的高科技研究成果。

新爱国党政府从2000年执政时起实行了可可改革战略，主要包括5项内容：将可可出口价格的67%免税提供给生产者，到2005/2006年度增加到72.8%；倡导集中喷洒杀虫剂的年度计划；修复老的可可农场，鼓励使用高产品种；由政府为农场主组织部分信贷；把偏僻地区通往道路的狭窄小路升级。因此，2005/2006年度，可可产量估计超过了74.04万吨。2001~2006年，政府提供给可可农户的预定收购价格增加了150%以上，2001年为350万塞迪，2006年达到900万塞迪。政府还同意在主要作物季节为农场主提供额外奖金以刺激更高产量。2004/2005年度，可可产量估计60万吨，2006/2007年度，可可产量估计超过80万吨。

加纳种植棉花的历史只有30年。根据1968年政府第353号令，于6月专门成立了棉花发展局，职能是促进棉花种植和纺织工业发展。为了提高工作效率，全国分为4个管理区，即东北管理区、西北管理区、中部管理区和南部管理区。

开始，棉花发展局以北部省和上部省（现在分为上东部省和上西部省）为棉花种植基地，然后向南逐步发展。1970年，阿散蒂省、布朗阿哈福省和沃尔特省也种植了棉花。到1973年，全国棉花种植面积达到3710公顷，棉花发展局收购的子棉达到1901吨，总额达到33万塞迪（约合38.4384万美元）。其中，

加纳

供应纺织厂的子棉达到725.05吨,出口的子棉达到827.55吨。到1976/1977年度棉花种植面积达到2.39万公顷,皮棉产量达到6458吨。棉花生产的发展,促进了纺织工业的发展。70年代,加纳纺织工业的原料自给率达到80%。

据加纳棉花有限公司1998年介绍,加纳有12家从事棉花生产的私营公司。它们控制的种植面积约为3万公顷。加纳棉花有限公司、种植发展有限公司和努勤克斯种植有限公司控制着加纳棉花生产和纺织工业。此外,加纳还有一些棉花生产个体户。

子棉总产量由1983/1984年度的750吨,提高到1994/1995年度的1.7983万吨,最高曾达到2.9234万吨(1992/1993年度),最高单位产量由500公斤/公顷提高到1200公斤/公顷。20世纪90年代,加纳子棉平均单位产量为850公斤/公顷。皮棉年产量由1985年的361吨提高到了1995年的7191吨,最高曾达到1.1421万吨(1993年)。棉花种植面积达到2150公顷(1995年)。1997/1998年度,棉花种植面积达到高峰,为4.3345万公顷。棉农达到13万人。

加纳棉花主要供应国内。从1993年起开始出口,主要出口对象是法国、泰国、越南、英国以及中国香港和台湾地区。1994年出口额迅速上升到1260万美元,但是,1995年骤降到144万美元。

棉子也是重要出口产品,主要出口对象是西班牙、冰岛、英国和南非。90年代前期,棉子出口量迅速增长。例如,1990年出口1250吨,1991年为4063吨,1992年为8910吨,1993年为9764吨,1994年创造最高纪录,达到1.4170万吨。1996年出口数量基本与上年持平,但是,由于单价比上年增长43.6%,出口额仍然达到83.97万美元。

其他经济作物还有橡胶、油棕、咖啡、剑麻和烟草等。不过,种植面积都不大,产量也不多。例如,橡胶种植面积只有

6475公顷,年产量约500吨。在第二次世界大战期间,马来西亚的橡胶在国际市场上消失,加纳的橡胶曾经红火过一时,不过战后很快就衰退了。种植橡胶很有潜力,西部省已经大量栽培。油棕种植面积只有2591公顷。咖啡产量只有2700吨,烟草产量只有780吨。

2. 粮食作物

木薯(cassava)、薯蓣(yam)、椰薯(cocoyam)和大蕉(plantain)为4种含淀粉的粮食作物,产量从1995年起呈上升趋势,1999年总产量约为1484.7万吨,比上一年的1336.3万吨增长11.11%。其中,木薯产量为784.5万吨,比上一年的717.1万吨增长9.40%;薯蓣产量为324.9万吨,比上一年的270.3万吨增长20.20%;椰薯产量为170.7万吨,比上一年的157.7万吨增长8.24%;大蕉产量为204.6万吨,比上一年的191.3万吨增长6.95%。2000年,总产量约1502.7万吨,同比增长1.28%。其中,木薯产量为810.7万吨,同比增长3.34%;薯蓣产量为336.3万吨,同比增长12.74%;椰薯产量为162.5万吨,同比下降4.22%;大蕉产量为193.2万吨,同比下降5.57%。

玉米、稻米、小米和高粱是4种主要谷类粮食作物。1999年的总产量为168.4万吨,比1998年的181.4万吨下降7.17%。[①]

据世界银行2005年非洲发展指数估计,长久性作物种植面积由1995年的300万公顷,到2002年增加至420万公顷。政府实行了经济改革,取消了粮食价格控制体制,增加了预付生产者的可可价格,促进了规模庞大的服务。然而主要粮食作物产量不尽如人意(见表4-3),因为投资少、技术差、有些土地质量欠

---

① 加纳农业部资料。

佳。取消化肥和其他农业投入的补贴对某些作物也有消极影响。因此，除了木薯、薯蓣和大蕉外，其他作物产量均不能满足需求。政府制定的粮食作物产量的目标是：截至2009年底，玉米、稻米和木薯的产量翻一番。

表4-3 主要粮食作物产量

单位：千吨

	2000	2001	2002	2003	2004	2005
谷　　物	1710	1648	2014	1932	1831	1898
玉　　米	1013	938	1257	1289	1158	1171
稻　　米	249	296	243	239	242	237
小　　米	169	134	176	176	144	185
高　　粱	279	280	338	228	287	305
含淀粉作物	15027	16279	18242	18246	17728	17968
木　　薯	8107	8970	10255	10239	9739	9567
椰　　薯	1625	1688	1826	1805	1716	1686
薯　　蓣	3363	3547	3832	3813	3892	3923
大　　蕉	1932	2074	2329	2389	2381	2792

资料来源：加纳农业部。

三　畜牧业

由于萃萃蝇的危害，加纳的畜牧业不太发达。畜牧业主要集中在没有萃萃蝇的北部和阿克拉以西的沿海平原一带。据1962年估计，从事畜牧业的人口约有50万，畜类的存栏数量是：牛46.8万头，绵羊50万头，山羊50万头，猪4.9万头，家禽350万只。

20世纪90年代畜牧业有长足发展。1996年对牛、绵羊、山羊、猪和家禽的存栏数量进行过一次全国调查。自那以后，畜禽的存栏数量每年都由加纳农业部兽医服务司进行估计。1999年，牛的存栏数量估计为129万头，比1998年增加1.6%。现有数据显示，牛的存栏数量在90年代增加12.2%，平均每年增加1.22%。

1999年绵羊和山羊的存栏数量估计分别为266万头和293万头，分别比1998年的估计数增加3.1%和5.0%。在过去10年里，绵羊的存栏数量增加19.8%，平均每年增长率为2%。山羊的存栏数量增加45%，平均每年增长率为4.5%。

1999年猪的存栏数量估计为33万头，比1998年减少2.9%；家禽的存栏数量估计为1881万只，比1998年的1728万只增加8.9%。

从畜禽的屠宰头数也可以看出畜牧业的发展情况。1999年屠宰场屠宰的畜禽数量比1998年减少，但是牛除外。1998年屠宰的牛为11.9638万头，1999年为13.7812万头，增加15.2%。1999年屠宰的绵羊和山羊分别比上一年减少9.5%和2.5%。1999年屠宰的绵羊为5.5016万头，1998年为6.0798万头。1999年屠宰的山羊为7.4121万头，1998年为7.5982万头。1999年屠宰的猪为1.4777万头，1998年为1.6512万头，减少10.5%。总起来讲，这些屠宰的数量比全国实际屠宰的数量要少得多，因为许多畜禽是在官方的屠宰场之外屠宰的。

为了补充国内消费需要，加纳每年都要进口一些肉类。1999年进口牛肉2568吨，比上一年增加78.1%。1993年是牛肉进口高峰年，达到1.9123万吨。20世纪90年代，鸡肉进口呈逐年增加趋势。1992年进口2314吨，1993年进口3085吨，1994年最少，为1848吨，1995年进口3160吨，1996年为3682吨，1997年猛增到5891吨，1998年进一步增加到7291吨，1999年创造进口新纪录，达到1.0766万吨。火鸡肉进口1992年为2146吨，1993年为1833吨，1994年为954吨，1995年为2268吨，

1997年为3048吨，1998年为2241吨，1999年为1491吨。猪肉进口1992~1995年进口数量较多，1992年为1404吨，1993年为2048吨，1994年为1661吨，1995年为2142吨，1997年起进口数量较少，1997年为741吨，1998年为758吨，1999年为772吨。

四 林业

历史上，加纳的森林面积曾占全国总面积的36%，约860万公顷（8.6万平方公里）。由于缺乏保护和管理，到1995年，森林面积只占全国总面积的11%，约260万公顷（2.6万平方公里）。到1998年8月，森林面积进一步减少到200万公顷（2万平方公里）。其中，森林保留地163万公顷（1.63万平方公里）；保留地以外森林40万公顷（0.4万平方公里）。

加纳的树种有420种，开发利用的树种有126种，商业利用的树种有66种，常用的原木树种有34种，利用率较低的树种有32种。出口木材的树种1996年达到49种，1997年进一步达到54种。1994年，木材出口达78万立方米，创历史最高纪录，出口收入达到2.3亿美元，占全国出口总额的19%。1996年，木材和木材产品出口36.4769万立方米，1997年达到44.2078万立方米。1997年出口量和出口额分别比1996年增长21%和37%。据统计，加纳6%的国内生产总值、11%的出口收入和10万人的就业，是由林业提供的。林业在国民经济中的地位，由此可见一斑。

加纳的木材是优质的热带树种，其中利用率最高的树种有：桃花芯木、大绿柄桑、非洲梧桐、筒状非洲楝、樱桃木、黑克尔氏枪弹木、非洲楝、榄仁树、科克罗木。此外，还有柚木、非洲苹果、石梓、洋椿、非洲乌檀、非洲胡桃、浅棕桃花芯木、非洲柳、非洲榆、褐梧桐和杉木等利用率也较高。

从1990年起，加纳政府对木材实行限量砍伐。例如，规定每年砍伐限量100万立方米。其中，森林保留地50万立方米，保留地以外森林50万立方米。砍伐周期从15年延长到40年。准许砍伐的树木最小直径比原来增加20厘米。

为了人工造林，加纳政府于20世纪90年代中期划拨了20万公顷土地。但是，由于资金有限，每年最多只能人工造林1000公顷。加纳政府还制定了退田还林24万公顷土地的政策。

人工造林的关键是树苗。柚木（Teak）最受欢迎，其次是肉桂（Cassia）。两种树苗的需求量约占总需求量的2/3。

加纳的林业管理部门有：土地及森林部是负责土地和森林的职能部门；木材出口发展局负责木材贸易和促进发展；林业产品检验局负责林业产品的检验和合同审定；林业局负责森林资源的管理和行政事务。这些部门均与农业部、环保部、贸易和工业部有联系。

加纳有三个木材工业协会：加纳木材协会、加纳木材厂组织、加纳家具和木材工人协会。后者是1995年由加纳家具生产者协会和小型木雕工人协会合并而成的。此外，还有一个加纳木材工业协会，其职能是协调上述三个协会的合作。

为了保护森林资源，促进本国木材工业的发展，加纳政府近些年由限制原木出口量改为禁止原木出口，并提高出口木材制成品的附加值。2003年木材出口创汇1.75亿美元，比1994年出口创汇1.654亿美元，增加960万美元。

加纳大森林分布在西南部，面积8.2万平方公里，覆盖34%国土。1999～2000年，每年减少1.7%森林面积。

2001年，加纳启动了全国森林种植发展计划，截至2005年，恢复人工种植面积达到6475公顷。与此同时，国土森林矿业部鼓励私人部门包括金融部门实行大范围商业性种植开发，木

材产量有所增加（见表4-4），并对木材资源分配采取竞争性投标程序。2005年，政府承诺鼓励出口加工木材产品，取消了锯材、单板和胶合板出口关税。2005年，木材出口额为2.32亿美元，2006年下降至2.045亿美元。

表4-4 木材产量

单位：万立方米

年 份	2000	2001	2002	2003	2004
原 木	130.9	121.2	110.4	150.0	140.0
锯 材	61.6	48.0	46.1	51.1	50.6
单 板	12.0	25.9	26.4	30.0	33.9
胶合板	6.8	11.4	10.4	10.5	12.7

资料来源：加纳统计局。

五 渔 业

加纳渔业资源丰富，分为内河渔业、湖泊渔业和海上渔业，其中以海上渔业最为重要。加纳的内河都是淡水河，都有渔产，不过捕获量不大。波索姆特威湖的捕鱼方法类似在河流捕鱼，但禁止使用渔船，只能使用平木板船。沃尔特湖鱼多，捕获量大，有渔民2.4万人，年产量大约4万吨。沃尔特湖可以使用拖网渔船。沿海泻湖也是重要捕鱼场所，全年都可以捕鱼。雨季之后捕鱼尤其繁忙。其中，凯塔泻湖是最主要的渔场。沿海洋面都能捕鱼，过去，每年捕获量大约9万吨，主要有鲱鱼、鲽、金枪鱼、鲐鱼、小鲤鱼、海鲷。捕鱼最兴旺的地方是三尖角以东。从7月至11月是旺季。8月鲱鱼最多。

加纳几乎每省都有渔业。20世纪70年代，全国约有15万人从事渔业。现在大约有6.7万人从事渔业。加纳独立后，恩克鲁玛政府注意发展捕鱼业。1963年，有摩托渔船311只，捕鱼木船1.0212万只，其中有3032只装有马达。1963年捕鱼量为8.94万吨，其中外国渔业公司捕获量为3.34万吨。1967年，海鱼捕获量为10.51万吨。

20世纪70年代以来，渔业有较大发展。1971年，仅海鱼捕获量就达到23万吨，到1976年进一步达到23.8万吨。进入90年代，加纳海上渔业取得进一步发展，90年代前半期每年海鱼捕获量31.7万吨，后半期达到37.4万吨，增长17.98%。全国每年捕鱼总产量，90年代前半期每年平均为37.3万吨，后半期每年平均为44.7万吨，增加19.84%。

20世纪末和21世纪初，渔业捕获量一直在增加（见表4-5），1990~1994年年均捕获量为37.3万吨，2000~2003年年均捕获量为42.4万吨。但是，加纳每年鱼类需求量为72万吨，实际捕获量仅约43万吨，尚缺29万吨。金枪鱼和小虾需要进口。2003年，鱼类和海产品出口额为2700万美元。

表4-5 鱼类产量

单位：万吨

年 份	1999	2000	2001	2002	2003	2004
海 洋	33.3	38.0	36.6	29.0	33.1	35.2
陆 地	8.9	8.8	8.8	8.8	7.5	7.9
总 计	42.2	46.8	45.4	37.8	40.6	43.1

资料来源：加纳农业部渔业司。

六 水利建设

加纳十分重视水利建设。1999年，为了改进输水工程，开始在农村修建了33个大型水利工程。根据社区环

卫和农村水利计划,又新建了660个蓄水池、350眼水井、40项社区机械化输水管道工程和30条引水渠。同时,还在农村修复了1000个蓄水池和5000眼水井。加纳政府还为初级排水工程、海岸保护和分洪项目拨款273亿塞迪,计划把阿达、阿克普拉巴尼亚、普拉姆普拉姆、菲力浦夸库、恩孔托姆坡、恩杰里希亚、科门达、布特里和普林奇阿卡塔基耶等几处的海岸保护工程延长5公里。这项工程已于1999年开始动工。

凯塔海防工程筹备工作已于1999年完成。这个项目使阿非亚迪尼格巴到哈维泽建设工地实现电气化。政府还为阿克拉和一些省、县首府大型排水设施拨款28亿塞迪,用于加深、加宽和重新疏浚地沟和新建排水沟,以排除阿克拉等地区的洪水灾害。

第三节 工矿业

2008年,加纳工业占国内生产总值的比例为36%。在殖民主义统治时期,加纳除了采矿业以外,只有不多的锯木、酿酒、碾米、榨油等原料加工工业,而这些工业绝大部分是由英国公司控制的。加纳独立以后,民族工业有了一定的发展。1963年,加纳全国共有16.8万多家大小企业,其中,雇用工人1~5人的占76.4%,6人以上的占23.6%。也就是说,这些企业的绝大多数是小工厂和小作坊。如按雇用工人人数计算,外资企业占36%,国营企业占36%,加纳私人企业占28%。1963年,新投产的规模较大的工厂,都是外国私人投资的,如炼油厂、肥皂厂和啤酒厂等。这些工厂的原料仍然依赖进口,产品可满足国内的大部分需要。1963年,加纳政府拥有的发电能力为7.5517万千瓦,矿山自备发电能力为6.7921万千瓦。独立后,矿业在加纳工业中仍占有很重要的地位,已经开采的矿产品有黄金、钻石、锰和铝等。1963年,采矿业的总产值为2320万加纳镑,矿工有4万多人。根据2001年加纳统计局和政府财政预算报告,1996~2000年加纳工业产值年均增长率为4.6%,其中,1999年为4.9%,2000年为3.8%。

最近几年来,黄金生产一直处于稳定上升趋势,因为对新金矿和现有金矿的投资一直旺盛。2004年,黄金产量约200万盎司,2007年上升至240万盎司。加纳是世界最大锰矿砂出口国。2006年,私人企业加纳锰矿公司出口165万吨,在这个部门的投资继续增长。加纳的铝储量很大,据加纳矿业委员会估计为1.2亿吨,但是近年产量很小。美国铝公司(Alcan)拥有加纳铝矿公司约80%股权。锰矿和铝矿开采的瓶颈是缺少可靠的铁路运输服务。

一 采矿业

1. 黄金开采

加纳森林地带和北部地区都蕴藏大量黄金矿,已经开采的是在西部森林地带和阿散蒂。全国已探明的黄金储量约20亿盎司。独立之前,加纳黄金由外国公司垄断开采。独立以后,对采矿业实行了国有化。1962年,黄金产量曾经达到94.6万盎司,在非洲居第二位,仅次于南非。但到1970年,黄金开采逐步减产。1983年实行经济复兴计划以后,由于采取了一些重要政策措施,例如:1986年7月,颁布和实施了矿业法,对采金业开始实行私有化;1989年成立了小型工业管理局,允许个人开采小金矿,并向他们提供贷款和技术援助;1994年2月,又颁布了矿业法修正案;鼓励外国投资者向矿业进行投资。这些政策措施大大促进了开采业的发展,黄金产量逐年增长。1995年加纳黄金产量为51.3吨(1吨约为32151.239盎司),1996年为48.3吨,1997年为53.5吨,1998年为72.9吨,1999年为72.1吨。

加纳最大的黄金开采公司是阿散蒂金矿公司，过去其黄金产量占全国产量的90%。后来，由于其他金矿公司发展比较快，2000年阿散蒂金矿公司产量只占全国产量的50%。黄金是加纳重要出口收入来源。1998年加纳黄金出口为234.7万盎司，出口收入为6.878亿美元，比1997年的出口收入增长18.8%。2000年，加纳黄金出口为222.9万盎司，出口收入为6.22亿美元。由于盎格鲁黄金阿散蒂公司的投资，黄金产量增加了，而生产成本却相对低了。2004年，纽蒙特矿业公司（Newmont Mining）获得加纳政府批准，开发阿哈福金矿（Ahafo）和阿基姆金矿（Akyem）。开发阿哈福金矿估计需要投资3.5亿美元。生产已于2006年下半年开始，从而一年为加纳增加50万盎司黄金。根据纽蒙特矿业公司估计，开发阿基姆金矿需要投资5亿美元。生产于2008年下半年开始，一年产量估计为40万盎司黄金。

2. 钻石开采

加纳钻石是1919年发现的。钻石蕴藏总面积约为1.1万平方公里，总储量约有1亿克拉。其中，工业用钻石产量居世界第二位。主要矿床分布在东部省比里姆河流域的前寒武纪比里姆系岩层与火成岩接触地带及西部省邦萨河以北塔库瓦城附近的塔库瓦系岩层之中。此外，阿散蒂省和北部省的个别地区也发现过钻石。加纳独立前，钻石开采一直被英国和荷兰殖民主义者所控制。独立以后，加纳政府采取了一些措施，但大部分钻石矿山仍由英国人控制。20世纪50年代和60年代前半期，加纳钻石年产量为300万克拉左右，仅次于刚果民主共和国、南非，居世界第三位。到90年代，钻石产量远远比不上60年代和70年代。据加纳矿业协会统计，1991~1994年的产量分别为41.94万克拉、58.45万克拉、61.6万克拉和72.28万克拉。1995~1998年的产量分别为62.27万克拉、71.43万克拉、58.55万克拉和

86.94万克拉。1999年钻石产量为64.80万克拉。加纳联合钻石有限公司（Ghana Consolidated Diamonds Limited）是最大的公司，加纳矿业协会贵重矿物销售公司（PMMC）是小型矿山业主的代表。由于产量下跌和碎钻石价格趋降，加纳钻石的出口收入越来越少。据加纳银行统计，1996～1998年钻石出口收入分别为1340万美元、1140万美元、1060万美元。

2002年，国有的加纳联合钻石有限公司（GCD）产量为29.7778万克拉，私人公司产量为69.3493万克拉。2004年，贵重矿物销售公司收购钻石为91.1809万克拉，2005年收购钻石达到106.293万克拉，2006年，收购钻石为97.0751万克拉。截至2007年年中，加纳决定执行旨在制止非法销售钻石的体系，称作金伯利工艺证书体系（Kimberley Process Certification Scheme）。

3. 锰矿开采

加纳锰矿储量居世界前列，已探明储量4900万吨。最早是在西部省恩苏塔发现的，该地区就有加纳最大的锰矿，储量约500万吨，包括炭化矿石470万吨，氧化矿石30万吨。恩苏塔的锰矿是露天开采，品位很高，达到46%～60%。生产原由美资非洲锰矿公司经营，1975年由国营的国家锰矿公司接收。二战前，加纳锰矿砂产量占世界总产量的11%，是世界第三大产锰国，仅次于苏联和印度。20世纪70年代，加纳锰矿开采业曾取得很大发展。进入90年代以后，锰矿砂产量虽然仍处于增长势头，但产量极不稳定。

1995年，国有的加纳全国锰矿公司实行了私有化，新的加纳锰矿公司实行了改革和投资计划，从而使产量从当年的19.3096万吨增加至2005年的170万吨。2006年，锰矿出口下降2.7%，为165万吨。该公司投资300万美元，用于重大开采项目。但是，加纳铁路成为锰矿运输的瓶颈，2005年的锰矿不

得不通过公路运到港口，才能不延误装船时限。

4. 铝矿开采

铝矿原来估计储量为 4 亿吨。实际上，截至 1998 年，已经探明的储量为 5.54 亿吨。铝矿最早是 1921～1922 年在尼纳欣和塞弗维贝克怀附近发现的，后来在恩考考附近的埃朱阿尼马山也发现了一定的储量。1959 年，又在基比附近的阿泰瓦—阿特威雷杜山发现了铝矿。铝储量最大的地方在尼纳欣，储量约 3.5 亿吨，其次是基比，储量约 1.5 亿吨。但是，加纳的铝矿只有很小一部分已开采。

加纳铝全部出口，英国是其最大进口国。自 1942 年铝矿开采以来，产量逐步上升。1962 年，产量为 23.9 万吨，1967 年达 29.6 万吨，1974 年，产量达到 35.7 万吨。此后有所下降，1976 年为 26 万吨，1978 年为 28.8 万吨。进入 90 年代，加纳的铝产量增长很不稳定。1995 年产量为 51.30 万吨，1996 年产量降为 38.34 万吨，1997 年产量又上升为 50.70 万吨，1998 年产量降为 40.86 万吨，1999 年又降为 35.31 万吨，2000 年产量又达到 67.8 万吨。2001 年铝产量为 68.3 万吨，2002 年和 2003 年，铝产量分别为 49.5 万吨和 49.8 万吨。2005 年达到 72.66 万吨，2006 年进一步上升到 88.577 万吨，比上一年增加 22%。如果解决了铁路运输瓶颈问题，加纳铝公司有潜力实现年产量 100 万吨。

美国铝公司（Alcoa）拥有 10% 股份、加纳政府拥有 90% 股份的沃尔特铝公司（Valco），是 2004 年 10 月从凯泽国际公司（Kaiser International）购买的。加纳政府一直在寻找战略合作伙伴帮助其经营沃尔特铝公司的精炼厂，并开采铝矿和为沃尔特铝公司精炼厂提供铝。2006 年，美国铝公司重新启动了 5 条中的 3 条铝锭生产线。此外，美国铝公司精炼厂正在与加纳政府就建设一个年产 150 万吨精炼铝厂、铁路和其他基础设施升级等事项进行谈判。美国铝公司如果获得阿蒂瓦森林保护区（Atewa Forest Reserve）加纳最富饶铝矿基地的开采绿灯，它将进一步加强投资。而且，这与建设一体化铝工业的加纳政府目标是一致的。

二 制造业

加纳是撒哈拉以南非洲国家中有较好工业基础的国家。制造业门类较多，除了传统的食品加工以外，加纳独立以后还兴建了一批中型或较大型的工业企业。不过现在仍以小型工业居多，例如烘烤面包、糖果点心制造、木材和可可加工、食品加工、家具生产、篮篓编织、皮革加工、砖瓦陶器生产、土布织造、服装生产、金银首饰加工、废铁炼钢、工具制造。加纳最大的工业中心是阿克拉和特马。加纳工业占国内生产总值的份额 1983～1984 年为 11.45%，1985～1986 年为 13.15%，1987～1996 年为 14.25%，1997 年达到 16.5%。

1985 年制造业增长 24.3%，1987 年增长率仍保持两位数。但 1988 年下降到 5.1%，1990 年为 5.9%。根据 2001 年加纳统计局和政府财政报告，1996～2000 年加纳制造业的国内生产总值年均增长率为 3.2%。其中，2000 年由于塞迪严重贬值大大地增加了进口原材料的成本，信贷成本加大，制造业的增长率只有 0.5%。

2002 年和 2003 年，为促进服装、木薯和棕榈油加工企业的发展，先后成立了三个特别主管机构（three Presidential Special Initiatives）。服装小组旨在通过培训和技术援助改进加纳纺织品和服装的生产能力，以便生产和出口纺织品和服装。木薯小组旨在促进乡村企业发展。棕榈油小组旨在发挥棕榈油生产的潜在优势。尽管形式上存在这三个组织，但是困难重重，例如，市场规模小、原材料价格高、使用陈旧过时的机械设备、劳动力成本高

等。加上2009年阿科松博大坝水位降低导致能源缺乏，这些都严重限制了制造业部门的发展。

三　电力工业

加纳主要靠水力发电，但受气候影响较大。根据沃尔特河开发法，加纳电力工业由沃尔特河管理局统一管理，发展比较快。沃尔特河的阿科松博水电站是主要电力来源，装机能力为912兆瓦（91.2万千瓦），供应全国用电量的95%以上。在克朋还有一座小水电站，装机能力为160兆瓦（16万千瓦），1981年竣工。两个电站共计装机能力为1072兆瓦（107.2万千瓦）。1972年，全国发电量为33.2亿千瓦时，1977年增加到44.45亿千瓦时。其中向邻国供电1.89亿千瓦时。

1996年发电量减少6.5%，1997年减少4.8%，1998年发电量减少10%。主要原因是天气干旱，沃尔特河水位下降，阿科松博水电站的发电量减少了近50%。在此情况下，政府实施了紧急扩大能源供应计划，加紧建设火力发电厂。

1998年中期，塔科拉迪附近的阿博阿泽火力发电厂开始供电。其设计装机能力为330兆瓦（33万千瓦），共3台机组，每台机组110兆瓦（11万千瓦）。特马柴油发电厂装机能力为30兆瓦（3万千瓦）的机组也运行供电。

为满足全国的需求，阿博阿泽火力发电厂在两年内将装机能力增加了1倍，达到660兆瓦（66万千瓦）；还在布伊（Bui）建设了一个装机能力为400兆瓦（40万千瓦）的水力发电站。此外，沃尔特河管理局还与美国的马拉松（Marathon）电力公司签订了建立合资企业的协议，以便于2000年开发另一个装机能力为300兆瓦（30万千瓦）的热力发电厂。

除发电外，沃尔特河管理局还专营全国10个省的输电工程，包括102公里长的69千伏输电线，2480公里长的161千伏的输电线，217公里长的225千伏的输电线。从1987年起，沃尔特河管理局还取代了加纳电力公司（ECG），负责北方的布朗阿哈福省、北部省、上东部省和西部省的输电工程，具体工作由新成立的北方电力局（NED）管理。

根据加纳国内经济发展和人民生活需要特别是采矿业发展需要，电力需求估计每年增长率为7%。据能源部统计，2004年国内电力总量为603.9万兆瓦时，2005年为678.68万兆瓦时。

沃尔特河管理局还负责加纳与多哥、贝宁和科特迪瓦的电网联网工作。目前，正与布基纳法索合建225千伏的输电线。西非天然气管道可行性研究正在继续进行过程中。

2006年，由于天气干旱阿科松博湖水位降低，沃尔特河管理局关闭了6台涡轮机中的4台，发电量只达到日常发电量的30%。2007年，电力又发生了短缺，2008年中又在特马开工建设一个新的热力发电厂，但是需要近两年时间才能竣工。所以，在新的热力发电厂竣工之前，加纳电力一直短缺。

四 石油与天然气

加纳石油和天然气开采及炼油工业是正在发展的能源工业。但原油现靠进口，主要来自尼日利亚、伊朗、利比亚和阿尔及利亚。进口的原油都在特马港的加纳—意大利石油公司提炼。这是唯一一家炼油厂，经过耗资200万美元的扩建和改造，生产能力已经大为提高。1983年，加纳政府建立了国家石油公司，开发沿海石油，根据1984年加纳制定的石油法，政府在所有合资的石油企业中占有10%的原始股，并有权购买50%的石油和拥有石油产品50%的特许权。

加纳发现地表油、气已有很长历史，但至今已探明的油、气储量并不丰富。早在19世纪最后10年，就在加纳和科特迪瓦边界的海岸上勘探到了碳氢化合物，后来又钻探了许多眼井。经过

加纳

30年以后，加纳发现了少量原油。在第二次世界大战期间，加纳生产了少量原油。20世纪50年代，海湾石油公司在沿海钻探4眼深井。1965年，罗马尼亚政府向加纳地质勘探局提供技术援助，在安洛加和阿蒂亚维进行了钻探。60年代，加纳在沃尔特盆地进行水文地质考察，意外地发现了油页岩。从1966年起，勘探工作一直没有间断。

尽管外国公司对加纳的石油、天然气不断进行勘察，但没有发现值得大规模开采的油、气资源。1970年，美国石油公司/美国通信公司（Amoco/Signal）财团发现了索尔特庞德油田。但这只是一个小油田，该财团认为没有经济价值，所以就放弃了。1974年，另一个财团的菲力普斯石油公司，在三尖角次盆地首次发现了天然气，但未进行评估。1977年，美国石油公司在索尔特庞德油田投产。开始，日产原油只有4000桶，随后产量持续下降，到1986年关闭时，日产原油只有600桶。除索尔特庞德外，1978年和1981年还分别发现了塔诺南油田和塔诺北油田。菲力普斯公司在塔诺南油田钻探了许多眼井，最后终止了合同，因为它没有能力开发。据它评估：塔诺南油田的储量约有1.31亿桶石油和8.5万亿立方英尺（约合2406.62亿立方米）天然气；塔诺北油田的储量约有1.35亿桶石油。加拿大国际援助公司于1984年在塔诺南油田钻探了两眼井。它的评估是：塔诺南油田（主要构造）的天然气储量约有1440亿立方英尺（约合40.77亿立方米），大大低于菲力普斯公司的评估。

截至1998年8月，加纳探明的石油和天然气储量分别为：塔诺盆地石油1600万桶，天然气2000亿立方英尺（约合56.63亿立方米）；三尖角盆地天然气4550亿立方英尺（约合128.84亿立方米）；索尔特庞德石油1200万桶，天然气200亿立方英尺（约合5.66亿立方米）。

2007年6月，英国的塔洛石油公司（Tullow Oil）在三尖角西获得"重大石油发现",8月,在塔诺盆地深海进行的勘探进一步确认了此项重大发现。估计加纳原油储量为10亿~15亿桶。不过,商业性开采须等到2011年初才能开始。

五 建筑业

建筑业包括道路、公路和桥梁、海岸工程及住房建设,是实现工业产值的第二大部门。建筑业为工业产值贡献约30%,为国内生产总值贡献8%。跟工业其他部门相比,建筑业的增长率是比较高的,1996年增长率为6.1%,1997年下降到4.4%,1998年为5.0%,1999年为5.5%。根据三年滚动中期支出框架(Rolling Medium Term Expenditure Framework),政府决心为促进经济增长和发展提供基础设施服务,道路和交通部门在2000年得到7245亿塞迪拨款,2001年和2002年拨款分别增加到7938亿塞迪和9178亿塞迪。

在道路工程方面,1999年除完成大型重建工程外,还重铺砾石、保护层和路面1338公里。

在住房建设方面,从1986年起,政府的住房政策和计划发生了变化,由原来政府直接供应成套住房改为私人部门积极参加住房供应。加纳房地产开发商协会(GREDA)和住房开发公司(MANET)等私人开发商支持住房设施供应,以缩小住房供应方面的缺口。社会保障和全国保险信托公司(SSNIT)和住房财政公司(Home Finance Company)也支持住房设施供应,供公众租赁和购买。它们的业务不局限在阿克拉和特马,已经扩大到库马西、塔科拉迪和苏尼亚尼等其他城市。1999年为了支持住房建设发展,政府继续为私人房地产开发商能够取得土地发挥作用。根据《加纳2020远景规划》,加纳全国住房短缺30万套,平均每年需要7万套。

第四节 服务业

从2005年起,加纳服务业在国内生产总值中的比例就超过了一直处于首位的农业,达到36.9%(当年农业占31.1%)。2008年,加纳服务业占国内生产总值的比例为39%,农业的比例为24%。

服务业是促进经济增长的重要部门和经济增长的助推器。加纳服务业主要分6个部门。它们是:(1)运输、储存和通信;(2)批发、零售、饭店和旅馆;(3)金融、保险、房地产和商业;(4)政府服务;(5)社区、社会和个人服务;(6)私人非营利服务。服务业整体和各部门的业绩可以根据它们对国内生产总值和外汇收入的贡献来衡量。

一 服务业政策目标

政府的服务业政策是:继续集中恢复、维持和发展社会基础设施,并实现《加纳2020远景规划》中规定的政策目标:(1)建立一个有效的货物储存、运输、分销及服务的系统;(2)将加纳建设成为一个旨在增加外汇收入的国际旅游重要场所;(3)将阿克拉建成为私人部门金融中心。①

二 服务业的业绩

据加纳统计局统计,20世纪70年代,服务业产值每年约占国内生产总值的35%。80年代前半期每年平均占38.6%,80年代后半期每年平均占45.3%。然而,服务业产值实际增长率在90年代降了下来。根据2001年加纳统

---

① ISSER, *The State of the Ghanaian Economy in 1999*, pp. 136 – 137.

计局和政府财政预算报告，1996~2000年服务业在国内生产总值的比例年均增长率为5.4%，其中，1999年为5.0%，2000年为5.4%。

政府服务、金融、保险和房地产产值1998年在国内生产总值中的比例只有微弱增长。跟1997年相比，1998年政府服务只增长0.3%，房地产增长0.1%。

运输、储存和通信部门产值在国内生产总值中的份额，1998年实际上比1997年下降0.1%。但是，这个部门对于经济发展特别是对农业和工业两个生产部门至关重要。

批发、零售、饭店和旅馆部门，村社、社会和个人服务部门，私人非营利服务部门，1998年的水平和1997年的水平基本持平。1998年上半年的能源危机对这些部门及运输、储存和通信部门都产生了负面影响。

旅游业一直是加纳创汇的主要来源。加纳是非洲十大旅游国之一。加纳旅游局为促进旅游业的发展，加强了同外部世界直接通航，在旅游基础设施特别是在旅馆、饭店、公路和国内航空服务方面有了改善。4星级及4星级以上旅游饭店很少；多数为3星级以下。前者客房入住率约60%，后者客房入住率约70%。据加纳银行统计，1990年外国旅游者为14.578万人次，1993年突破25万人次，为25.668万人次，1996年突破30万人次，为30.486万人次。

加纳接待的外国旅游者主要来自英国、美国、德国、荷兰和法国。2000年接待外国旅游者39.9万人次，旅游业收入为3.86亿美元，2004年接待外国旅游者58.38万人次，旅游收入为6.494亿美元，2006年接待外国旅游者42.85万人次，旅游收入为8.408亿美元（见表4-6）。

电信业是加纳服务业的重要组成部分，发展较快，长期以来，一直由加纳电信局（Ghana Telecom）垄断经营。从1996年

表4-6 旅游者及旅游收入

年 份	2000	2001	2002	2003	2004	2005	2006
旅游者（人次）	399000	438833	482643	530827	583821	408167	428533
旅游收入（百万美元）	386	477.8	519.6	602.8	649.4	796	840.8

资料来源：加纳旅游局。

起，政府一直在实行电信改革，以加快电信业现代化进程和扩大电信业。

根据1996年第524号法令，加纳建立了国家通信局（NCA），由它规范有线、电缆、无线、电视、卫星及相同技术进行的通信，有秩序地发展和经营这个国家的有效通信设施和服务。

国家通信局的职能是：（1）规定技术标准；（2）为电信服务提供商颁发许可证；（3）为服务收税提供准则；（4）监督服务提供商的质量和根据需要制定惩治办法；（5）为不同网络互联规定条件准则；（6）审议电信用户者的投诉和根据需要采取惩治行动；（7）负责无线频率的指定和使用；（8）解决服务用户之间、服务提供商与用户之间的争端；（9）控制编号计划和设备的批准；（10）为通信部门提供有关政策制定和通信业发展战略的建议。

到1998年9月，国家电信局已经为49个通信服务提供商颁发了许可证。除了两家国家网络经营者外，首都电信已被特许为加纳南部县区和社区提供电信设施。

由于电信服务提供商的数量增加了，电话线路也随之增加。到1997年12月底，加纳电话线路从1997年2月的7.8万条增加到10万条。到1999年1月，加纳的电话线路已经增加到13.6541万条，比1997年的数量增加36.5%。另外，到1998年12月底，加纳的移动电话已经达到4.3053万部，比1997年的移动电话增加126.6%。电话线路的增加已经导致互联网上网客户的增加。计算机系统网络公司（NCS）是最大的国际互联网服务提供商，它控制了加纳56%的市场份额；其次是非洲在线公司（Africa on Line），它控制了加纳33%的市场份额；再次是加纳互联网公司（Internet Ghana），它控制了加纳11%的市场份额。1998年比1997年上网客户增加45%。

加纳目前有4个电信服务提供商，它们是：MTN（原名叫Areeba）、一点通（加纳电信）、电视信息总局（Tigo）和卡萨帕电信局（Kasapa Telecom）。不过，韦斯泰尔公司（Westel）和全球移动公司（Glo Mobile）两家公司也领到了营业许可证，并在2008年末开始营业。移动电话的市场份额如下：多路电信网络局（MTN），占加纳53%；电视信息总局，占加纳26.7%；加纳电信局（Ghana Telecom），占加纳16.8%；卡萨帕电信局，占加纳3.5%。

加纳2/3的固定电话用户分布在大阿克拉省，第一大固定电话提供商加纳电信局的70%固定电话股权已于2008年中出售给有英国背景的声控电话公司（Vodafone），因此，在固定电话方面的投资有望增加。第二大固定电话提供商韦斯泰尔公司已于2007年末实行了私有化，其75%的股权出售给了科威特所有的国际希尔特电信公司（Celtel International）。该公司以国际扎因公司（Zain International）名义营业。加纳电信拥有30多万门固定电话线路，而韦斯泰尔公司只拥有约3000门固定电话线路。政府希望加纳电信再增加75万用户，并使乡村地区固定电话有较大发展。政府将全国划分为5个区域，每省发放2个许可证。政府计划的目标是使20%人口拥有固定电话，到2010年至少10%的乡村拥有固定电话。

加纳移动电话发展很快，数量超过了固定电话，1996年用户有1.2766万部，2006年增至533.9171万部（见表4－7）。政

府以1亿美元的价格收购了马来西亚电信在加纳电信30%的股权，因此，加纳电信恢复了国有。然而，加纳电信计划将其51%的股权卖掉。政府还把第二大固定电话提供商韦斯泰尔公司的66%股权于2007年下半年卖给战略投资者。

表4-7 2006年电话用户

电话局(提供商)	固定电话	收费公用电话	移动电话	总计
一点通公司(加纳电信公司)	357577	11364	877106	1246047
阿里巴公司(斯堪通信公司)	0	0	2585467	2585467
电视信息总局(军事电信局)	0	0	1304120	1304120
卡萨帕公司(Kasapa)	0	0	200104	200104
韦斯泰尔公司(Westel)	2768	165	0	2933
卡比塔拉(Capitala)	500	0	0	500
总　　计	360845	11529	4966797	5339171

资料来源：国家邮政局。

加纳有30家互联网服务提供商，互联网用户大部分在城区。互联网的时速较慢，服务语言有限，而且许可证价格昂贵。公众用户每年许可证费用为1.2万美元，企业用户每年许可证费用为1.15万美元。每年更新许可证费用为4000美元。根据国际电信联盟统计，2003~2006年加纳互联网用户分别达到25万、36.8万、40.13万和60.98万户。

第五节　交通运输

交通运输属于服务业。进入20世纪90年代以来，加纳政府高度重视维护运输基础设施，拨给交通运输部门的发展预算占发展总支出的33%。但是，水运和铁路新的发展很少，公路网的状况也并不好。

一 铁路运输

迄今,加纳铁路总长1274公里,都是窄轨铁路,轨距1.1米。加纳共有7条铁路:塞康第—塔库瓦—库马西铁路;阿克拉—库马西铁路(东段);塔库瓦—普雷斯特阿铁路(支线);胡尼瓦利—卡代铁路;敦夸—阿瓦索铁路;阿奇阿西—科托库铁路;阿奇莫塔—特马新港铁路。加纳北部没有铁路。

加纳货运主要是运输锰矿石、铝土矿石、可可和木材。进入21世纪以后,货运量提高很多,例如2004年达到24642.9万吨(见表4-8)。客运服务呈下降趋势。例如,1987年客运量为340万人,1993年客运量降为140万人次。2003年,加纳政府计划把铁路网延长到邻国布基纳法索、科特迪瓦和多哥,并与特马港连接。不过,这个项目遇到了资金和铁路占地等问题。为了解决这些问题专门成立了一个铁路占地技术咨询委员会。加纳政府还想重建30公里长的阿克拉—特马铁路,这样可以开始两市之间通勤服务。这个项目计划2007年9月末竣工。加纳政府还与加拿大一家公司就重建铝土矿地区铁路签署了谅解协议。铁路网通常是运输铝土矿和锰矿。

表4-8 铁路运输

货运数量:千吨

年 份	1999	2000	2001	2002	2003	2004
可 可	2673	1908	1440	1161	1128	1878
木 材	6035	5504	4086	4030	4632	3308
铝土矿	36595	39817	58514	65529	54642	48099
锰 矿	44440	65236	86478	91701	118466	188882
其 他	7559	3281	5206	5748	7836	4262
总 计	97302	115746	155724	168169	186704	246429

资料来源:交通部铁路运输司。

二 公路运输

据统计，独立以前的1949年，加纳沥青公路总长1053公里，砾石公路总计3382公里。1957年加纳独立时公路总长6677公里。其中，沥青公路2626公里，砾石公路4051公里。截至1962年，加纳公路总长3.14万公里。公路分为三级。一级公路是沥青路面，全年通行，约占公路总长的1/3。当时，加纳公路有1/4直接由中央政府管理，所以能保证经常维修保养。其他3/4由省和地区政府管理。

库马西是公路网的中心。中心以南的公路密度较大，主要干线有：阿克拉—温尼巴—索尔特庞德—塞康第—塔科拉迪沿海公路；阿克拉—库马西公路；库马西—塔马利公路；阿克拉—阿夫劳公路；海岸角—贝克怀—库马西公路。中心以北只有3条干线：第一条是博尔加坦加—塔马利—萨拉加公路；第二条是劳拉—瓦城—博莱公路；第三条是塔马利—布伊佩—金坦波—特奇曼—库马西公路。

除了干线以外，全国还有数千公里的二级和三级公路，从而形成非常稠密的公路网。根据计划，1998年新建公路1740公里，修复497公里；1999年新建1180公里，修复584公里；2000年新建1150公里，修复549公里。① 截至2001年7月，全国公路网总长3.87万公里。其中，干线1.47万公里，一般公路2.4万公里。

截至2007年末，全国公路网总长达到3.9409万公里。其中，1.1653万公里是铺了路面的公路，2.7756万公里是未铺路面的公路。但是，缺少公路交通协调系统，加纳私人道路交通联合会（Ghana Private Road Transport Union）虽主要负责道路交通

---

① 加纳道路和公路部资料。

系统，但是不能为通勤的上下班族提供充足的公共交通，公路上充斥私人汽车。据统计，2003～2006年，全国汽车数量从4.8074万辆增至7.1814万辆。其中，摩托车从8777辆增至1.7654辆；私人轿车从2.0564万辆增至2.381万辆；商务车从5110辆增至7204辆；2000cc以上轿车从7778辆增至1.0403万辆；公共汽车和客车从2916辆增至6609辆；其他车辆从2929辆增至6134辆。

由于管理落后，交通事故时有发生。据统计，1998年发生交通事故1.5万起，2004年增至1.7万起。2004年，加纳议会成立了全国道路安全委员会（NRSC），目的在于提供道路安全教育指南。然而，这不能解决实际问题，交通事故率仍然很高，仅2005年第三季度就发生4581起交通事故。

另外，邻国科特迪瓦发生的冲突加剧了通过加纳港口的交通，导致道路上的车辆增加，并对道路造成严重破坏。2000～2004年，加纳北方邻国布基纳法索、尼日尔和马里过境的载重货车，从3342辆增至3872辆，不但增加了道路维修工作量，而且需要重新设计一些路段的建筑标准。加纳政府将外国援助的大部分和国内财政拨款用于道路工程建筑和维修，但是，还需要私人企业参与道路基础设施投资。

三　内河运输

内河运输包括河流运输和湖泊运输。沃尔特河、安科布拉河和塔诺河的航道总长为1293公里。过去，河流运输对经济发展具有重要作用。河流曾是交通命脉，独木舟和轮船都可以航行。

阿科松博大坝建成以后，河流向上游延伸322公里。较大的轮船可以从大坝向上航行到白沃尔特河的塔马利港和黑沃尔特河的莫尔诺港。沃尔特湖的水域面积扩大为8480平方公里，周围

加纳

建立了几个码头,为运输提供了便利条件。奥蒂河和阿夫拉姆河也可以航行大船。

沃尔特河是一条国际河流,全长 1609 公里,流域总面积为 38.85 万平方公里。其中,在加纳境内的流域面积为 15.9285 万平方公里。在铁路和公路运输出现以前,沃尔特河的许多河段和下游是加纳运输和贸易的大动脉。

在铁路和公路建成以前,河流的另一个重要用途是把原木从森林地带漂运到沿海港口,从那里装船出口。运原木的主要河流是普拉河、奥芬河、安科布拉河和塔诺河。小轮船可以航行到塔诺苏。铁路和公路发展以后,木材改由铁路和公路运输。

由于加纳海岸线平直,海洋对于加纳国内交通的价值不大。在加纳几乎没有近海海上交通。渔民们乘小木船从沿海的一处到另一处,主要是为在海边捕鱼,而不是把海洋作为交通渠道。

四 空中运输

加纳的空中运输比较发达。在第二次世界大战期间,由于地中海和苏伊士运河被封锁,西非地区成为连接欧洲、美洲、中东和远东,以及非洲大陆空运的重要中心,对西方盟国来说具有特殊战略地位。阿克拉机场是当时得益于这些空运发展的西非重要机场之一。它的飞机跑道延长了,还增加了许多新的设施。

除阿克拉外,塞康第、库马西和塔马利也有机场。这些机场由于国内业务而连接在一起。主要机场是阿克拉机场。它被许多国际航空公司所利用,例如非洲航空公司、阿里塔里阿航空公司、英国海外航空公司、英国联合公司、埃塞俄比亚航空公司、荷兰航空公司、尼日利亚航空公司、泛美航空公司、瑞士航空公司、中东航空公司,以及同时经营加纳国内业务的加纳航空公司。

空运主要是客运和邮件。除了少数贵重而体积不大的出口商

第四章 经 济

品，例如钻石和金块，以及一些特别需要快运的进口商品以外，空运的其他货物很少。

目前，在加纳经营国际航空业务的航空公司，共有 10 家。它们是：荷兰航空公司（KIM），航线是阿姆斯特丹—阿克拉；瑞士航空公司（Swiss Air），航线是苏黎世—阿克拉；英国航空公司（British Airways），航线是伦敦盖特威克—阿克拉；黎巴嫩中东航空公司（Middle East Airlines），航线是贝鲁特—阿克拉；埃塞俄比亚航空公司（Ethiopian Airlines），航线是亚的斯亚贝巴—阿克拉；俄国航空公司（Aerofrot），航线是莫斯科—阿克拉；保加利亚航空公司（Balkan），航线是索菲亚—阿克拉；意大利航空公司（Alitalia），航线是罗马—阿克拉；德国汉莎航空公司（Lufthansa），航线是柏林—阿克拉。

另一家是加纳航空公司（Ghana Airways）。它有 5 条国际航线。欧洲航线飞往英国伦敦盖特威克、德国杜塞尔多夫、意大利罗马。美国航线飞往纽约。南部非洲航线飞往津巴布韦的哈拉雷、南非的约翰内斯堡。加纳的西海岸航线飞往科特迪瓦的阿比让、利比里亚的蒙罗维亚、塞拉利昂的弗里敦、几内亚的科纳克里、冈比亚的班珠尔、塞内加尔的达喀尔。东海岸航线飞往多哥的洛美、贝宁的科托努、尼日利亚的拉各斯。

1997 年，加纳航空公司又开通了始发阿克拉的两条国际航线。一条飞往布基纳法索的瓦加杜古，另一条飞往马里的巴马科。

此外，加纳有 3 家航空公司经营国内航线。加纳空军航空公司（Air Link），航线是阿克拉—库马西和阿克拉—塔马利；穆克航空公司（Muke Air），航线是阿克拉—库马西—塔马利和塔科拉迪—库马西—塔马利；麦福拉马航空公司（Mframa Airlines），航线是阿克拉—塔马利。①

---

① 加纳航空公司资料。

加纳

2003年初,阿克拉科托卡机场(Kotoka)扩建竣工,现在,该机场每年的客运能力超过12万人次(原客运能力为6.8万人次,比科特迪瓦的阿比让机场客运少近一半)。加纳政府希望通过扩建使科托卡机场成为国际枢纽,因为科特迪瓦的内战正在使阿比让地位下降。机场扩建,包括通信设施升级换代等耗资超过1亿美元。

(2004年7月,加纳航空公司由于经营不善严重负债停航。为了解决因其停航给西非国家带来的严重衔接问题,政府与加纳国际航空公司(GIA)讨论合资建立一个新公司。政府企图将加纳航空公司的资产转让给该公司,并占有该公司30%的股份。2005年10月,新的加纳国际航空公司(AIA)首航英国。该公司只有一架波音757飞机,正在努力增加一架,以便恢复西非航)线。[①]

五 海上运输与海港

海洋对加纳国内交通的价值不大,但它是加纳与外国联系的重要渠道之一。加纳进出口贸易主要靠海运,每年有1000多艘货船,从地中海、亚得里亚海、英国、美国、加拿大等地,开到特马港和塔科拉迪港停靠装卸货物。随着航空运输的发展,乘船到加纳和从加纳到欧美的旅客已经寥寥无几。

现在,加纳对外贸易几乎全部经过塔科拉迪港和特马港。这两个港口都是人工建造的深水港。

塔科拉迪港于1928年取代了塞康第港。在此以前,塞康第港是西非的门户,还是库马西—塞康第铁路的终点。塔科拉迪港的吞吐量能力设计为100万吨,1951年进行了扩建,增建了泊位和库房,并对货物的装卸和旅客上下船做了若干改进。

塔科拉迪港受潮汐的影响不大,船只容易进出。塔科拉迪港水域面积为88万平方米、水深9.5米。它承担加纳海运29%进

---

① EIU, *Country Profile*: *Ghana*, 2007.

出口货物的装卸，进口占 15%，出口占 70%。木材由塔科拉迪港出口。塔科拉迪港有 5 个多功能泊位、1 个锰矿砂泊位、1 个铝土矿砂泊位、1 个石油泊位、2 个集装箱泊位、1 个渔船干船坞船台（容量 300 吨）。仓库面积为 5.0299 万平方米，露天货场面积为 25.7079 万平方米。

特马港于 1954 年开工建造，1960 年竣工，主要是沃尔特铝业计划促成的。特马港的两条防波堤总长 3657.6 米。特马港的水域面积为 165.9247 万平方米，陆地面积为 390.4754 万平方米，码头总长 2196 米。现有 11 个普通泊位。还有 2 个专用泊位，用于装卸铝土、沥青、焦炭和石油。泊位水深 9.6 米。特马港每年承担加纳约 71% 海运进出口货物的装卸。其中，进口占 85%，出口占 30%。可可由特马港出口。特马港设有 1 个干船坞船台，可以停泊长 277.4 米、宽 45.4 米的 10 万吨级大货船。该设施由马来西亚特马船坞公司（PSC）所有和经营。特马港的集装箱货场面积 18 公顷，可以堆放 8000 条吨集装箱。据统计，1990 年，特马港集装箱装卸量为 6.5 万条吨，1995 年达到 10.3 万条吨，1997 年达到 14.026 万条吨。特马港有 290 个小冷库，可以满足集装箱冷藏货船装卸货物的需要。特马港仓库面积为 5.327 万平方米，露天货场面积为 9.72 万平方米。去欧洲的邮船从塔科拉迪港起程，返程到特马港下船。

加纳对外贸易运输原由本国的黑星海运公司承担，但该公司于 1997 年改为私营，而且已把远洋货轮卖掉。现在，大部分货物依靠外国海运公司运输。它们是：老登普斯特海运有限公司、荷兰西非海运公司、帕姆海运有限公司、德尔塔海运公司、斯堪的纳维亚西非海运公司，以及日本、以色列、俄国和法国的许多海运公司。

现在唯一的客船是老登普斯特公司的邮船。在西非和利物浦之间，隔周一班。

为了把特马港建成西非地区主要门户，加纳已经制定了改造

特马港的宏伟规划。但是由于耗资巨大，加纳本国的财力有限，加纳特别欢迎外国投资者参与该项目。

在 1994～2004 年期间，集装箱运输和货船数量大量增加，促进了特马港和塔科拉迪港基础设施发展。这两个港口成为西非船舶抵离时间最快的港口。科特迪瓦内战发生以后，特马港和塔科拉迪港更加繁忙，运量增加，因为科特迪瓦内战迫使其北部内陆国家布基纳法索、马里和尼日尔选择加纳的特马港和科特迪瓦港作为它们的进出口港口。

特马港 2 号码头疏浚并延长 200 米，使该码头长度达 500 米，这样，船舶调头时间缩短，特马港遂成为西非地区运转最快的港口之一。2006 年，特马港货运达到 88.7325 万吨。装运市场业务量巨幅增加，2004 年为 7.1083 万吨，2006 年增至 32.7648 万吨。政府计划将增加的交通流动实行资本化运作，将两个港口建成为西非地区的区域枢纽。

第六节　财政

加纳的财政年度 1983 年以前是从每年 7 月 1 日算起，到次年 6 月 30 日止。从 1983 年起实行新的财政年度，即从每年的 1 月 1 日开始到当年的 12 月 31 日截止。1983 年，政府实行了经济改革。按照改革的目标，政府在 20 世纪 80 年代和 90 年代，为了改善日益恶化的财政状况，制定了财政和货币政策，汇率实行了自由化，金融也实行了自由化，终止了政府在银行中的股份，消除了银行损益表中的不良贷款，从而增加了银行的竞争性，并带来了银行业创新。1983～1991 年，加纳财政连年没有赤字。但从 1992 年加纳恢复多党民主以来，加纳总体财政状况趋于恶化。据统计，1992～1995 年，财政赤字占国内生产总值的 0.6%，1996～2000 年这个比例上升到 6.4%，其中，2000年为8.5%，是1979年以来的最高值。赤字日益增加的主要原因是：政府的财政收入没有增加，但是工资和国债利息的支出增加了。财政赤字主要靠政府在国内外举债弥补，例如：1998年预算赤字为1.0487万亿塞迪，其中64.1%是靠政府的国内借款弥补，大部分借自商业银行和非银行金融机构，另外35.9%由外国贷款弥补。这种靠举债弥补财政赤字的做法只能使财政状况进一步恶化。

一 税收

税收是国家财政收入的重要来源，加纳税收分直接税和间接税两种。

1. 直接税

不久前，政府修改了个人所得税，实行分级累进制。所得低，税率低；所得高，税率高。国家住房公司和可可局原来享受企业所得税减免，现在须交利润税。农村银行现在属于非传统银行机构，其利润税从原来的35%减少到8%。商用汽车的所得税原来是按月计征，现在改为按周计征，而且税率稍有上调。商业银行的农业贷款利润税从35%降为20%。

2. 间接税

1998年底，加纳政府提出1999年1月开始征收增值税，标准税率为10%。免征增值税的有：原粮、运输费、报纸和书籍、石油、柴油和煤油、特发药品、教育服务、国内水电（不含瓶装水）。出口实行零税率。商用客车和鲜货汽车的进口税从10%调低到5%。太阳能元件或配电板的进口税率和太阳能热水器的特别税实行浮动，太阳能热水器的进口税从25%调到10%。计算机原来免税，现在课征销售税15%。空调机课征特别税17.5%。国内制造的货物的特别税取消。啤酒和烈性黑啤酒的货物税1998年从75.8%降到65%，后又降到55%。矿泉水的货物

税从50.4%降到35%，后又降到25%。烟草制品的货物税一律从170.65%降到155%。麦芽饮料货物税从10%降到5%。

3. 税务管理

加纳议会批准建立全国税收机构署（National Revenue Agencies Board）。政府开始公布纳税人识别号码，国内税务局设立了新的收税站和下属办事处。取消对进口使用5年以上的汽车和10年以上的商用汽车进行罚款的规定，改为禁止进口10年和10年以上的汽车和商用汽车。海关容许进口汽车的清关时间由120天减少到60天。

二 汇率

1965年，法定汇率1塞迪=1.16667美元。1967年起贬值30%，1新塞迪=0.98美元。1971年12月18日美元贬值后，加纳于同月27日宣布新塞迪贬值51.7%，1塞迪=0.55美元。1972年起，新塞迪升值，1新塞迪=0.78美元。同年2月16日，新塞迪改成为塞迪，1973年2月，1塞迪=0.8696美元。1978年起，塞迪不再盯住美元，同年8月25日起，1塞迪=0.3636美元。1978年全年，1塞迪=0.6602美元。1979年和1980年，1塞迪=0.3636美元。

1984年以后，塞迪贬值。1987年政府实行拍卖制。1990年允许建立外汇兑换所。从1992年起，由于供需失衡，导致塞迪大幅贬值。例如：1996年塞迪对美元的汇率是1637.2∶1，1997年是2050.2∶1。1998年塞迪对美元的汇率稳定，只贬值4%，是2314.2∶1。2000年塞迪对美元实际贬值52%，从1999年的2647.3∶1，下降为5321.7∶1。由于政府实行了货币和财政从紧政策，通货膨胀率预期较低和外债债务获得削减，2001年塞迪贬值小于5%，为7171∶1。2002年塞迪对美元的汇率是7933∶1，2003年是8677∶1，2004年是9005∶1，2005年是9073∶1。

2007年7月，旧塞迪改换成新塞迪，原来的10000旧塞迪改变为1新塞迪。按照这个比率进行重新计算，2004年塞迪对美元的汇率是0.90∶1，2005年是0.91∶1，2006年是0.92∶1，2007年是0.94∶1，2008年是1.07∶1。

三　预算与执行结果

在过去两个财政年度中，加纳预算的编制、监督和审议已经经历了许多变化。1998年初，加纳财政预算首次以"广义形式"提交。所有政府支出、国内岁入以及项目贷款和直接拨给具体项目、方案的赠款等的外国资金流入，一律放在一个预算中。过去的预算没有把项目贷款和直接拨给具体项目和方案的赠款列进预算。1998年的预算还使用了"国内初步平衡"的概念。国内初步平衡的定义是：国内岁入与不包括利息支付的国内支出之间的差额。

1998年，加纳总的岁入和捐赠约3.3384万亿塞迪，支出约4.3835万亿塞迪，总计赤字约占国内生产总值的6.3%。跟1997年预算赤字占国内生产总值的8.6%相比，1998年预算赤字占国内生产总值的百分比少2.3%。这是政府对支出进行监督和控制产生的结果。

2000年，加纳财政预算执行结果是，财政实际收入为5.385万亿塞迪，比预算增加15.8%，包括税收4.415万亿塞迪（其中增值税为1.272万亿塞迪）、非税收收入为3960亿塞迪、赠款为5740亿塞迪。2000年实际开支为9.915万亿塞迪，比预算增加29.4%，法定开支为4.653万亿塞迪，预算外开支为5.262万亿塞迪。2000年决算赤字为2.302万亿塞迪，比预算增加51.8%，占国内生产总值的8.5%。2000年实行私有化收入实际上为3230亿塞迪，比预算减少29.3%。

2001年，政府财政赤字在国内生产总值中占的比重为9%。

2002年，政府财政赤字在国内生产总值中占的比重减少至6.8%。2003年和2004年，政府财政赤字在国内生产总值中占的比重分别为4.4%和3.6%。2005年，政府财政赤字在国内生产总值中占的比重只有2%。

四 内债与外债

根据英国经济情报局的2001年国别报告，自20世纪90年代后半期起，加纳的内债增长率很高。1996~2000年，由于政府的岁入增长停滞而政府开支迅猛增长，加纳内债年均增长率约31.4%。其中，2000年内债达6.57万亿塞迪，增长率为35%，利息支付额占政府当年岁入的25.3%，政府开支的19.2%。

根据加纳政府财政报告，1998年加纳的外债余额为59.2158亿美元，1999年增加到69.3亿美元，增长17.03%。2000年外债余额为69.7亿美元，基本与上一年持平。20世纪90年代每年的外债偿还率（本金和利息支付占货物与服务出口总额的百分比）平均为25%左右，1998年曾经达到50%。进入21世纪后外债偿还率下降到20%左右。库福尔政府正努力寻求世界银行和国际货币基金组织根据"重债穷国倡议"减免加纳的外债。2002年，加纳加入"重债穷国倡议"，争取西方国家减免债务，缓解偿债压力。在2004年以后的20年内，加纳可获减免债务35亿美元。

第七节 金融

一 概况

制定能够达到具体目标的货币政策，是比较困难的。这个困难是大量使用非直接货币工具造成的。要使非直接货币控制有效，必须有一个详细及时的金融计划信息库，还须有效地控制非直接货币。在市场上，政府股票、商业股票和其他股票都要能够进行交易。过去，货币库的可预见性、可控制度和加纳银行的货币供应，都是不确定的，因此，控制非直接货币异常困难。还有，自1989年开始金融部门改革以来，虽然加纳把许多建设股票投放到货币市场，但是，货币市场仍然是发育不完全的。实际上，货币金融部门的某些基本问题仍然存在。

加纳经济首次出现货币指数的积极发展是在1998年。当局成功地放慢了货币供应增长，通货膨胀降到了标准水平，基本利率降低了。货币增长的放慢稳定了汇率，加纳告别了过去经历过的货币急剧贬值。这些当然只是一个良好开端。

二 货币金融政策

1998年加纳的货币金融政策是，降低通货膨胀，加强宏观经济稳定。为此，货币增长目标是18%（1997年是41%）。这个目标跟年底通货膨胀目标9.5%和国内生产总值实际增长目标5.6%是一致的。为了达到货币增长目标，中央银行使用了公开市场业务（OMO），更积极地销售国库券，并进行了重大业务改革。

中央银行首次实行了再次收购（PEPOS）协议。过去只是一周拍卖一次国库券，现在的办法更加规范和顺畅。再次收购包含天天可逆化的国库券交易。国库券最长14天到期。

中央银行还采用了自动记载系统。支付系统也现代化了，采用了磁墨编码。这种方法可以减少风险和加快支票结算。

1999年，加纳政府继续执行货币从紧政策，保证价格和汇率稳定。货币增长目标为15%。通货膨胀率目标是低于10%，即到年末实现一位数的通货膨胀。要实现这个目标，货币供应增长率就不能超过15%。由于实行了货币从紧政策，1999年初广

义货币(M2+)增长率为 16.1%，而 1998 年为 17.6%。货币增长放慢主要原因是货币管理得到改善。

三　货币供应

由于货币管理得到改进，1998 年加纳的货币增长大为下降。财政状况的好转也节制了货币增长。广义货币供应从 1997 年的 3.3188 万亿塞迪增加到 1998 年的 3.9038 万亿塞迪，增长 17.6%。

尽管 1998 年 M2+ 增长率明显降低，但是准货币组成部分却增长到 41.0%，甚至比 1997 年的增长率 38.7% 还高。

1998 年，M2+ 的增长来源同 1997 年是一样的。广义地说，银行系统的国内资产净值（NDA）是主要来源，外国资产净值（NFA）是次要来源，虽然二者增长都比 1997 年低。NDA 增加 5391 亿塞迪，增长 21.5%；NFA 增加 460 亿塞迪，增长 5.7%。

1999 年，货币（M2+）供应计划到年末增长 15%，实际上接近 16%。这个业绩同 1992～1995 年货币供应平均增长率 41% 相比反差很大。

1999 年，广义货币增长比狭义货币（M1）增长快。广义货币中的准货币供应增长 23.4%，狭义货币供应只增长 2.8%。

2000 年，广义货币供应达到 5.321 万亿塞迪，增长 38.4%；狭义货币增加 4780 亿塞迪，增长 22.45%，达到 2.607 万亿塞迪；准货币供应增加 1 万亿塞迪，增长 58.3%，达到 2.714 万亿塞迪。

四　通货膨胀

官方的通货膨胀数字表明，加纳反对通货膨胀的斗争是比较成功的。

依照年度消费价格指数，1997 年 12 月加纳通货膨胀率是

20.8%，到1998年12月是15.7%，下降了5.1%。但1998年12月的通货膨胀比原预计目标（起初定为9.5%，后修改为11%）仍高出不少，其中粮食价格指数增长率还超过1997年的增长率。

粮食消费价格指数增长率从1997年的13.9%，增长到1998年的21.8%，与此同时，非粮食消费价格指数却从23.9%下降到10.3%。利用它们在消费价格指数篮子中的51.9%和48.1%，相关加权，1998年粮食价格指数为通货膨胀起的作用占69.5%，非粮食价格指数为通货膨胀起的作用占30.5%。因此，在1998年15.7%的通货膨胀率中，粮食指数占的份额为10.9%，非粮食指数占的份额为4.8%。这说明，粮食价格的变化对决定加纳总体通货膨胀具有重要作用。

1999年，加纳通货膨胀率下降1.9%，从1998年12月的15.7%，下降到1999年12月的13.8%。粮食消费价格指数增长率从1998年12月的21.8%，下降到1999年12月的6.6%；同期，非粮食消费价格指数增长率从10.3%上升到20.8%。

据加纳银行统计，加纳1996～2000年消费价格年均通货膨胀率为24.5%，其中，1998年为14.6%，1999年为12.4%，2000年为25.2%。1996～2000年的5年情况说明，加纳在控制通货膨胀方面虽然还有许多问题，但从总体上讲还是比较成功的。

为了应对2003年1月石油价格几乎翻番的影响，加纳中央银行在以后两个月中将原油税率增加了300个基点，达到27.5%，同年7月使之削减至26%。然后，中央银行继续削减原油税率，一直到16.5%。但是，通货膨胀压力仍高，因为2005年2月燃油价格提高了50%。2005年第三季度，中央银行又将原油税进一步削减100个基点，降至15.5%，一直实施到2005年末。

根据英国经济情报局的统计，2006年加纳消费价格年均通货膨胀率为10.9%，2007年为10.7%，2008年为16.5%。

五　利率

过去几年，加纳银行一直实行高利率政策以应对通货膨胀。因此，当通货膨胀已经降下来以后，利率也应降下来。但是，长期以来，主要利率一直没变。在金融部门改革后的8年里，国有银行一直维持高营业成本和大额非运行的贷款。1998年，银行系统非运行贷款的平均份额约占私人部门信贷总额的27%，只比金融部门改革开始时低14个百分点。另一个原因是官方坚持高准备金的政策。实际上，银行的固定成本增加了。这样的成本结构表明，利率的降低很可能减少银行扩展，使它们达到无利可图的地步。所以，这些银行尽可能抵制降低银行利率。

1998年，加纳通货膨胀率减了一半多，但是，贷出利率仍然是30%~40%。一年期存款利率1998年初是35%，12月降到25.5%，在这一年里调低了约9个百分点。另一方面，农业贷款利率是最低的，年初为42.22%，到年末调低了6个多百分点，降到36%。

1999年9月，加纳通货膨胀率较低，中央银行利率从上年同期的45%调低到27.9%。商业银行的贷款利率下降不大。商业银行不能降低贷款利率，是因为它们的交易成本高。为了承受高成本，它们不得不维持这样的存、贷利率差距。交易成本高的一部分原因是它们的不良贷款较多。

2000年，加纳中央银行利率保持27.0%，国库券利率从上一年的31.5%提高到38.0%，商业银行存款利率从上一年的23.56%提高到28.6%。

根据国际货币基金组织的金融统计，到2008年初，银行利率最高为36.05%，最低为16.45%。另据英国经济情报局2009年8月数据，2008年加纳年均贷款利率为17.0%。

六　国内储蓄

在加纳的国内储蓄中，个人存款占大部分份额，1996年占75.0%，1997年占72.4%，1998年占76.1%，1999年占75.1%。私人企业存款的份额也较大，从1996年的7.0%增长到18.4%，1998年增长到19.2%，1999年增长到20.75%。公有企业存款所占份额从1996年的18.0%下降到1997年的9.2%，到1998年又下降至4.7%，1999年降至4.2%。政府的私有化计划已经使许多公有企业转变成私有公司，因而私有公司的份额日益增长，公有企业的份额日渐减少。

七　国内信贷

1998年，加纳国内信贷总额达到2.904万亿塞迪，比1997年的2.109万亿塞迪增长38%。其中，1.639万亿塞迪（56.4%）贷给了私人部门；中央政府贷款1.118万亿塞迪，占38.5%。虽然政府的国内信贷份额比90年代初期低，但是，1996年中央政府的国内信贷份额因牺牲私人部门的利益而增加了。还应当指出，1998年私人部门信贷的大部分份额主要给了大企业。因此，适当支持小企业仍然是政策讨论中的问题。

1998年加纳的信贷分配给各行业的份额跟上年一样。46.2%的信贷给了服务业和其他商业活动。1998年，服务业部门为国内生产总值作了26%的贡献。农业分配到的国内信贷占12.4%，而农业部门为国内生产总值作了36%的贡献。

1999年第四季度，银行向公共机构和私人部门提供的信贷总额增加5285亿塞迪（增长22.4%），达到2.8839万亿塞迪。

八　金融机构

加纳金融机构分银行和非银行金融机构两类。银行有中央银行、商业银行、农村银行等。中央银行，即加纳银行（Bank of Ghana），全面负责银行和金融服务市场法规的制定及监督。商业银行1998年有17家。实际上，从1998年8月起，中央银行禁止给新的金融机构发放许可证。在这一年里，有几家新的银行支行开业，有2家倒闭。全国共有323家银行支行。加纳原有132家农村银行，进行评级：61家满意，55家中等，16家亏本。1998年新成立一家，这样共有133家农村银行。1999年第四季度，农村银行总资产增加184亿塞迪（增长10.3%），达到1975亿塞迪。

2004年，立法规定资本数量必须符合巴塞尔第二框架的国际标准。加纳银行即加纳中央银行对银行和非银行金融机构作了规范。股票和交换委员会（SEC）与加纳股票交易所（GSE）对股票交易作了规范。现在，加纳有注册银行23家。2005年开业经营的支行有326家，其中131家属于部分国有的商业银行。银行主要集中在首都阿克拉，全国人口总数的5%有银行往来业务，银行对私人部门开放度进一步增加。2006~2008年，银行对私人贷款增长50%以上。

1998年加纳共有非银行金融机构297家。其中，外汇兑换所264家，财务公司13家，存款和贷款公司7家，租赁公司6家，贴现所3家，建筑协会2家，风险资本公司1家，抵押财务公司1家。非银行金融机构对经济至关重要，因为它们能满足通常被正式银行系统忽略的大型非正式部门的特殊需要。不过，在这里也需要中央银行密切监督，以便把可能出现的不法行为降低到最少。

加纳股票交易所实际上也是非银行金融机构的一部分。它是

1990年11月开张的。据统计，按塞迪计算，加纳股票交易所上市股票的指数1996年上涨13%，1997年上涨41%。

1998年加纳货币当局成功地遏制住了塞迪贬值，成功地降低了通货膨胀率和利率，给股票交易带来了积极影响。最近股票规则委员会选任陪审员，为股票市场提供领导和方向，使投资者对于股票市场有了更大的信心。政府为建立私有化信托基金所作的努力，还可能将国有企业的股票卖给投资公众，这将刺激股票交易活动。这年21家上市公司的交易量达到1384亿塞迪（约5980万美元）。

为了吸引新的投资者，加纳股票交易所还需开发新的金融产品，设法吸引国际投资团体的兴趣。在西非法郎地区区域股票交易所即将建成运作之际，加纳股票交易所更需要积极进取和努力，这样才能够成功地进行竞争。

1998年，加纳国内股指上涨近70%，按美元计算上涨63%，是非洲市场表现最好的一年。1999年，由于宏观环境恶化和市场疲软，22家上市公司的股票交易量降到702亿塞迪（约2470万美元），国内股指下跌15%，按美元计算下跌42%。2000年，22家上市公司的总资本为36550亿塞迪（约5.02亿美元），投资回报率为1.4%，股票交易量为506亿塞迪（约695万美元），股指达到857.98点，上涨16.6%，但低于通货膨胀率40.5%和国库券利率38%，平均市盈率为8.9%。

第八节 改革开放

一 概况

加纳在罗林斯当政时期，为了战胜经济危机，从1983年3月起进行了经济改革。主要措施是：国营企业私

有化、扶持私营企业、开放外汇市场、实行贸易自由化等。1983~1991年，通过8年的经济结构调整和改革，加纳经济和财政发生了重大变化。

加纳的经济结构调整和改革，一直得到国际货币基金组织的支持。1983年4月至1991年，国际货币基金组织向加纳政府提供的援助达到12.08亿美元特别提款权。同时，世界银行、其他信贷机构和发达国家，也向加纳提供了大量技术援助和优惠贷款援助。

二 改革开放的一些具体措施

为促进经济发展，加纳政府采取了一些政策措施，其中主要是：

1. 成立全国小型工业署

1985年根据第434号法令成立的全国小型工业署（National Board for Small Scale Industries，NBSSI），旨在管理和促进加纳微型和小型工业增长，使微型和小型企业（Micro and Small Enterprises，MSES）在经济中发挥重要作用。为此，全国小型工业署于1998年制定了一些优惠政策。

根据2020年远景规划目标，全国小型工业署还制定了许多旨在发展和促进小型企业的计划。这些计划都由该署的业务部门实施。

2. 实施私有化计划

私有化计划是由加纳政府1988年制定的。接着成立的私有化实施委员会（Divestiture Implementation Committee，DIC）是政府私有化政策的实施机构。在这个计划开始实施以前，300个国有企业控制着加纳经济部门。多数国有企业经营制造业和农业（包括可可种植园和咖啡种植园，家禽和渔业），其他国有企业经营采矿、旅游和木材业。实施国有企业私有化是希望获得足够的资金，以供政府着手进行新的发展项目。

私有化的另一目的是使私人部门在经济增长中发挥更大的作用。私有化计划在制造业、采矿业和金融业部门已经取得了一些成功。到 1995 年末，已经实行私有化的企业达到 159 家。为了进一步加速私有化进程，新列入私有化计划的企业有 31 个。其中，19 个企业计划出卖资产，6 个出卖股份，6 个进行清算。加纳先锋铝业公司（Ghana Pioneer Aluminum Company）和铝业工程有限公司（Aluworks Limited）也被列入了私有化计划。

许多实行私有化的原国有企业已经现代化，设备利用率已经提高，利润比较高，雇用人数日益增加。在制造业、农业和旅馆服务业部门中有许多成功单位。在采矿业部门中，阿散蒂金矿公司已经成为非洲私有化计划的一个模范和私有部门管理受益的第一个先例。这个公司在 15 个非洲国家都有项目，制订了一个扩大生产能力的积极勘探计划。已经私有化的加纳可口可乐装瓶公司、金黄郁金香饭店、农粮公司及特马钢厂也取得了类似成功，它们的雇用人数和产值日益增加，设备利用率已经提高。

从 1989/1990 年度开始到 1998 年 12 月，仅来自阿散蒂金矿公司私有化的收入就达到 9096.17 亿塞迪（约 4 亿美元）。一部分收入已经用于解决包括拖欠的工资、解雇费和其他债务（如拖欠企业信贷者的债务）等经济问题。

但私有化计划也遇到了一些问题，例如对国有企业资产的核算存在不少困难，企业资产往往被低价出售，而政府希望私有化计划能产生更多成果，这就会影响私有化进程。

根据英国经济情报局 2006 年报道，加纳有 200 家国有企业实行了私有化，然后私有化进程就放慢了。加纳还有 35 家国有企业，200 家企业仍然由政府控制多数股份。没有实行私有化的大型企业有国家保险公司（State Insurance Company）和加纳石油公司（Ghana Oil Company）等。准备实行私有化的公司包括：

加纳水务公司（Ghana Water Company）、沃尔特河管理局（Volta River Authority）、特马石油冶炼厂（Tema Oil Refinery）、加纳电力公司（Electricity Company of Ghana）和加纳商业银行（Ghana Commercial Bank）。

关于加纳商业银行私有化问题，加纳政府建议通过加纳股票交易所在一个二级市场上出售，而不是将其直接出售给一家战略投资者。不过，目前尚无具体时间表。

3. 通过新的投资法，加强招商引资

为吸引国内外投资，加纳颁布了新投资法。截至 1999 年末，加纳投资促进中心已经注册 972 个投资项目。其中，651 个为合资项目，321 个为外国独资项目。投资总额已达到 15 亿美元，其中，12.2315 亿美元是外国资本（3.8992 亿美元为投资，8.3323 亿美元为贷款），2.7685 亿美元是当地资本（1.9191 亿美元为投资，0.8494 亿美元为贷款）。这些投资分别为加纳人和非加纳人提供 5.3919 万个就业机会和 3339 个就业机会。这里需要指出的是，采矿和石油部门的投资项目不在加纳投资促进中心注册，分别经矿业委员会（Minerals Commission）和加纳全国石油公司（Ghana National Petraleum Corporation）批准后才能立项。

根据新投资法规定，建立有加纳人合伙的企业，外资应不少于 1 万美元；建立外国独资企业，外资应不少于 5 万美元；建立合资或独资的外贸企业，外资应不少于 30 万美元。根据到位资金数量给予移民配额：满 1 万美元但不足 10 万美元者有 1 个配额；满 10 万美元但不足 50 万美元者有 2 个配额；满 50 万美元者有 4 个配额。

新投资法还规定了减免所得税：商品房的出售和出租收入，自竣工起 5 年内所得税全免。建立农业银行 10 年内所得税全免。建立可可农场所得税全免。建立养牛场和咖啡、油棕、树脂、橡胶、椰子等种植园，10 年内所得税全免。家禽、渔业和经济作物，5年内所得税全免。海运和航运（非加纳人）所得税全免。位于阿克拉市和特马市以外的省会的工业税费减免25%，位于省会以外的其他工业税费减免50%。所有企业的所得税率为35%，但是非传统出口所得税率为8%，旅馆业所得税率为25%。除了银行、金融、商业、保险、采矿和石油以外，所有其他企业均可享受加快资本折旧待遇。

4. 成立自由区署

1995年8月31日，加纳通过和颁布了建立自由区的法令，建立了加纳自由区署（The Ghana Free Zones Board）。建立自由区和成立自由区署主要也是为进一步加强招商引资，其主要鼓励措施有：（1）对从自由区出口及生产所需要的进口，免征直接税、间接税和各种捐税。（2）对自由区开发商和企业的利润，10年内免征所得税，10年以后的所得税不超过8%。从自由区以外外资红利中预扣的所得税全免。免除外国投资者和雇员的双重税款。（3）没有进口许可证要求，只履行简便的海关手续。（4）自由区中的企业，无论是外国投资者或是本国投资者的企业，一律允许100%股份所有。自由区的飞地和企业，无论是外资的独资企业还是本国所有的企业，对其所有制一律没有限制和要求。（5）对汇回红利或净利润，支付外国贷款利息、支付技术转让费、来自由区投资股权销售的汇款，一律没有限制。（6）自由区投资者可以将外汇账户开在加纳境内的银行。（7）自由区内的企业，可以将其30%年产量的货物和服务在当地市场上销售。（8）自由区投资受法律保护，保证不被没收和实行国有化。

截至1997年末，加纳自由区署批准46个项目，其中3个是土地开发企业，43个是生产企业。1998年，注册公司达到59个，其中37个已经投产，另外22个公司还在筹备阶段。到1998年末，这些企业为加纳人创造了4000个就业机会。

加纳

第九节 对外贸易与国际收支

一 对外贸易相关政策和规定

根据1970年加纳标准（商标注册）规则，商标注册申请者必须提供商标样板和印刷品，经同意注册后，即在报刊上发表。两个月内如无异议，商标即告成立。注册有效期为10年，期满之后可以延期。

1986年，加纳取消了出口许可制度。除了为保护资源对少数物品（如野生动物、原木、种子、水产品等）仍须经过许可外，其他产品均可自由出口。1989年，加纳取消了进口许可制度。但为防止伪劣、假冒商品，保护消费者利益，1992年实行了通用标签规则。规则对进口商品的质量、制造日期、使用日期、使用说明、贮藏保管条件、注意事项、原产地、商品名称等，都有严格规定。如果不符合要求，货物即被海关扣留。

根据1992年的食品和医药法规定，加纳药品进口须向主管部门注册登记才能办理进口手续。注册时，须提供药品生产国政府主管部门对该产品的技术分析和有关检测资料，对药品有专门标签要求。

从1994年8月15日起，加纳政府委托瑞士日内瓦社会通用公证公司（SGS）、英国伦敦国际检验公司（Intertek）、瑞士日内瓦公司（Cotecna），分别对加纳的进口商品进行装船前检验和出具商检证书。加纳政府决定：从1997年12月1日起，从泰国、新加坡、美国、中国及香港和台湾地区进口的商品，改为由加纳标准局（Ghana Standard Board）和法国一家国际公司（BIVAC International）成立的合资企业加纳标准局估价公司（GSBV）承担装船前检验工作。

加纳最惠国进口关税包括三个税种：（1）进口关税：税率为0%、10%和25%；（2）进口销售税：税率为0%、15%和35%；（3）特别税：为了保护本国民族工业，对有些进口商品（如香烟、酒类、饮料、牛奶、面粉、糖果、纺织品、服装、杀虫剂、胶鞋、化妆品、肥皂、电池、电器及电子产品、皮革及其制品、塑料制品、钢筋等）征收特别税，按照不同产品的规定从量计征。进口关税和销售税的税率分为免征商品、优惠商品、一般商品、奢侈品四类。纳税的金额按照征税后的价值累积计算。如一般商品缴纳25%的进口关税后，再按纳税后的货值（125）缴纳15%的进口销售税。两种税的税额占税前货值的43.75%。然后，再按照商品单位征收特别税。为了鼓励商人进口，保证税源，海关在征税时，对进口关税和特别税，只征收其中的一种，从高计征。

从1998年2月18日起，太阳能设备的进口关税从27%下调到5%。太阳能热水器免征特别税，进口关税从25%下调到10%。啤酒的进口关税从75.8%下调到65%，矿泉水的进口关税从50.4%下调到35%。鱼类进口免征销售税，并将进口关税从25%下调到5%。铁条的进口关税从10%上调到25%。

加纳实行退税政策。享受出口退税者，必须提供足够的证据：证明已经进口；进口的原材料或制成品的完税情况；进口原材料加工成为供出口的制成品的情况；或者，进口的制成品进行再出口的情况。政策还规定：以零税率进口的生产商，必须请商业银行为其存储在保税仓库的货物担保。以零税率进口的原材料，如已经加工成为供出口的制成品，则不再退税。如国产原材料已经征了销售税，出口的制成品应予退税。

加纳禁止进口的商品有：带病的动物及其骨骼；污秽书籍和印刷品；军火；不利于健康的药品、仪器和设备；不适合食用的肉类、蔬菜和食品；有毒的废料和污染物品；假钞。限制进口的

商品有：动物及其精液；武器和军火；危险药品；炸药；配钥匙的机器；浓缩或脱水牛奶；水银。除了上述禁止和限制进口的商品以外，其他商品均可自由进口。

二　进出口商品结构和贸易对象

对外贸易在加纳经济发展中占有重要地位。矿产品、可可和木材是加纳三大传统出口商品，是加纳外贸收入的主要来源。进口的主要商品有石油、机器设备、电器产品、畜产品、化工原料和车辆等。

在三大传统出口商品中矿产品是最主要的出口商品。而在出口的矿产品中，黄金出口占首位。例如，1998年矿产品出口值为7.178亿美元，占加纳出口总值34.3%，其中黄金出口值达6.876亿美元，占出口总值35.7%，占矿产品出口值的95.79%。2002年，黄金出口值为6.872亿美元，2003年为8.276亿美元，2004年为8.394亿美元，2005年为9.459亿美元，2006年为12.723亿美元，2007年为17亿美元，2008年为22亿美元。在出口的矿产品中，除了黄金之外，加纳还出口钻石、铝土和锰矿等。

可可出口包括可可豆和可可产品的出口，1997年为31.4516万吨，1998年达37.5707万吨，1999年增至40多万吨。其中1999年可可出口值为5.5亿美元，占当年加纳出口总值26.2%。2002年可可出口值为3.861亿美元，2003年为8.18亿美元，2004年为10.71亿美元，2005年为9.08亿美元，2006年为11.781亿美元。2009年上半年可可出口总值11亿美元，比上年同期9亿美元增长22.2%。

木材出口包括原木和木材制成品的出口，1997年为44.20万立方米。1999年，木材出口值为1.7369亿美元，在该年加纳出口总值中占8.3%。2002年，木材出口值为0.794亿美元，

2003年为1.261亿美元，2004年为0.412亿美元，2005年为0.899亿美元，2006年为0.864亿美元。

由于传统出口产品价值受国际市场影响很大，涨或跌都会给加纳经济带来很大影响，所以加纳政府在促进传统产品出口的同时还鼓励非传统产品出口。1997年加纳非传统产品出口创汇3.29亿美元，1998年为4.01亿美元，1999年为4.04亿美元。

加纳的进口商品可分为制成品、石油和非石油产品三大类。制成品主要有：机器设备、电器产品、化工原料、车辆、畜产品、大米和小麦等。2002年，制成品进口值为17.30亿美元，2003年为18.20亿美元，2004年为27.50亿美元，2005年为27.65亿美元，2006年为27.95亿美元。2002年石油进口值为5.07亿美元，2003年为5.62亿美元，2004年为7.75亿美元，2005年为9.225亿美元，2006年为9.30亿美元。2002年非石油产品进口值为1.60亿美元，2003年为1.75亿美元，2004年为1.95亿美元，2005年为2.15亿美元，2006年为2.35亿美元。

在加纳出口贸易值中，以2008年为例，荷兰占15.4%，英国占9.2%，法国占6.5%，美国占5.9%，德国占3.3%，马来西亚占3.2%，比利时和印度均占3.1%，贝宁占2.7%，中国占2.5%，其他国家合计占48.2%。

在加纳进口贸易值中，以2008年为例，中国占15.8%，尼日利亚占15.7%，美国占5.9%，法国占4.7%，英国占4.7%，荷兰占3.8%，巴西占3.5%，南非占3.4%，印度占3.3%，意大利占2.9%，其他国家合计占36.3%。

加纳对外贸易大部分与经合组织（OECD）成员进行。加纳主要出口市场是荷兰，可可加工主要在荷兰进行，其次是英国、法国、美国和德国。加纳的非经合组织贸易伙伴是尼日利亚和中国，2006年二者向加纳提供的进口产品占29.1%，2007年增

至 29.8%。尼日利亚向加纳提供其所需大部分石油，中国向加纳提供纺织品及建筑业和基础设施所需的资本、货物。

三 进出口贸易额变化情况

在经济全球化日益发展的情况下，加纳对外贸易也呈增长趋势。但由于不合理的国际经济秩序和国际市场价格，以出口矿产品和农产品为主的加纳在对外贸易中长期处于不利地位，20 世纪每年进出口贸易额都存在较大逆差，进入 21 世纪逆差更大（见表 4-9）。

表 4-9 2003~2007 年进出口额（按美元计算）

单位：百万美元

年 份	2003	2004	2005	2006	2007
出口额	2562.4	2704.5	2802.2	3726.7	4172.1
进口额	3211.1	4073.3	-5347.3	-6753.7	-8066.1
差 额	648.7	1368.8	-2545.1	-3027.0	-3894.0

资料来源：加纳银行。

四 国际收支

根据国际货币基金组织国际金融统计，加纳 1996 年国际收支赤字为 2040 万美元，1997 年盈余为 2670 万美元，1998 年，资金流入净值超过了经常项目赤字，因此，国际收支总体平衡出现 1.078 亿美元的盈余。1999 年国际收支又出现赤字，赤字额为 4790 万美元。2005 年，国际收支盈余 1.258 亿美元，2006 年为 5.199 亿美元，2007 年为 4.144 亿美元。

1. 现金账户

1999~2003 年，加纳现金账户平衡明显改善。1999 年赤字为9.64亿美元,占国内生产总值的比例为12.5%,到2003年盈余为2.55亿美元,占国内生产总值的比例为3.3%。这是1980年以来首次盈余,系黄金和可可出口骤增所致。2006年,现金账户盈余达到16.28亿美元,占国内生产总值的比例为5.3%。

加纳的贸易形象是一个典型的非洲国家贸易形象,贸易赤字巨大,依赖少数初级产品——黄金和可可、少量木材和锰矿。这种依赖性在出口收入方面是有反映的。2001~2006年,以美元计算的出口收入年均增长率为12%。这掩盖了一些年度严重波动情况,2005年增长率仅3.5%,而2006年增长率为24.8%,这与可可和黄金的国际价格与更多国内生产(特别是可可生产)的变化是一致的。多年以来,黄金一直是加纳出口收入最大的产品,估计2006年占出口总额的34%。2006~2008年国际黄金价格飞涨估计使黄金在2008年加纳出口总额中的比例超过40%。虽然进口水平主要受国内对制成品需求和制成品国际价格趋势制约,但汇率政策也对进口有重大影响。2000年,因为塞迪贬值,进口锐减。但是自2002年起进口激增,因为政府一直鼓励稳定汇率,所以塞迪的实际价格上涨。进口迅速增长导致贸易赤字,2006年加纳贸易赤字为29.75亿美元,2007年为38.94亿美元。

加纳的服务业账户经常是赤字。收入赤字是大量偿债支付的结果,而且,在未来年代赤字还会扩大,因为在加纳的外国矿业公司要将它们的利润汇回国内。服务业账户赤字已经增加,这是加纳人到国外旅行增加的结果,还有,因为来自进口水平提高的货运和商业保险增加了。1999年,现金转让流入为6.38亿美元,2006年增至22亿美元,其中大多数是在国外打工的加纳人汇回的外汇。

2003年,由于黄金和可可出口及现金转让大量增长,现金账户自1980年首次出现盈余2.78亿美元(占国内生产总值的比

例为 3.6%）。然而，自那时候起，现金账户出现大量赤字，因为进口增长速度超过了出口和现金转移增长速度。而且，服务业赤字也大幅扩大，因为进口成本上升了，还因为矿业公司采矿使用的承包商多了。2005 年，现金账户赤字额达 11.046 亿美元，2006 年，现金账户赤字额略微减少，为 10.426 亿美元，2008 年，现金账户赤字上升至 21.515 亿美元。

2. 资本账户

1993 年，加纳引进的外国直接投资（FDI）开始猛增，超过以往年份年均水平 5 倍以上，达 1.25 亿美元。1994 年，外国直接投资几乎增长一倍，达到 2.33 亿美元。1999 年，外国直接投资为 2.44 亿美元。2002 年，外国直接投资减少至 0.59 亿美元。2003 年，外国直接投资增至 1.37 亿美元。外国直接投资水平的波动，反映出投资特别是在采矿项目上的投资和与私有化相关的资金流入水平变化较大。然而，与有可比性的非洲其他国家相比，2000 年以前加纳引进的外国直接投资水平还是不高的，这可能是由于担心该国政府的财政下滑。2005 年，外国直接投资为 1.45 亿美元，数量与上一年持平。2006 年，外国直接投资为 6.36 亿美元。2007 年，加纳石油工业勘探活动的增加和新的矿业投资使外国直接投资增至 9.704 亿美元。

在库福尔政府时期，加纳国际收支出现盈余，2003 年盈余额超过 5 亿美元，2004 年几乎没有盈余，其后 3 年盈余额逐年大幅增长（见表 4-10）。

加纳获得官方发展援助有三个来源：一是来自双边，主要有荷兰、美国、丹麦和英国；二是来自多边，主要有国际开发协会（IDA）、欧盟和国际货币基金组织；三是来自非洲开发银行。2000 年，加纳获得官方发展援助为 6.004 亿美元，2001 年增加至 6.436 亿美元。2002 年，多数国家增加了多边捐助，但因荷兰捐助减少，所以加纳获得的官方发展援助只微增至 6.498 亿美元。

表 4-10 2005~2007 国际收支平衡表

单位：百万美元

项目 \ 年份	2005	2006	2007
货物出口（离岸价格）	2802.2	3726.7	4172.1
货物进口（离岸价格）	-5347.3	-6753.7	-8066.1
差额	-2545.1	-3027.0	-3894.0
服务业：贷方	1106.5	1396.3	1831.9
服务业：借方	-1273.1	-1532.8	-1993.9
贸易平衡	-2711.7	-3163.5	-4056.0
其他收入：贷方	43.3	73.3	84.0
其他收入：借方	-230.4	-200.6	-222.6
货物贸易、服务业和其他收入	-2898.8	-3290.8	-4194.6
经常项目转移（净值）	1794.2	2248.3	2043.2
经常项目差额	-1104.6	-1042.5	-2151.4
资本项目（净值）	331.2	229.9	188.1
外国直接投资	145.0	636.0	970.4
外国投资资产	—	—	98.4
外国有价证券投资	—	—	666.1
其他有价证券投资	689.5	618.9	695.0
误差与遗漏	64.7	77.6	-52.2
国际收支平衡总计	125.8	519.9	414.4

资料来源：IMF 国际金融统计。

2003 年加纳获得的官方发展援助上升至 9.542 亿美元，2004 年上升至 13.576 亿美元，2005 年下降至 11.061 亿美元。2006 年，美国同意在未来 5 年之内为加纳的"千年挑战账户"（MCA）提供 5.47 亿美元财政援助。近年来，几乎所有双边援助都采用赠款方式。根据经合组织发展援助委员会统计，2000 年，加纳获得赠款 3.527 亿美元，2001 年为 4.226 亿美元，2002 年为 5.229

亿美元，2003年为6.445亿美元，2004年为20.08亿美元，2005年为11.176亿美元。

五 外汇管理和外汇储备

19 83年以来，加纳一般项目的进口，进口商按不同方式提交有关文件、单据后，可用本国货币向银行购买外汇汇出；特别项目（如啤酒、香烟、二手货等）的进口，进口商可到外汇兑换所购买外汇，或通过自己的外汇账户支付。当地企业的出口收入，可以留一定的比例（20%~35%）自行支配。外国企业对加纳出口的所得，可以通过银行汇出。小额外汇可以到市场通过外汇兑换所自由买卖。但个人携带外汇出境有限量规定。

加纳货币对美元实行浮动汇率，主要由市场决定外汇成本，企业和个人可从商业银行和外汇兑换所购买外汇。银行间平均汇率比兑换所平均汇率略低一些。1997~1998年，银行间平均汇率增长12.87%，从1美元兑换2050.28塞迪上升到兑换2314.15塞迪；外汇兑换所平均汇率增长12.26%，从1美元兑换2088.39塞迪上升到2344.38塞迪。

根据国际货币基金组织国际金融统计，1996年加纳的外汇储备总额（不含黄金，下同）为8.287亿美元，1998年，加纳的外汇储备只有3.770亿美元，只够支付1个多月的进口，1999年的外汇储备增加到4.538亿美元，仍不够支付两个月的进口，2000年的外汇储备为2.321亿美元，大大低于1998年和1999年，还不够支付1个月的进口。

2002年6月到2004年末，由于黄金和可可收入及侨汇的增加，加纳外汇储备从2.87亿美元增加至16亿美元，然而不足支付4个月进口之用。截至2005年末，加纳外汇储备达17.5亿美元。2006年，加纳外汇储备增加至23亿美元，足以支付4个多月进口之用。

第十节 国民生活

一般地说,一个国家的物价、就业、工资,可以比较清楚地反映一个国家的国民生活。

一 物价

加纳的物价最近几年涨幅较大。但是,从发展的趋势来看,物价的涨幅正在逐渐下降。例如,1996年1月物价飞涨69.2%,其中,粮价涨65.05%,非粮食价格涨71.4%;1997年1月,物价涨31.5%,其中粮价涨21.2%,非粮食价格涨36.7%;1998年1月,物价涨19.8%,其中粮价涨15.0%,非粮食价格涨21.6%。尽管物价涨幅逐渐变小,但是,经济增长和人均收入无论如何赶不上物价的飞涨,所以,人民的生活水平相对有所下降。

消费价格指数能更加清楚地反映人民生活水平的实际状况。例如,1998年1月,消费价格指数是103.0,其中粮食和饮料为103.9,非粮食为102.3;同年12月,消费价格指数是116.9,其中粮食和饮料为119.8,非粮食为114.2。1998年平均消费价格指数是114.6,其中粮食和饮料为119.8,非粮食为110.0。

但是,1999年加纳物价又有所上涨,12月消费价格指数是133.0,其中粮食和饮料为127.6,非粮食为137.9。1999年加纳平均消费价格指数是128.9,其中粮食和饮料为130.2,非粮食为127.6。

二 就业

根据1960年人口普查,加纳全国劳动力人口共计2765957人,其中就业人口占90%,约249万人。

1970年，就业人口占全国劳动人口的94%。1984年就业人口占全国劳动人口的比率上升到97%，1991/1992年下降到76%，其中15岁至19岁年龄的劳动力受失业影响最严重。

根据1991/1992年的调查，加纳的工薪就业者占劳动人口的比例为13.6%，其中，在政府部门就业者占5.9%，在国有企业就业者占0.9%，在私人企业就业者占4.5%，另外还有在其他部门就业的。半就业者占69.1%，没有主要职业者占19.3%。

迄今，加纳没有主管工人就业和失业统计的部门。1991年，加纳就业和社会福利部劳动司估计，加纳失业率为13.7%。1993年加纳政府预算报告估计失业率为10%。但是，1994年加纳就业和社会福利部发表的论文《加纳产出和就业增长宏观分析》表明，失业率较高并呈上升趋势，1970年失业率为17.3%，1980年为19.5%，1987年下降到18.5%，1993年上升到21%。

三　工资

加纳政府部门长期执行公务员工资制度的工资分为130个级别、650个档次。从1级至130级，每级分为5档。

（1）工资系列

——1~30级为政府部门工勤人员工资。

——31~40级为政府部门行政官员工资。其中，32~38级为文秘工资。

——41~44级为资深行政官员工资。

——45~55级为助理司长工资。

——55~64级为副司长工资。其中，65~67级为资深副司长工资。

——68~70级为司长工资。

——71~79级为总司长工资。其中，80~89级为资深总司长工资。

——99~122级为副部长工资。其中，123~129级为资深副部长工资。

——130级为部长工资。

（2）工资升级制度

——政府部门的工作人员从参加工作第一年起，工资每年升一档。到第6年升一级。以后每年升一级（由于档次重叠，实际等于升一档，下同）。

——公务员从参加工作第一年起，工资每年升一档。到第6年升一级。以后每年升一级。

——副部长从任职第一年起，工资每年升一档。到第6年升一级。以后每年升一级。从20世纪末起副部长有50%的附加工资。

——部长从任职第一年起，工资每年升一档。到第6年升一级。近年部长有50%的附加工资。

（3）行政官衔及晋升制度

加纳政府部门，自下而上分为官员（officer）、高级官员（senior officer）、首席官员（principal officer）、助理司长（assistant director）、副司长（deputy director）、司长（director）、首席司长（chief director）、副部长（deputy minister）、部长（minister）。

加纳官员和高级官员晋升采取考试办法。每年考试一次。通过第一次考试者，第二年参加第二次考试。两次考试均通过者，可以晋升。如果第一次考试没有通过，第二年还可以再参加一次同样的考试。如果还没有通过，则不能晋升。但是仍有资格参加考试。

首席官员工作两年以后，可以上大学进修。通过进修考试者可以晋升。

加纳

　　助理司长、副司长，均须工作6年以后，才有资格晋升。但并不绝对如此。如果没有位置，也只能继续担任原职。但是，没有晋升位置，并不影响工资升级。

　　司长工作6年以后，需要上级首长研究，视情况而定。即使首长同意，如果没有位置，也不能晋升首席司长。但是，没有晋升位置，也不影响工资升级。

　　首席司长是最高公务员级别。一般不受政府更迭影响。其职责是协助部长和副部长工作。

　　副部长、部长属于内阁成员，一律由总统任命，由议会批准。他们的工资自动升级，而且，从20世纪末起有50%的附加工资。内阁成员的工资也由议会批准。

　　对于一般人来说，工资必须以工作技能、劳动付出和创造价值为基础。工资制度必须以经济的发展水平和经济总体业绩为基础。一个企业的工资是处理劳资双方关系的经济杠杆。一个国家的工资制度是维护社会和政治稳定、推动经济发展的准绳。工资制度是分配制度。工资是劳动成果的分配，是利益的分配。从全国来说，工资制度是一个系统工程，必须综合和协调发展。1995年，加纳的高等学校曾经发生过长达半年之久的罢课和罢教。其原因肯定是复杂的，多种多样的。但是，有一个原因是否定不了的。那就是教师特别是大学教师的工资问题。所以，光解决政府公务员的工资问题是不行的。医疗卫生单位的职工、学校教师、警察、部队及其他事业单位工作人员的工资问题也要解决。在货币贬值率和通货膨胀率长期较高的特殊情况下，工资已经严重缩水。所以，加纳的工资改革势在必行。从1996年起，只有政府部门的工作人员每年有20%的工资补贴。对事业单位工作人员的工资，政府财政没有提供补贴拨款。这些人牢骚满腹。政府承诺解决他们的工资问题，但要等工资改革方案的最后敲定。与此同时，工人也要求解决他们的工资问题。

四 居住条件

由于政治社会长期相对稳定，经济持续发展，加纳人民的居住条件相应有所改善，但是住房的差别较大，而且居民对住房的需求也越来越高。

加纳政府比较重视改善人民的住房条件，包括公职人员的住房和普通人民群众的住房。加纳有国家住房公司、加纳房地产开发商协会、住宅财政公司、社会保障和全国保险信托公司等。它们都对解决加纳人民群众的住房问题，发挥了一定的作用。

加纳公职人员和大部分国有企业的职工，都有资格居住公房，虽然得交纳房租，但是房租较低。房地产开发商解决住房问题的最大困难是获得土地问题。建房的土地问题得不到解决，建房的问题就解决不了。1998年，加纳政府重申了为人民提供住房的承诺。加纳全国共有2500个服务站，于1999年为私人和公共部门开发2万套供出租的住房和1万套私人住户住房准备了证件。上述其他有关公司也将为开发公共租用或私人购买房屋继续作出努力。

五 缩小贫富差距

加纳存在着贫富差别和社会财富分配不公的现象。但是，加纳政府比较重视这些问题。例如，个人税收减免的标准提高了，因此人民群众个人所得税的负担减轻了。而且，根据间接税的规定：原粮、运输费、报纸和书籍、石油、柴油和煤油、特发药品、教育服务、国内水电（不含瓶装水）免征增值税。这些规定都可以直接或间接地使人民群众受益。加纳还有最低工资标准的规定和残疾人领取救济金的规定。政府还对直接税和间接税作了一些修改，也可以给人民群众直接或间接地带来一些好处。例如，对在农场和木材、采矿及建筑工地食宿的工人，免征所得税。

第五章

军　　事

第一节　概况

一　建军简史

殖民统治时期，加纳各族是各自为政的。许多土邦都有军队，例如，1868年12月，阿散蒂的军队已经发展到4万人。

加纳军队的前身是英国西非边防军的一部分，称为黄金海岸皇家步兵团，由3个步兵营、1个炮兵中队和1个战地工兵队组成。1957年3月，加纳建立了陆军。根据1959～1964年五年建军计划，加纳把兵力增加1倍，改进武器装备，1959年建立了海军和空军，同时，加纳武装部队退出英国西非部队。1961年，加纳起用本国军官，收回军队指挥权，另外还成立了民兵。1960～1963年，加纳的3年军费开支增加了3倍多，从404万英镑增加到1500万英镑。

五年建军计划的实施使加纳的陆军增加到6个营，组成了2个旅，总计兵力达到了1.51万人。其中陆军1.25万人，装备有装甲车、各种火炮和萨姆－7防空导弹。海军1200人，装备有小型护卫舰、快艇和巡逻艇。空军1400人，装备有10架作战飞机。

加纳的武器装备主要由英国提供，也有一些苏联、法国、联邦德国和荷兰的装备。英国每年向加纳提供军事援助约45万英镑，每年还接收不少加纳军官到英国学习。

加纳的海军是英国帮助建立的，并由英国军官进行训练。空军是加拿大帮助建立的，由加拿大军官和英国军官进行训练。

当时，加纳的军事机构为国防委员会和国防参谋部。国防委员会于1961年12月成立，职能是负责管理加纳军队。国防参谋部于1961年9月成立，职能是负责军事上的具体领导工作。

1961年9月以前，加纳军队的指挥和训练都由英国军官控制，国防参谋长和三军参谋长都由英国人担任。加纳兵团在独立初期，曾在英国亚历山大少将率领下开赴刚果（利）充当联合国军，并颇受好评。恩克鲁玛决心摆脱英国的控制，于1961年9月撤销了亚历山大的职务。随后，280名英国军官中的多数人辞去了职务。加纳收回了原来由英国军官掌握的军队指挥权，同时用本国人替换了在加纳军校中任教的英国教官和加拿大教官。但是，根据加纳和英国签订的协定，英国向加纳派了一个常驻军事顾问团。

为了培养军事干部，加纳建立了航空学校、海军学校和伞兵学校，除了空军学校的教官是以色列的军官外，其他学校的教官大多数是英国军官。1961年，加纳派了400名军官去苏联学习军事，还派了一部分军官去印度、巴基斯坦和美国学习军事，但是，大部分军官仍去英国学习军事。苏联为加纳提供了军用飞机，南斯拉夫帮助加纳修建了塔科拉迪海军基地。

1982年1月，罗林斯执政后，进一步加强了加纳武装部队的建设和管理工作，从而大大加强了武装部队的作战能力和自行训练的能力。武装部队还成立了由非军人组成的社会组织——人

民保卫委员会和工人保卫委员会。它们成了支持罗林斯政权的准军事力量。

2001年1月7日正式就任总统的库福尔没有改变加纳军队的编制。2005年加纳武装部队总人数约7000人,其中陆军3个旅及院校学员约5000人,空军约1000人。

二 国防体制

罗林斯时期,宪法规定加纳临时全国保卫委员会为最高军事决策机构,负责制定重大防务和军事政策。该委员会主席为武装力量总司令。临时全国保卫委员会下设国防参谋部,负责全军作战、训练、后勤等具体事务。武装力量由正规军和准军事部队组成。正规军分陆军、海军和空军三个兵种。准军事部队主要为民兵。国防参谋部下设陆军、海军和空军参谋部,分管本军种部队的作战、训练和行政领导。政府设国防部,为行政机关。[①]

根据加纳第四共和国宪法,总统是武装部队总司令。他分别通过国防委员会和国防参谋长控制和指挥武装部队。国防委员会由副总统、国防部长、外交部长、内政部长、国防参谋长和三军司令等人组成。国防委员会对总统负责,包括向总统提出建议,按照总统的指示制定国防和战略方针政策。国防参谋长直接负责管理指挥陆军、海军和空军部队。

三 国防预算

从1966年第一届军人政权起到20世纪80年代初期,加纳国防开支平均每年增长22%。阿昌庞上台后,

---

① 中国军事科学院:《世界军事年鉴》,解放军出版社,1993~1994,第142页。

参加政变的大部分军官提了级,军队人数增加,军费开支直线上升。1972年,军队人数为1.77万人,到1979年增加到2万人。1972/1973年度的军费开支为3090万塞迪,到1976/1977年度猛增到1.135亿塞迪。

从加纳最近几年的财政预算报告可以看出,加纳国防预算在财政预算中占的比例为3%以上。例如,1994年的财政预算规定,国防预算为361.47亿塞迪,占国家财政总预算的3.14%;1995年的财政预算规定,国防预算为576.64亿塞迪,占国家财政总预算的3.33%;1996年的财政预算规定,国防预算为726.44亿塞迪,占国家财政总预算的3.01%。

近年来,加纳军用机械设备开支在加纳政府经常性开支中占的比例增加很多。例如,1993年军用机械设备的开支在政府经常性开支中占的比例为0.05%,1994年上升到0.08%,1997年上升到0.42%,1998年上升到0.78%。

1994~1996年,加纳每年的国防预算在加纳国内生产总值中占的比例分别为0.53%、0.64%和0.57%。[1] 实际上,加纳国防的实际开支在加纳国内生产总值中占的比例高于上述数字。以1994年为例,据西方一家情报部门估计,加纳的国防开支在加纳国内生产总值中占的比例为0.8%。

2000年,根据伦敦国际战略研究所和加纳财政部的财政预算,加纳国防预算为2320亿塞迪(约3300万美元),占全国财政预算的3.7%。

国防开支增加的主要原因有:第一,国际义务方面的负担加重,加纳参与的国际维和行动比较多,特别是在塞拉利昂的维和行动;第二,国防军事设备需要更新和加强;第三,武器装备需要更新和加强。

---

[1] 加纳财政部:《加纳财政预算报告》,1994年、1995年和1996年。

2007年和2008年,加纳国防预算分别约为1.05亿美元和1.19亿美元。

第二节 军种和兵种

一 陆军

1. 建制

陆军建制包括3个旅和1个陆军学院。陆军第一旅在南方军区,在首都阿克拉设有一个陆军司令部,任务是负责南方地区的防务。陆军第二旅在北方军区,在库马西也设有一个陆军司令部,任务是负责加纳北方地区的防务。陆军第三旅也在阿克拉驻防,任务是负责全军的后勤保障工作。陆军总司令部设在阿克拉。

2. 兵力

根据伦敦国际战略研究所统计,加纳陆军兵力总计约5000人。

3. 装备

装甲车50多辆

——装甲侦察车:"萨拉丁"3辆,巴西制EE-9型"响尾蛇"式3辆;

——步战车:瑞士制"剪刀鱼"50辆。

火炮130多门

——迫击炮78门:81毫米50门,120毫米28门;

——无坐力炮50门:84毫米瑞典制卡尔·古斯塔夫式;

——高射炮8门:23毫米苏制2U-23-2型(双管)。

导弹

地对空导弹若干枚:苏制SA-7型"格雷尔"式。

二 海军[①]

1. 建制

海军建制包括两个司令部：西部和东部。西部海军司令部设在塞康第，东部海军司令部设在特马。海军总司令部设在阿克拉。

2. 兵力

根据伦敦国际战略研究所统计，加纳海军兵力约1000人。

3. 装备

原有2艘小型护卫舰、10多艘小型巡逻快艇和其他舰艇。现在服役的有6艘近海巡逻舰艇，其中"扎塔"级快艇2艘，"阿奇莫塔"级快艇2艘，"安佐尔"级快艇2艘。

三 空军

1. 建制

空军建制包括三个基地。它们是：阿克拉、塔科拉迪和塔马利。空军总司令部设在阿克拉。

2. 兵力

根据伦敦国际战略研究所统计，加纳空军兵力总计约1000人。加纳空军编为两个中队：一个防暴飞行中队和一个教练机中队。

3. 装备

共有各型飞机40架。

作战飞机

防暴机16架：意大利制 MB – 326K 型4架，捷克制 L – 29 型"幻境"式（战斗教练机）12架。

[①] 中国军事科学院：《世界军事年鉴》，解放军出版社，1993~1994、1997~1998，第142页。

支援保障飞机 22 架

——运输机 12 架：荷兰制 F-28 型"伙伴"式（专机）1 架，西班牙制 C-212 型 1 架，荷兰制 F-27 型"友谊"式 4 架，美国制"空中货车"型 6 架。

——直升机 8 架：贝尔 212 型（专机）2 架，米-2 型"甲兵"式 2 架，法国制 SA-319B 型"云雀"式 4 架。

——教练机 2 架：意大利制 MB-3292 架。

加纳除了正规军外，还有准军事部队，其中包括边防军、民兵和总统卫队。加纳的边防军约 2500 人，民兵约 5000 人，总统卫队 1 个营（约 500 人）。

根据 2007 年英国经济情报局披露，加纳陆军兵力有 1 万人，海军兵力有 2000 人，空军兵力有 1500 人，总计兵力有 1.35 万人。

另外，警察虽然跟军队不是同一系统，但也是一支准武装力量。加纳在 30 年前有警察 1.5 万名，现在全国共有警察局 620 个，警察有 1.4 万名。

加纳警察局的办事效率很低，而且越来越低，如果任其这样发展下去，警察在人民心目中的形象将越来越差。1997 年，由前大法官领导的一个委员会对警察局的调查表明：该机构装备很差，训练水平低，警察士气低落，没有活力。这个委员会认为，警察局的人员不足，训练不佳，非常可悲。

第三节　军事训练和兵役制度

一　军事训练

加纳参谋学院是加纳最高军事学府，负责对加纳陆军、海军和空军的中、高级军官的训练。加纳参谋学院由加纳国防参谋长直接领导。

第五章 军　事

陆军院校有陆军军事学院、陆军学校、丛林战学校、工兵学校和其他学校，受陆军院校训练部领导，负责培养初级军官、士官和士兵的训练。

其他学校的种类很多，包括通信学校、军械学校、运输学校、新兵训练学校、文书学校、体育学校、饮食学校。

海军学校由海军训练部自行管理训练工作。空军学校由空军训练部自行管理训练工作。

二　兵役制度

加纳实行志愿兵役制。男子服兵役的年龄是 15～49 岁。1998 年加纳 15～49 岁的男子共计 438.67 万人，其中适合服兵役的有 243.47 万人。每年达到服兵役年龄的男子为 18.11 万人。

第四节　对外军事关系

一　双边关系

加纳同英国保持着传统的双边军事关系。加纳的大多数高级军官都在英国接受过军事训练。目前，还有英国的教官在加纳军事学院任教。英国皇家"蒙默思陛下"（Hms Monmouth）号军舰，曾于 1997 年 10 月到加纳访问，并同加纳海军举行了联合军事演习。

加纳同美国的军事关系在最近几年有一定发展。在 1996～1997 年期间，根据"国防训练培训计划"，美国先后向加纳派遣了 5 批教官，帮助加纳部队进行短期军事培训，美国军队还同加纳军队进行了联合军事训练。美国阿斯兰德（Asland）号军舰和西罗科风（Uss Scirocco）号战舰，于 1997 年 11 月和 1998 年 2

加纳

月到加纳进行访问，与加纳军队举行了联合军事演习。美国军队还于1998年4~5月在加纳实施了对非洲危机反应部队骨干的军事培训计划。

英国、美国、朝鲜、尼日利亚、埃及、俄罗斯、德国、印度、法国和津巴布韦等10个国家，在加纳有常驻和非常驻武官。

二 武器来源

加纳因为曾经是英国的殖民地，所以独立后其武器装备主要来自英国，其次是意大利，但是，多数武器比较陈旧。近年来，加纳实行武器装备多元化战略，采购对象除了英国、意大利外，还有法国、瑞士、荷兰、西班牙、捷克、巴西、俄罗斯等。

三 外国军事援助

加纳获得的军事援助主要来自英国、意大利、加拿大，包括军事顾问和军事培训，有的派教官到加纳直接任教和进行军事培训，有的接受加纳派遣的士官进行军事培训。加纳同中国的关系比较友好，中国也本着国际主义精神，对加纳提供了一些力所能及的军事援助，包括无偿军事援助和军事培训。

四 军事条约

加纳因为是不结盟国家，认为冷战后不结盟运动仍有重要意义，强调维护不结盟运动内部团结，维护和平，没有跟外国签订军事条约。

五 维和行动

从20世纪70年代起，加纳部队参与了联合国授权的在亚洲、非洲有关国家的维和行动，人数逾1万人次。

第五章 军　事

参加联合国驻黎巴嫩临时部队 1 个营（890 人）；参加联合国驻西撒哈拉军事观察员 1 人；参加联合国驻伊拉克和科威特观察员 14 人；参加联合国驻柬埔寨维持和平部队 719 人；参加联合国驻克罗地亚观察员 3 人。90 年代以来，军队进一步专业化，更积极参加国际维和行动。从 1990 年 11 月到 1998 年 2 月，加纳共向利比里亚派驻过 1.2 万人次官兵。在塞拉利昂的兵力约有 1 个营（890 人），在黎巴嫩也有维和部队，在联合国控制的其他地方都有加纳观察员。目前，加纳部队在联合国授权下在利比里亚和科特迪瓦有维和部队。加纳是非洲派出联合国维和部队人数最多的国家，居世界第六位。

第六章
教育、科技、文化、卫生

第一节 教育

一 教育发展简史

加纳的教育比西非其他国家起步早,从18世纪中期起就有了教育事业。1788年加纳第一所正规学校出现在海岸角,开始只有12个学生,由一个牧师任教。到1830年这个学校的学生增加到70个。1827年和1835年,瑞士巴塞尔教会分别在加纳办了一些学校。19世纪末,天主教会也在加纳办了一些学校。1909年殖民当局在阿克拉建立了1所师范学院和1所技校。到1919年,加纳共有19所官办学校、204所政府资助的教会学校和250所教会学校。第二次世界大战前夕,儿童入学率只有15%。第二次世界大战以后,又增办了一些小学和中学。1924～1931年,殖民地政府拨款4.8万英镑建成了著名的阿奇莫塔学院(Achimota College),1948年和1951年又分别成立了黄金海岸学院和库马西工程学院。

加纳1957年宣布独立时,全国各级学校有4400所,学生达到58万多人,其中小学生45万人。到1960年,各级学校共计5246所,学生达到74.34万人,占全国人口的10%左右。

二 独立初期政府采取的措施

1. 基本政策

1961年加纳教育法规定，小学和初级中学实行义务教育。教育政策是增加教育投入，加强基础教育，提高教学质量。恩克鲁玛政府从1964年起为小学和初级中学免费提供教科书。

2. 增建学校，扩大入学人数

1960年各级学校的学生人数比1951年增加了2.7倍，达到74.34万人。1961年11月教育部宣布，当年增建2498所小学和374所初级中学，1962年在海岸角创建1所师范学院。

3. 扩大教师队伍，提高师资水平

1960年，全国各级学校在校教师有2万名，其中未受过师资训练的有8000名。为了扩大教师队伍和提高师资水平，1960年，加纳政府计划增加师范学校招生1200名。全国教师训练委员会也建立了国家统一考试制度。恩克鲁玛还宣布取消本国教师与外籍教师的工资差别。

4. 学制改革

加纳独立后各级学校普遍沿用英国的学制，从小学到高中毕业需要15年。中等学校的课程主要根据英国西非考试委员会的考试科目决定。1961年改革前，加纳大学（原名黄金海岸大学）和恩克鲁玛理工大学（原名库马西工程学院）入学前要上2年预备班，教育计划和教学大纲完全照抄伦敦大学的，考试的题目和试卷都要经过伦敦大学的审查和最后批准，毕业生要由伦敦大学授予学位。

为了消除殖民主义影响，加纳政府决定进行学制改革。学制改革的内容包括：（1）将中小学私立学校纳入公共教育系统，但规定私立学校不能从中央或地方政府得到财政帮助。到1960

年，纳入公共教育系统的私立学校已达 4582 所，私立学校还剩下 591 所。同时，纳入公共教育系统的高级中学从原有的 39 所增加到 59 所。（2）缩短学制，改革课程。1987 年，小学从原来 6 岁入学，改为 5 岁入学，将小学和初级中学的学制从 10 年改为 7 年，高中从 5 年缩短为 3 年。取消了大学 2 年预备班。（3）在教育部内设立了一个委员会，重新审定中小学教科书。1961 年 7 月，教育部决定编写以加纳为背景的教科书。

1961 年秋季，加纳接管了英国兴办的两所高等学校，黄金海岸大学改名为加纳大学，库马西工程学院改名为恩克鲁玛理工大学（也译恩克鲁玛科技大学）。两所大学原有 201 名教学人员，其中只有 35 名非洲人，加纳政府决定使教学人员"非洲化"。首先由加纳人担任大学行政负责人，取消了每个系只能评一位教授的规定，提升加纳籍首席讲师为教授、副教授。其次规定恩克鲁玛理工大学讲授和研究非洲的农业、建筑和艺术。加纳大学的学科设置主要包括讲授和研究非洲历史、社会学和语言学。加纳大学进行院系调整，成立了非洲研究学院。该学院有资格授予毕业生硕士学位。

5. 加强技术教育，大力培养技术人才

加纳独立后，加纳政府对发展技术教育比较重视，不但增设中等技术学校和技术师范学校，而且在中小学普及科学技术教育，在城市建立技术训练中心。受过初中教育而无力进入高中的学生，可以进入技术训练中心，接受技术、商业、农业、手工业、家政等方面的训练。

6. 扫盲和普及教育

1960 年，加纳制订了 10 年扫盲计划，目标是到 1970 年扫除文盲。据统计，仅 1961 年参加扫盲训练班的学员就有 7734 人。1961 年下半年，加纳政府还宣布强制实行普及初等教育制度，规定凡是不送子女上学的家长要被罚款。

7. 加强忠于恩克鲁玛教育

为了教育师生忠于恩克鲁玛，在小学和初中建立人民大会党青少年先锋队，在高中和大学成立人民大会党"学习小组"，1960年在中小学教师中建立人民大会党支部，规定对神学系的学生和不加入人民大会党的学生不发给奖学金。

8. 加强与社会主义国家的教育合作

1961年，在苏联学习的加纳学生有175人，捷克和德意志民主共和国等东欧社会主义国家也向加纳提供了101个奖学金名额。1961年10月，一次就有21名加纳学生到捷克、波兰、匈牙利去学习。此外，捷克还派了10名教员到加纳的一些高中任教。波兰有2名经济学教师和1名工程师在恩克鲁玛理工大学教书，苏联有1名教授在加纳高等教育委员会参加加纳高等学校改革的研究工作。

三 重视基础教育

加纳政府在制定国家社会经济发展纲要时，特别把基础教育提到了全国长期发展计划的中心位置。基础教育的总体目标是提高教学质量，包括以下4个方面内容。

1. 教师培训

培训计划要求，在最短时间内提供大量高素质的教师，而且他们应该掌握初级教学方法。对已经在进行教学但不具备上岗资格的教师，要通过进修使其具备上岗条件。同时，要在学校和师范学校及各县间建立伙伴关系，一改往常只向各县输送教师的做法，变成各县根据自己的需要来培养各种不同类型的教师。培训教师的机构主要有各地的师范学校、温尼巴教育学院和海岸角大学。教师在各类学校接受培训，并获得基础教育领域要求的最低学位——基础教育学位。毕业生经过两年的实习期后，由国家教学委员会根据所在学校的推荐批准其转为正式教师。

2. 加强管理

加强管理的目的是提高教育局（Ghana Education Service）工作的效率，增强各部门的作用，特别是在县一级加强对人员和财务管理。1993年，由县议会（District Assemblies）负责基础教育。从短期来看，把教育部和教育局的决策权下放到县里以后，各县的议会可以通过招收合格管理人才建立管理体系；从长期来看，这将有助于中央政府进一步下放权力。

先在25个县搞教学管理信息系统的试点工作，然后根据使用效果，在2000年前装备其余85个县，以便形成全国信息网络系统；加强预算和财政管理，对现有会计体系进行重新评估，在国家、省、县各级进行人员培训，以便在新体系开始运作时有足够经过培训的人员；进一步加强向地方政府放权工作，保证县议会公共基金下拨至各县，使教育经费及时到位。

3. 改善设备，扩大招生

学校现有设备亟待更新。1994~1995年学校基本情况的调查显示，学校现有设备有1/3破坏程度严重，教室数目严重不足，其中，仅一年级至六年级就有1.34万个班级没有教室。基础教育计划为此引入竞争机制，制定旨在能更好执行基础教育计划的目标，鼓励学校和各县参与竞争，对完成任务较好的单位给予物质奖励。同时，对个别由于条件限制而无法参与竞争的困难地区实行优惠政策，使其达到最低标准。对现有设备允许采取提高利用率的办法，最大限度地发挥其作用。对家庭条件较差的农村学生，尤其是女生，给予特殊照顾。

4. 加强基础教育设施建设

所谓基础教育是指小学、初中九年义务教育：小学6年，初中3年。1992年宪法第39条第2款规定："政府应在本宪法生效之后，并于议会第一次会议召开之日算起两年内，起草在未来10年内提供普遍义务免费基础教育执行计划。"据此，加纳政府

第六章　教育、科技、文化、卫生

宪法制订了普遍义务免费基础教育计划（Free Compulsory and Universal Basic Education，FCUBE），通过实施该计划，在 10 年内普及基础教育，以大大提高整体教学质量。

对困难及偏远地区的教师和县教育局提供住房和交通工具。对现有设备在更新前要进行最大限度的利用，每年对 100 所一年级至六年级学校和 50 所七年级至九年级学校的设备进行更新。重建 25 所师范学校，为今后毕业生及员工兴建宿舍楼，保证每所学校有 20 间设施完备的办公室。

执行基础教育计划预计需要 3.9 亿美元的经费，其中经常项目支出占 80.83%，主要包括咨询、培训、举办讲座、印制教材和考试费用；资本项目支出占 19.17%，主要包括兴建校舍、购买房屋等费用。

基础教育计划的经费来源主要是政府的财政预算拨款，其次是国际援助和外国援助。美国国际开发署、加拿大国际开发署、日本国际合作署、世界银行等，也与加纳政府合作，共同投资。各县代表会议也为教育事业作积极投入，目前每年 40% 的经费都用于基础教育计划。按计划到 2000 年，加纳所有学龄儿童都能入学。迄今，初级学校（小学和初级中学）已经达到 1.2 万所。到 2005 年，每个学龄儿童都将享受义务、免费基础教育。

四　高等教育的发展

加纳独立以来，高等教育有较大发展。公立大学有 6 所。

加纳大学（University Of Ghana） 于 1948 年 2 月建立，最初叫做黄金海岸大学学院（University College of the Gold Coast）。1957 年 3 月，加纳独立后政府将该大学学院改名为加纳大学学院（University College of Ghana）。它当时实际上是英国伦敦大学分院，直到 1961 年 11 月 25 日才脱离伦敦大学，成为一

217

所独立的大学，改为加纳大学，实现了完全自主，学位由本校自行颁发，共有5院23个系。

恩克鲁玛理工大学（Kwame Nkrumah University of Science and Technology） 原为库马西工程学院，于1951年10月建立，1961年11月29日成为一所独立大学，共有1院8系。

海岸角大学（University of Cape Coast） 原为师范学院，设在海岸角，于1962年2月建立，1993年发展成为大学，主要目标是培养中学、师范学校、技术学校的科研和教学人员。

塔马利大学（University of Tamale） 原为农业学院，1993年发展成为大学，主要院系都是农业专业，包括可可研究所。

温尼巴教育大学（University of Education，Winneba），主要培养中学教师。

矿业技术大学，主要培养矿业工程技术人员。

私立大学有：校址设在首都阿克拉的中央大学学院（Central University College）、卫理公会大学学院（Methodist University College）、谷景大学（Valley View University）、伊斯兰大学（Islamic University）、阿舍西大学学院（Ashesi University College）。

私立大学学费相当高，一个学期的学费要交纳500~2500美元。私立大学的学生主攻课程是商务专业和信息技术专业。公立大学的专业设置主要是艺术专业和理科专业。

加纳还有服务性技术机构，其中包括3所医学院、1所牙科学院、6所综合技术学院、38所教师培训学院。这些学院的毕业生或就业，或报考更加正规的大学继续深造。

五 基础教育的成绩与存在的问题

1. 基础教育的成绩

64年初，加纳有小学7000多所，学生120万人；中学75所，学生2.3万人。1981/1982学年，小学增加到8022所，初中增加到4696所。1991/1992学年，小学增加到1.11万所，初中增加到5009所。到1994/1995学年，小学和初中学生达到近260万人，比1960/1961学年的58.6万人增加了3.4倍。

文盲逐渐减少。1960年，61%的女性是文盲，40%的男性是文盲，女孩入学率只占35%。1985年，58%的女性是文盲，36%的男性是文盲。1990年，小学入学率为75%，其中女性为68%，男性为82%；中学入学率为36%，其中女性为28%，男性为45%。1999年，全国文盲率为32%，其中女性为41%，男性为21%。2000年加纳生活水平调查显示：女性文盲率为21%，男性为15%，15岁（含）以上从来没有上过学的人约有350万人［占15岁（含）以上人口的32%］。

2. 存在的问题

1992年加纳宪法规定实行免费、义务普及基础教育，《加纳2020年远景规划》又重申了这个政策立场。但是，基础教育还存在许多问题。最突出的问题是教学质量不高，水平参差不齐，差距悬殊。主要原因是：第一，师资素质太差，许多小学和初中教师仍没有受过专业训练。第二，政府的教育经费投入仍不足，例如，1988年教育经费在发展预算总额中占6.4%，到1993年下降到4.3%。这样，教育负担转移到当地社区和县议会的身上，同时还增加了学生家长的负担。加纳小学和初中学生得交纳5种费用：学费（直接费用）；杂费（非直接费用），包括校服费、桌椅设备费、交通费、膳宿费、书本费、教具费、人头税；学校名额位置费；学生参加劳动费；参加文娱活动费。第三，学生的学习动力不大，学习成绩很低。1992～1996年全国公共小学摸底考试结果是：1992年英语达标者占2%，数学达标者占1.1%；1993年英语达标者占3%，数学达标者占1.5%；1994年英语达标者占3.3%，数学达标者占1.5%；1995年英语达标者占

3.6%，数学达标者占 1.8%；1996 年英语达标者占 5.5%，数学达标者占 1.8%。比较而言，私立小学的成绩比公立小学稍好一些。

上述三个方面的问题不解决，教育发展就受到牵制。

六 教育工作的新发展

"免费义务普及基础教育"（FCUBE）计划，是 1996 年才正式开始实施的。1996 年和 1997 年共计设立了 200 所和 107 所公立和私立初级中学。1998 年设立了 166 所公立初级小学和 119 所私立初级中学，增设了 4 所新的高级中学，使高级中学的数量从 1997 年的 460 所增加到 464 所。

为了开展科学技术教育，1998 年建成了 32 所拥有计算机等现代设备的科学资源中心（Science Resource Centres），使全国科学资源中心的数量达到 107 所。政府原计划到 1998 年底全国 110 个县每县都有一所科学资源中心，这个目标基本实现了。

教育经费有所增长。1998 年的教育预算约为 239 亿塞迪，比 1997 年的 182 亿塞迪增加了 31.3%。1998 年，外国对加纳教育部门的援助达到 636 亿塞迪，大约相当于加纳政府教育预算的 2.7 倍。

为了加强教育工作，从 1997 年起加纳政府执行了一项特别方案，由 6 所大学和 8 所专科学校努力来解决高中毕业生的实际问题。为了解决教育质量特别是中学教学质量下降的问题，在全国 110 个县都成立了县监督委员会。这些委员会专门负责征求公共意见，帮助县教育局监督学校教育质量，帮助探索教育质量下降的解决办法。1998 年，加纳政府对 600 名首席教师、933 名巡回督察和校长助理进行了在职培训。[①]

根据体育与教育部资料，2005/2006 学年，小学教育入学率

---

① 加纳体育与教育部资料。

从上一学年的 83.3% 上升到 91.1%。这种改进反映出政府增加了资金投入，以便提高女孩入学率。不过，加纳北部地区女孩入学率仍很低，因为那里穆斯林的势力很大，而且家庭收入较低，2004/2005 学年女孩入学率只有 65.4%。加纳全国平均识字率估计为 58%，男孩约 66%，女孩约 49%。

政府的总体目标是到 2015 年实现普及教育。作为达到这个目标的手段之一，政府要为贫困地区公立小学提供一笔资本化捐赠，每个学生可以因此获得 3.25 美元赠款。此项捐赠旨在帮助学校支付校舍修缮和建设体育文化设施的经费。加纳政府还开始了"学校免费就餐计划"，为在校学生每天提供一顿免费就餐。

第二节 科学技术

一 一般情况

加纳的科学研究力量薄弱，科研队伍很小。加纳大学、恩克鲁玛理工大学和后来的塔马利农业大学，有一些系和个人从事一些科学研究工作。政府部门对生产中一些迫切需要解决的问题进行一些研究，有时还制定长期研究规划。此外，有些外国政府和国际机构也在加纳进行一些专业研究。不过，大多数研究活动都掌握在外国人手里。本国的科研人员甚少，独立初期更是如此。根据《1960 年加纳高级人员调查资料》，建筑师、工程师、物理学家、地球物理学家、地质学家、动物学家、经济学家、数学家，有 80% 以上是外国人；化学家、植物学家、医生、统计学家、社会学家、农业学家、地理学家，有 50% ~ 80% 是外国人；调查员、科学和工程技术人员，有 20% ~ 50% 是外国人。现在情况变化不大。

大学也严重缺乏师资。加纳大学和恩克鲁玛理工大学 39 名

加纳

首席讲师中只有6名是非洲人，137名讲师中只有28人是非洲人。大学和高级中学讲师中，50%~80%是从英国、美国、加拿大和以色列聘请的。

二 科研机构

全国性的科学研究机构有：全国研究委员会、加纳科学院和加纳科学协会。专业性学术研究团体有：加纳历史学会、加纳地理学会、加纳经济学会等。

1. 全国研究委员会

该委员会于1958年成立，是负责研究工作的政府机构，主要任务是协调各部门的科学研究工作，"促进、鼓励和帮助国内学术性、商业性或其他研究活动"。除了制订全国研究委员会的研究计划外，还为其他研究单位和个人提供资金支持。

全国研究委员会下属机构有：农业研究委员会、经济和社会科学研究委员会、医学研究委员会、工业研究委员会、普通科学和工艺研究委员会。

全国研究委员会有9个研究小组，它们是：昆虫和寄生虫研究小组、现代加纳结构研究小组、土产药草和木本研究小组、全国保健和医学研究所、哺乳类动物辞典编纂小组、农业天文学研究小组、放射性同位素小组、林产品研究小组、道路研究小组。

2. 加纳科学院

加纳科学院原名"黄金海岸学术院"，1951年11月21日成立。其目标是"促进研究推广，传播科学知识和学问"。1961年第二届年会决定改称加纳科学院。1961年，加纳科学院成为国际科学联盟委员会会员。

3. 加纳科学协会

该协会于1959年成立，隶属西非科学协会。其目标是"鼓励科学研究及其应用，推动对科学的理解和传授"。1961年4月加纳科学协会召开第一届年会,出席会议的有 150 多名科学工作者和科学教育工作者。会上讨论了科学如何促进农业发展问题,科学为消灭疾病和贫困服务问题。同年 10 月出版会刊《科学》杂志。

三 社会科学专业学术团体

1. 加纳地理协会

该协会于 1955 年成立,目标是"促进地理特别是西非地理的研究"。地理协会每年出版两次公报,发行范围包括美国、英国、南非、新西兰等一些大学的图书馆和地理系。

2. 加纳历史学会

该学会于 1952 年成立,目标是"促进加纳历史研究,特别是加纳及其西非邻近地区和人民的历史研究"。历史学会每年召开一次年会,讨论会员和来宾宣读的关于加纳和西非历史的论文。会刊《加纳历史学会会报》每年出版两次。

3. 加纳经济学会

该学会于 1956 年成立,目标是"促进对经济的研究"。经济学会每年召开一次年会,讨论各种经济问题。经济学会出版的公报主要讨论国家面临的主要经济问题。

四 科研活动

1. 农业研究

加纳农业部有一个农业科学服务司,下设土壤、化学、昆虫、植物病理、植物繁殖等科室。研究活动主要有土壤调查,玉米、可可培植和畜疫。

(1) 土壤调查

过去,英国人从地质地层观点出发做过一些土壤分类。加纳农业部农业科学服务司土壤科,在克瓦达索的农业研究所土壤馆决定收集全国各地及西非其他国家的土壤标本,绘制西非土壤分

布图。

（2）研究培养植物新品种

这项研究主要由克瓦达索实验室承担，首先重点试验用种子繁殖薯蓣和抗锈病的玉米品种，都取得了成功。

（3）高校的农业研究

根据加纳高等教育委员会的建议，加纳大学和恩克鲁玛理工大学对农业研究作了分工。加纳大学的研究课题包括：水文学、土壤物理、动物生理、植物和动物繁殖、农业经济。恩克鲁玛理工大学的研究课题包括：农业机械工程和食品工程。

2. 医学研究

为了帮助加纳建立国际研究实验室，研究热带病，1961年10月，美国全国卫生学会向加纳提供了医学设备。在全国委员会的医学研究方面，土产药草是主要研究项目。加纳政府、加纳大学化学系都比较重视土产药草的研究，许多加纳医生要求重视、利用土产草药和传统的医疗方法，主张西药和土医同时发展。现任加纳大学常务副校长伊万·阿达耶－门萨博士在土产药草研究方面写出了专著，作出了突出贡献。

3. 原子能利用

1960年，加纳全国研究委员会，与加纳大学、恩克鲁玛理工学院和塔福西非可可研究所等机构合作，在加纳大学成立了一个放射性同位素研究机构，试验在农业中运用原子能问题。加纳还成立了国家放射医疗及核医学中心，并得到国际原子能机构的支持。1995年1月，在国际原子能机构和中国共同帮助下，加纳建造的原子能反应堆竣工。通过多边合作在阿克拉科列布教学医院（Korle-Bu）用中国设备建立的放射科实验室也于1998年投入使用。

4. 考古发掘

加纳考古工作者在库马西、海岸角、东部省阿克瓦皮姆进行

第六章　教育、科技、文化、卫生

了发掘工作，出土了大批陶瓷和陶器碎片、铁器、铸模、坩埚、象牙饰品、进口玻璃器皿、欧洲人用的烟斗等等。这些文物表明，加纳人很早就会制作带有各种图案的陶器了。

此外，加纳的科学研究机构、国家机关部委直属或下属研究部门、加纳的6所大学，还做了许多自然科学和人文社会科学基础研究工作或应用研究工作，例如可可种植、木材砍伐与合理利用、环境保护、艾滋病防治、水稻栽培、水利灌溉、网箱养鱼，为加纳的经济、社会和文化发展，作出了积极贡献。

第三节　文化艺术

一　政策法规

1979年宪法规定："国家需要通过教育有意识地把文化纳入国家的发展计划，鼓励正确的传统价值观念融入国家生活"，"完善和发展传统文化观念，是满足社会不断增长需求的一部分"。

这是加纳制定文化政策的法律依据。加纳文化政策的目的在于增强国内不同民族间的了解，保持国家的完整；增进旅游者对加纳为人类文化遗产所作贡献的理解；建立基本文化结构，作为努力改善国民生活的基础；通过印刷小册子和杂志，介绍重要节日、历史古迹和旅游景点，支持旅游业发展；将加纳生活方式中的优秀部分展示给全体加纳人，并传给后代；采取一切适当办法，鼓励和发掘有潜力的艺术人才。

二　文化机构

加纳的文化机构主要有：国家文化委员会、加纳语言事务局和版权署。

加纳

1. 国家文化委员会

国家文化委员会的职能是，同教育机构和非官方文化机构密切合作，执行国家的文化政策，保护和促进国家文化发展。财政主要依靠政府拨款。此外还有三个来源：一是商业演出和展览活动的收入；二是非政府组织的捐款；三是基金会的捐款。

国家文化委员会于1989年成立，主要成员由来自教育部、新闻部、"12·31"妇女运动委员会、国家酋长院、环保委员会的代表和由政府任命的7位委员组成。

2. 加纳语言事务局

加纳语言事务局是由本国语言事务局演变而来的，于1951年建立，主要工作包括：编写各类学校教材和公共宣传材料，翻译和研究官方倡导的加纳11种地方语言。

3. 版权署

版权署的工作包括：注册登记著作权，保护版权，仲裁作者之间产生的争端和反对盗版工作。版权署内有一个常设监督部，专司版权法和贯彻国家版权政策。版权署同国内税务局、海关署合作，进行打击盗版活动等方面的工作。

三　文学

1. 加纳传统文学

加纳的谚语非常丰富，据说早在1879年有一个名叫克里斯塔勒（J. G. Christaller）的埃维语专家曾编纂出版埃维谚语3680条。从19世纪开始，由于西方教会势力的渗透，还出现过宗教文学。历史上，加纳口头传诵的诗歌、民间故事、神话、传说和歌曲，丰富多彩，但是，没有文字记载，直到19世纪才开始有人用特威、加、埃维、戴巴尼（Daybani）等语言将其记录下来，有些还翻译成了英文。加纳独立后，整理出版过几种民间传说选集，例如，塔马利地方政府高级中学教育官员和英语教师约翰·帕森斯（John Parsons）编纂的《加纳北部民间传说》(Legends of Northern Ghana)。加纳的传统文学有待进一步发掘、搜集和整理。

2. 加纳作家和作品

加纳职业作家很少，作品不多，主要是诗，还有少量短篇小说、论文、书评和剧本。他们用英文或当地文字进行创作。除了创作应时歌颂恩克鲁玛的政治诗歌外，像麦克耐尔·斯蒂瓦特（Marcneil Stewart）创作过非洲写实作品。他的长诗《农村姑娘谣》(The Ballad of Village Girl)，生动地描绘了淳朴农村姑娘的劳动生活，采用与城镇乡村姑娘对比的手法描写，有较多的乡土气息。不过，有不少诗歌内容空洞乏味，语言晦涩，只能供少数上层知识分子欣赏。

3. 加纳作家协会

1957 年，加纳成立了作家协会，目标是想在一种通用语言的基础上建立加纳文学，促进对加纳口头文学的研究，出版文学作品。作家协会成立初期会员有 140 人。

作家协会于 1961 年第一季度出版了《发言人》(Fkyeame)创刊号，专门刊登作协会员的作品，以鼓励创作。《发言人》杂志专门设立了优秀作品奖金。

加纳作家协会是泛非作家协会的成员。泛非作家协会是一个民间文化机构。它在非洲大陆有 54 个成员，其宗旨是反映非洲人民的心声，恢复非洲人民的自尊心，为实现非洲人民的共同家园而积极活动和工作。

4. 著名文化界人士

纳纳·阿欣-布雷姆庞：加纳文化委员会主席，曾经获得伦敦大学人类学博士学位。1993 年 4 月至 1997 年 2 月任国务委员。现在兼任加纳大学非洲研究院主任，主要著作有：《19 和 20 世纪的西非商人》、《加纳的传统角色》、《恩克鲁玛其人》等。他

曾于 1996 年 10 月 13 日至 20 日率加纳政府文化代表团对中国进行友好访问。

四 戏剧电影

1. 戏剧

加纳的传统戏剧是用舞蹈和说书形式表现的，内容大多以谚语为题材。现代戏剧尚在形成阶段。1958 年 10 月，加纳女作家萨瑟兰（Mrs. Efua Sutherland）和几个戏剧家成立了加纳实验剧团，由加纳艺术委员会和洛克菲勒基金会提供资助。加纳实验剧团成立初期，先后演出过萨瑟兰根据加纳著名的阿南斯（Ananse）民间故事改编的短剧、新剧《奥巴萨尼》（*Obasani*）和加纳人萨卡·阿奎耶（Saka Acquaye）编导的歌舞剧《我以前来过》（*Obadzeng*）。

加纳实验剧团的成立可以算作新戏剧运动的开始。该剧团很快发展成为加纳剧院（Drama Studio）。接着，1961 年底成立了促进园剧团（Paradise Promotion）、加纳大学戏剧俱乐部（Theatre Club）。阿克拉、库马西、海岸角、塔科拉迪等城市都有剧团活动。先后上演的戏剧有《这是一个机会》、《子女们》、《这就完了》、《福洛娃》、《尤丽小姐》和《道基西米》。1961 年 11 月 9 日，美国芝加哥大学上演了加纳著名剧作家德－阿南（Dei-Anang）的剧本《上帝的儿子》。

1977/1978 年，加纳大学成立了表演艺术学院（School of Performing Arts），下设民间剧团（Resident Theatre Company）和非洲音乐舞蹈国际中心（International Centre of African Music and Dance）。这些机构的活动非常广泛。加纳表演艺术学院为大批外国留学生开设了加纳舞蹈和音乐正规课程和短期培训。该校招待过许多研究生和学者，执行过许多重要的国际学术计划或项目。

1983 年，加纳戏剧公司成立，主要目标是宣传和发展加纳戏剧,利用戏剧形式表现加纳文化,提高国家的形象;利用戏剧形式号召和教育人民从无知状态解脱出来。加纳戏剧公司演出过大量作品,内容健康向上,形式丰富多彩,极大地激发了人民对美学和知识的热烈追求。

2. 电影

加纳电影始于 20 世纪 40 年代。60 年代电影院就有 68 家,都集中在大城市里,其中,首都阿克拉就有 20 多家。电影院几乎全是露天的。大部分电影院控制在几家影片商的手里。每年从国外进口 400 多部影片,主要是美国片,其次是印度、英国、法国、意大利等国的影片。加纳新闻部禁止放映任何描写犯罪和有损于道德的影片。1961 年 3 月,加纳政府新闻部长博腾(Boateng)表示,加纳是中立国家,不能光让人民看西方国家影片,也需要让人民看到东方国家的影片。

近些年来,加纳在戏剧、电影方面对外开放度更大。西方戏剧和电影充斥加纳文化市场。

五 音乐舞蹈

1. 音乐

加纳传统的音乐实际上就是鼓乐,婚丧喜庆或其他重要场合都要击鼓。加纳使用的是非洲鼓,一般称作汤姆汤姆(Tom Tom),有时也用横笛、风笛、箫等乐器伴奏。

鼓乐的种类很多,各有不同的用途和含义,不同地区、部落、场合和时间都有不同的节奏。根据阿散蒂克瓦胡地区(Kwahu)阿肯族的传统,丧礼用阿多瓦(Adowa)鼓乐,酋长就职和逊位则用芳汤姆弗若姆(Fontomfrom)、凯梯(Kete)、阿普里德(Aperede)等鼓乐。芳汤姆弗若姆鼓乐是宫廷鼓乐。它由 2 个大鼓、1 个"阿多瓦"鼓(双头鼓或称"花鼓")、3 个小鼓和 1 个铜锣组成,可以击出 8~12 支曲子。这些曲子可分为

加纳

男舞曲、女舞曲、宫廷舞曲等。此外，还有一种计时鼓（Hourglass）。

鼓乐是音乐也是传话工具。它能向村民宣布紧急事件、召开会议的时间、酋长到会以及向酋长致意、致敬，等等。

西方音乐在加纳大城市颇为流行，居民的兴趣很浓。加纳有两个大的乐队：军事乐队和警察乐队。机关团体和外国使馆均可租用。1961年3月，还成立了一个由21名加纳人和外国人组成的古典管弦乐队。

加纳交响乐团于1959年成立，目标是通过艺术和音乐形式，树立加纳和非洲在世界的形象，主要演奏加纳音乐、非洲传统音乐和具有非洲音乐特色的现代音乐。

加纳大学的音乐系是专门培养非洲音乐和加纳音乐的摇篮。每年都有许多爱好非洲音乐和加纳音乐的外国留学生，到该系接受音乐理论和音乐表演教育。有些外国留学生还参加音乐研究。加纳音乐协会（Music Institutions in Ghana）在欧美等地的学术和演出活动也很活跃，并且很受欢迎。

近年来，加纳最流行的音乐有：西印度群岛节奏强劲音乐（Reggae）、福音赞美诗（Gospel）、早期爵士乐（Funk）和颓废派歌曲（Hiplife）。2000年加纳举行了颓废派歌曲比赛。比赛共有21项奖，青年歌手获得15项奖，其中，加纳的卢姆巴（Lumba）一人就获得3项奖。《西非》周刊说，"加纳进入了颓废派歌曲时代"（Ghana enters the age of hiplife）。当然，加纳的一些老年歌手则坚持说，加纳依然有高雅音乐。[①]

2. 舞蹈

传统舞蹈常用鼓乐和歌唱来伴奏。舞蹈的节奏强烈鲜明。加纳各族都有自己的舞蹈，用来表示祈祷、庆祝多子多孙、庆祝丰

---

① *West Africa*, No. 4237, 31th July-August 2000, London, p. 39.

第六章　教育、科技、文化、卫生

收；在成年、定亲、婚丧或其他庆典上，也有舞蹈表演。

流行的现代舞蹈是欢乐舞（Highlife）。摇摆舞也同样流行。

1962 年成立了加纳舞蹈团，也称加纳国家舞蹈公司，总部设在国家剧院内，成立初期的目标是宣扬加纳艺术，后来改为研究和展示加纳人民在舞蹈和音乐领域的遗产，培养专业演员，进行商业演出和销售音乐制品，为加纳的经济发展作贡献。

加纳舞蹈团经常举办讲座和讨论会，发展国际联系。它成功地演出过许多传统舞蹈和现代舞蹈，从社会、政治、经济等各种角度，反映加纳生活和非洲生活。另外，加纳还成立了非洲音乐舞蹈学院。

六　工艺美术

加纳的美术工艺具有悠久历史。据记载，早在 800 年前加纳就有青铜工艺品。近年来，在海岸角东北阿塞杜（Asedu）地区发掘的大量陶器和碎片表明，早在欧洲人入侵前，当地的手工艺者就能制作各种图案和形状的陶器，如酒盅、水壶、量具等。现在，伏尔塔区克潘杜（Kpandu）一带的陶器工人可以不用辘轳和炉窑制出各种上好的陶器。

加纳特色工艺品还有彩色苇草编织品，鳄鱼皮、羊皮和蟒蛇皮制品，木质、乌木和象牙雕塑物，角质和金属制的各种摆设以及传统的"肯梯"织品等。温尼巴师资训练学校美术工艺系主任文森特·科菲的作品《加纳的诞生》和《觉醒中的非洲》，画家兼雕塑家奥基尔（Okyere）的创作《母亲——加纳》都是自由非洲的象征。

加纳美术家协会的大多数美术教员都受过西方美术训练。美术家组织阿克瓦皮姆六人（Akwapim Six），由雕塑家、画家、陶器工艺工作者等组成，每年举行一次联合展出。

七 文化设施

文化设施主要有国家档案馆、国家剧院、恩克鲁玛公园、博物馆及纪念碑管理局、杜波依斯泛非文化中心和省文化中心。

1. 国家档案馆

该馆于1955年建立,主要职能是搜集、整理、保存档案,为公众提供查询、咨询服务和档案公证。

2. 国家剧院

国家剧院由中国和加纳合作建设,坐落在加纳首都阿克拉市中心,建筑总面积为11960平方米,是一个多功能、具有高档装修水平的大型综合性剧院。国家剧院于1990年6月19日开工,于1992年12月20日竣工。

国家剧院设计新颖,建筑造型复杂,主体工程为天然地基、钢筋混凝土框架剪刀墙结构,仿船型钢筋混凝土曲面外墙,外贴莹白色马赛克,线条黑白分明,曲线光顺,下半部镶贴磨光花岗石,美观大方,远眺像一艘从大西洋远航凯旋的巨轮,气势宏伟;近望又似一只展翅腾飞的白色海鸥,栩栩如生。剧院还多处附设中国的园林建筑和非洲风情小品。

3. 克瓦米·恩克鲁玛公园

该公园于1992年建立,接待过来自世界各地的游客。这里展示的与恩克鲁玛有关的作品向人们证明,恩克鲁玛曾经为非洲解放作出了不懈努力。恩克鲁玛公园还是举行国家仪式的地方,如庆祝恩克鲁玛诞辰和加纳独立。

4. 博物馆及纪念碑管理局

该管理局于1957年成立,主要职能是负责保护加纳文化遗产;建立、保护和维护国家博物馆;对历史和文化建筑进行评估。在贩卖奴隶时代遗存的30多座碉堡中,海岸角奴隶堡和埃尔米纳奴隶堡最为著名，保存得也最为完好，是殖民主义者贩卖黑奴的历史罪证。

5. 杜波伊斯泛非文化中心和省文化中心

杜波伊斯泛非文化中心是为纪念泛非主义作家杜波伊斯而建立的。它经常组织各种讨论会，旨在教育非洲人民，唤醒沉睡中的非洲人民起来反对新殖民主义。它还筹备和组建泛非俱乐部，重点教育青年一代，引导他们关心一切影响非洲人民生活的事件，为他们长大后参加各级政府工作或其他工作做好准备。

各省文化中心于 1987 年建立，主要职能是执行政府发展、促进文化艺术的政策，发现、组织和召集省内的艺术家进行商业演出，有系统地组织演出有本省特色的节目，举办文娱活动。

八 艺术节

加纳艺术节主要有国家文化艺术节（NAFAC）。国家文化艺术节每两年举行一次。1996 年 8 月 23 日至 9 月 1 日在海岸角举行，为期 10 天，有许多文化表演、讲座和讨论会。举办文化节的目的是繁荣加纳文化，同时为旅游者提供一个了解加纳的机会，增加旅游收入。

第四节 医疗卫生

一 独立前简况

在英国统治时期，加纳的医疗卫生条件很差，人民的健康水平很低，流行疾病很多。根据 1931 年的统计，婴儿死亡率为 17%，有些地区婴儿的死亡率更高，例如外多哥（现沃尔特省）的库萨西（Kusasi）达到 40%，全国 14 岁以前夭折的儿童达到 40%。第二次世界大战前夕，加纳只有 39 所非

洲人医院。1951年,黄金海岸当局任命一个委员会调查医疗保健情况。这个委员会的调查报告指出:黄金海岸迫切需要加强疾病预防工作,特别是北部地区,那里的疾病问题非常严重。疟疾、印度牛痘、麻风、肺病、血吸虫病和线虫病广泛流行。在北部地区及阿散蒂,流行昏睡病。

1951年以后,为改善医疗保健状况,黄金海岸当局制订和执行了两个发展计划。第一个发展计划(1951~1958年)为卫生保健拨款1503.3万加镑,占预算总额的12%。第二个发展计划(1959~1964年)为卫生保健拨款4365万加镑,占预算总额的17%。

二 独立初期医疗卫生状况和措施

据1960年统计,加纳有63所医院,病床5000多张。医院都集中在城市里,其中,政府控制的中央医院4所,地方医院27所,精神病院1所,麻风病院1所;政府投资教会管理的医院27所,病床占全部病床的1/4。1961年7月前,据加纳卫生部长伯德马披露,政府给教会医院的拨款是50万加镑。有些工矿企业也有自己的医院。另有保健中心46处,大部分是可可销售局投资,多半集中在可可产区。妇产门诊所178所,其中23所是教会创办的。巡回医疗队5个,共有医疗官员5人,技术人员212人。他们经常到村镇巡回医疗。

注册医生310名,其中2/3是外国人。按当时的人口计算,全国平均2.16万人中有1名医生。注册护士2600名,经过专业训练的助产士90名。

加纳流行最广的疾病是疟疾、麻风、血吸虫病、肺病、印度牛痘和河盲症。印度牛痘主要在北部省份、沃尔特省和阿散蒂省流行。1957年,在经过检查的125万人口中有14.4万人患有印度牛痘病。河盲症主要在北部省份流行,有些村镇50%的居民患有河盲症。疟疾更是全国盛行。麻风病患者加纳至少有 5 万人。

当时加纳的医疗设施和医务人员远不能满足实际需要，医药更是供不应求。科列布教学医院是加纳首都最大的医院，1960 年该教学医院的门诊病人有 45 万人次，住院病人有 6000 人次，平均每个医生每月门诊病人 1000 人次。

为了改善医疗卫生条件，当时的政府采取了以下措施。

1. 大力培养医务人员

派送大批学生到外国留学，1960 年就公派留学生 1400 人，其中学医的或相关专业的学生 433 人。同年，加纳政府还公派 14 名护士到牛津大学学习，11 名学生到英国其他学校学习护士管理课程。60 年代初，加纳有 6 所医院自设护士学校，平均每校 60 人接受护士训练。为了帮助留学回国的青年医生了解本国的特殊问题，从 1962 年起，留学回国的医生要经过 3 个月的训练才能正式上岗工作。

2. 扩充医疗设施

从 1961 年 5 月起，科列布教学医院增设妇产科医院和儿童医院，5 所医院增设牙科门诊部，建设 5 所省级精神病院，增建保健中心 23 所，7 所医院各增加床位 32 个。

3. 设置卫生监察和宣传机构

全国划为 24 个卫生保健区，每区设 1 名监察员，对省主任卫生官负责。监察员下设卫生检查员，进行食物卫生检查、防疫注射和灭蚊等活动。全国设有 200 个卫生保健教育委员会，主要进行医疗卫生宣传工作。

三 罗林斯政府的政策法规

罗林斯执政以后，卫生部制定了预防为主（Emphasizing Prevention）的方针政策。根据这个方针政策在全国建立和扩大医疗卫生网络，加强预防工作和提供医疗服务。建立

了医院、医疗中心和卫生所，还为医疗部门提供经常性预算拨款和提供补贴。加纳宪法规定把中央的公共管理包括社会服务权力下放给地方。1997年，加纳还制定和颁布了《卫生服务和卫生管理法》(Health Services and Health Management Act)。加纳卫生部计划通过提高管理效率，改善社区的卫生。这部法律是对宪法的补充，将初级医疗和环境卫生的管理责任下放给了地方政府。

四 医疗卫生的预算开支

直到1985年以前，国家完全包揽公共部门的医疗卫生费用。1967/1968年度，医疗卫生的支出是政府财政支出的5%，到1974/1975年度占政府总支出的8%。中央政府分配给公共卫生部门的预算时多时少。这跟财政收入状况有关，也跟政策调整有关。1983年，公共卫生部门的预算占政府财政预算的4.38%，然后逐渐增加，1989年的比例最高，达到10.11%，接着是逐渐减少，1994年的比例最低，只有4.85%，1995年增加到6.52%。但是，中央政府的医疗卫生开支在国内生产总值中占的比例，总的来说呈上升趋势，例如，1983年为0.35%，1985年为1.17%，1989年为1.40%，1993年为1.52%。

五 婴儿疾病的防治

加纳婴儿和儿童受到婴儿感染、疟疾、呼吸道疾病、麻疹、印度牛痘和腹泻6种疾病的严重威胁。其中，多数疾病通过接种免疫疫苗可以得到有效防治。加纳政府特别是卫生部进行了大规模的宣传活动，但是婴儿接种疫苗的范围仍然是有限的。根据1993年的统计，12个月至23个月的婴儿中，接种免疫疫苗的婴儿分布很不平衡。其中，男婴占69.2%，女婴占67.1%；城镇婴儿占75.1%，农村婴儿占65.2%；母亲受过高中以上教育的婴儿占67.2%，母亲是文盲的婴儿占57.4%。全国10

个省的情况也很不平衡。接种免疫疫苗的婴儿,西部省占66.1%,中部省占68.9%,大阿克拉省占78.1%,沃尔特省占66.2%,东部省占71.9%,阿散蒂省占72.2%,布朗阿哈福省占77.1%,北部省占42.2%,上西部省占52.0%,上东部省占76.2%。

口服生理盐水可以有效地治疗婴儿腹泻。据加纳1993年人口统计和卫生调查,加纳受过教育的妇女都有这些卫生医疗知识,文盲妇女也有60%了解这些卫生医疗知识。

由于政府对婴儿疾病进行了积极防治,婴儿死亡率逐渐降低。据卫生部1998年统计,1974~1987年,婴儿死亡率为81‰,1989~1993年,婴儿死亡率下降到66‰,同期,儿童死亡率从81‰下降到57‰。

六 河盲症的控制方案

1875年,加纳北部发现了河盲症(River Blindness),当地人称之为肿病(Craw Craw)。它是由河里的一种嗦囊(Itchy)昆虫感染所致。

1974年,世界银行与世界卫生组织、联合国开发计划署、粮农组织和一些捐献国家,在西非几个国家包括加纳开始执行肿病控制方案。这个方案为期20年,目标是消灭肿病,铲除社会经济发展的障碍。

开始阶段,河盲症控制方案仅在加纳北部热带稀树干草原地区执行,因为河盲症的感染范围在不断扩大,所以执行河盲症控制方案的范围也随之不断扩大。现在,河盲症控制方案的范围已经覆盖全国2/3地区。

七 医疗卫生事业的新发展

加纳医疗卫生部门的政策是,继续延长预期寿命,大幅降低婴幼儿的死亡率。实现这些目标的战略依然是减少可以防治的疾病，特别要从儿童抓起，减少有害习惯导致的疾病，保证所有加纳人享受到医疗服务。到 1994 年，享受公费医疗的人口已达到 35%~40%。人均寿命 1960 年为 45 岁，1982 年为 53 岁，1995 年为 57 岁，1996 年为 59 岁，1998 年为 60 岁。

1998 年，医疗设备的改进取得重大进步，新建成了 26 个卫生中心，还有 9 个新的卫生中心已经开工。一些县医院、综合诊所和医务人员的宿舍、食堂整修工作已经完成。1998 年卫生部门根据一项全国方案，为 60 个公立的、慈善机构的医院和 14 所综合诊所及科列布教学医院全部配备了诊断设备；为 60 所医院和挑选的培训机构配备了确保产妇安全的直观设备。曼庞—阿克瓦皮姆的特特夸西耶医院（Tetteh Guarshie Hospital）已经完成了改建工作。所有省级医院及阿克拉和库马西的教学医院都配备了静脉注射器。科列布教学医院安装了一部新的制氧机，8 个手术示范室做了配备。所有综合诊所和县医院都配备了性能可靠的器械。1998 年增加了卫生预算，为 339 亿塞迪，约比 1997 年的 312 亿塞迪增加了 9%。另外，外国为加纳卫生部门的捐款达到 1917 亿塞迪，大约相当于加纳卫生预算的 5.6%。1999 年，加纳除加强医疗基础设施外，在霍城建立了沃尔特省医院，并建立了 36 个县级医疗管理局，还建立了一些诊所和妇产科、科列布教学医院非创伤急救室、5 个农村医疗中心。完成改建工作的包括：特马总医院男科病房、66 个医疗中心和 5 个省、县级医院科室。到 1999 年年中，门诊病人同比增长 13%，医院妇产科就诊、分娩妇女同比增长 9%。

根据世界银行出版物 2006 年"世界发展指数"，2003 年，加纳医疗卫生开支占国内生产总值的比例为 1.2%，而尼日利亚为 1.3%，塞内加尔为 2.1%。加纳政府估计，全国人口中只有 58% 可以享受医疗服务。1993 年白喉、小儿麻痹症和破伤风疫苗接种率为43%，2003年上升至76%，2005年进一步上升至85%。这个水平接近"消贫战略白皮书"制定的90%的目标。

加纳的艾滋病已引起政府的重视。艾滋病在加纳是1986年发现的。截至1997年末，艾滋病患者已有4万人，感染者已达21万人，死于艾滋病者已达1.8万多人。

加纳政府正在积极应对艾滋病带来的危险，并承诺将15%的医疗卫生预算用于艾滋病感染者/患者。截至2003年末，加纳艾滋病患者和感染者达到32万人。其中，儿童（0~14岁）2.5万人，妇女18万人，男人11.5万人。成人感染率为2.9%。2005年死于艾滋病者达2.9万人。艾滋病导致的孤儿达到7万人。据报道，国际公司正在加纳进行艾滋病药实验，不过，实验的结果如何迄今尚无结论。

甲型流感（H1N1）对加纳的影响不大。2009年8月初，加纳卫生部阐明，加纳受甲型流感（H1N1）的影响甚小，已经得到控制。加纳政府与世界卫生组织正在就获得有关药品和技术援助进行合作。加纳还开展了一般教育活动，公立和私人医疗诊所对可能出现的病例保持着高度警惕。

第五节 体育

一 体育领导机构和体制

加纳全国体育领导机构是青年与体育部，各省还有负责青年与体育的官员。首都有全国体育项目俱乐部。有些体育项目还有省级俱乐部。青年与体育部负责的体育项目主要有足球、拳击、赛马、乒乓球、曲棍球、板球、草地网球、高尔夫球、田径等。

加 纳

二 体育项目

1. 足球

足球是加纳流行最广的运动。加纳有几个全国性的足球队,均属于一个体育俱乐部。加纳共和国足球队实际上是国家代表队,加纳足球队很早就是非洲强队之一。1960年,加纳足球队曾与埃及足球队2∶2踢平,与尼日利亚多次比赛,胜多负少。1961年6月,加纳国家代表队黑星队(Black Star)与苏联迪那摩足球队两次比赛,结果是一胜一负。同年,加纳全国足球赛冠军队科托科队(Kotoko)与苏联冠军队火车头队的比赛成绩是1∶1。

加纳青年足球队黑卫星(Black Satellites)也是世界著名强队。加纳少年足球队(17岁以下)小黑星(Black Starlets)曾经两次征服世界,1997年获得世界第一名。加纳青年男子足球队1999年获得世界第三名(第一名是巴西,第二名是澳大利亚)。奥林匹克队黑流星(Black Meteors)曾于1992年在巴塞罗那奥林匹克足球赛荣获铜牌。2001年第13届世界青年足球赛,加纳队以0∶1败给阿根廷队,屈居亚军。据2009年11月19日公布的第19届(南非)足球世界杯排名,加纳足球队被列入32强。2010年6月南非足球世界杯开幕后,加纳与德国、澳大利亚和塞尔维亚4个队分在D组中,进行循环比赛。6月17日,加纳以1∶0战胜塞尔维亚,积3分。6月19日,加纳以1∶1打平澳大利亚,各积1分。6月24日,加纳以0∶1负于德国,没有积分。D组比赛的结果是:德国共积6分,以D组第一名出线,加纳共积4分,以D组第二名出线。澳大利亚虽然也共积4分,但净进球少于加纳,所以未能从D组出线。截至6月24日,加纳已进入16强。6月27日,加纳2∶1战胜美国,进入8强,但在7月3日被乌拉圭战败,最终止于8强。即便这样,加纳还是为非洲国家赢得了荣誉。

足球一直是加纳体育的强项。除了首都阿克拉以外，其他几个大城市也将足球作为主要体育项目，具有广泛的群众基础。近年来，加纳少年女子足球队也发展成为一支强队。[①]

2. **拳击**

拳击是加纳观众最喜欢的运动之一，也是加纳在国际比赛中比较拿手的运动项目。加纳拳击运动员艾克·夸泰伊（Ike Quartey）曾经获得奥林匹克运动会银质奖章。弗洛伊德·罗伯逊（Floyd Robernson）1960年曾经获得"大英帝国次轻量级拳击冠军"。1961年3月，加纳拳击队和民主德国拳击队进行比赛，结果水平不相上下。

3. **赛马**

赛马是观众最多的运动，也是最赚钱的生意。库马西的赛马俱乐部有20万加镑的资本。阿克拉也有一个赛马俱乐部。加纳政府设立了一个赛马管理委员会。

4. **板球**

板球作为一项运动，在加纳高级中学和高等学校中比较普遍，在群众中也逐渐开展。

5. **乒乓球**

乒乓球运动在加纳非常普遍。加纳乒乓球队在西非是水平最高的一个队。1961年，在西非乒乓球比赛中，加纳包揽了7项冠军。在北京举行的第26届乒乓球国际比赛，加纳也选派了选手参加。

6. **田径**

1961年9月，加纳举行了第一次全国运动会。同年，加纳还选派田径运动员参加了在莫斯科举行的世界田径运动会。

---

① *West Africa*, No. 4234, 10th – 16th July 2000, London, pp. 36 – 38.

三 国际交流

加纳足球水平在非洲比较高,这方面的国际交流较多,与西非国家特别是尼日利亚的交流很频繁,加纳的足球队有时也到欧洲参加比赛。在拳击、乒乓球和田径等强项上,加纳有时也派代表队参加国际比赛。

四 体育设施

阿克拉、库马西、塔科拉迪、温尼巴等大中城市的体育设施比较好,有比较像样的足球场、赛马场、曲棍球场、网球场、高尔夫球场,有些省会城市也有这些体育场,但是设施比较简陋。

第六节 新闻

一 报纸与通讯社

1. 报纸

加纳有全国性日报 3 家,地方性日报 1 家,各种周刊 40 多种。除少数几种报刊用加纳当地文字出版外,其他都是英文报刊。其中主要英文报刊有:

《每日写真报》(*Daily Graphic*),是加纳主要官方报纸之一,也是最大的全国性日报,发行量最大,日销售量约 50 万份。现在,公司除发行《写真报》外,还发行《镜报》(周报)和《体育写真报》(周报),对外承接印刷业务。该报为 8 开张纸,每日 24 版。公司主要收入来源于广告和印刷业务,经费基本能自给。

《加纳时报》(*The Ghanaian Times*),是加纳第二官方日报,发行量约 20 万份。该报于 1957 年创刊,政治性较强,经济性文章有时很长,但比较空泛。1971年该报社根据法令成为独立公司。时报公司还出版《旁观者报》(周报),也承揽一定的印刷业务。该报为8开张纸,每日12版。该报经费不足,须由政府提供补贴。

《新闻晚报》(*Evening News*),其办报方针、国际消息的侧重点和国内消息的来源和《加纳时报》基本上是一样的。

《阿散蒂先锋报》(*Ashanti Pioneer*),于1939年创刊,是加纳反对党控制的地方性报纸,为日报,在加纳最大商业城市库马西出版。

《商业与金融时报》(*Business and Financial Time*),加纳最有权威的专业性报纸,为周报,编辑和记者的采编撰稿能力都比较强,问题抓得准,资料较丰富。

《大街时报》(*Journal of High Street*),于1997年创刊,为周报、专业性刊物,有关金融、产业部门的分析文章比较多,而且系统深刻。此外,还有《先锋报》、《自由报》、《政治家》等一些私人办的周刊。期刊很多,但质量参差不齐,多数以营利为目的。

2. 通讯社

加纳新闻社(Ghana News Agency),于1957年成立,原是英国路透社的分支机构,社长和工作人员都是英国人。加纳独立以后,加纳新闻社成立一家公司(Corporation),由一个委员会负责管理。虽然由加纳政府提供一部分经费,但是加纳新闻社不是官办的。该新闻社总部在阿克拉,各省省会都有分社。该新闻社除在非洲国家有常驻记者外,在英国、美国、德国等处也有常驻记者。

加纳有一个记者俱乐部,不过,除了每年开一两次会议以及收会费外,无其他活动。

二 广播与电视

1. 广播

加纳从1935年起有有线广播。当时它只是英国广播公司(BBC)的转播站,1954年才建立了全国广播网。

加纳

1957年，全国广播网成为政府广播机构。全国共有37个广播转播站，其中8个省会的转播站用微波中继设备传送中央台的节目，其他各站用录音机接收下来后再进行转播。广播电台的国外新闻依靠路透社提供，国内新闻依靠加纳通讯社提供。加纳广播电台还同一些外国电台建立了交换节目关系，如英国BBC、美国"美国之音"等。

加纳广播公司所属电台使用3个频道广播。第一频道以埃维、阿肯等6种本地语言广播。第二频道是商业性频道，用英语播送娱乐性节目和新闻。1986年起设立调频广播，以播送音乐节目为主。第三频道为调频立体声广播。从1987年3月起，加纳广播公司恢复了对西非地区的英语和法语广播。

加纳现有4个调幅台，23个调频台，没有短波台。由于广播电台的硬件比较好，节目内容也比较贴近生活，听众购买无线电收音机的积极性逐渐提高。据美国中央情报局的网上资料，估计1997年加纳全国拥有无线电收音机1250万台。

2. 电视

加纳从1965年开始播放黑白电视节目，1986年开始播放彩色电视节目。除播放自制节目外，每天定时转播CNN的新闻和TNT的娱乐性节目。加纳现有3家电视台，8个中继站，1个收费光缆/卫星台。据美国中央情报局1997年估计，加纳有电视机190万台。目前，加纳正在着手把有线电视台改成无线电视台，估计在不久的将来会有更多的消费者收看无线电视台的文娱节目。

2005年，加纳有注册电台137家，其中84家在全国范围经营。加纳电视台有4家：加纳电视台（GTV），为国有；大都会电视台（Metro-TV），为私人和加纳广播公司联合所有；电视三台（TV3），为私人所有；非洲电视台（Africa TV），为私人所有。此外，在阿克拉、库马西和塞康第/塔科拉迪3个城市有几家收费电视台。其中，南非的DSTV是通过卫星服务全国的电视台。

第七章
外　交

第一节　外交政策

加纳独立以来，其外交政策大体可分为两个时期，即冷战时期的外交政策和冷战结束后的外交政策。

一　冷战时期的外交政策

加纳与其他非洲国家一样，是在东西方冷战高潮时期获得独立的。独立后，恩克鲁玛执政前期，即1960年以前，由于国家独立不久，基本上奉行亲西方的政策，与西方大国关系较密切。后因西方大国武装干涉刚果（利）独立，杀害卢蒙巴，支持南部非洲国家的白人种族主义政权镇压非洲人的民族解放运动，从1960年起，恩克鲁玛政府逐步改变对西方的态度，开始改善和发展同苏联、东欧国家、中国的关系。1961年加纳还成为不结盟运动的创始国之一。此后，加纳历届政府基本上都奉行不结盟的外交政策。不过，他们对"不结盟"有不同的理解，在具体外交行动上有不同的倾向。

恩克鲁玛认为不结盟就是不依附于东西方两大政治军事集团，而实行"积极中立"政策，就是要根据加纳自己的利益和

价值观来判断问题和采取立场，并以和平方式解决所有国际争端。此项政策遭到西方国家的反对。所以恩克鲁玛政权后期，与西方关系较紧张，而同中、苏社会主义国家的关系越来越密切。

安克拉军政府1966年2月上台，没有放弃不结盟政策，而且还提出了所谓"真正中立"的口号，但实际上是奉行只与西方友好而反对社会主义国家的外交政策。它关闭了中国、朝鲜、越南、古巴、民主德国驻加纳的使馆，驱除了苏联和中国在加纳的专家。布西亚文官政府1970年2月上台后，继续奉行上述政策。阿昌庞军政府统治时期（1972~1978年），外交政策有所改变，采取了"均衡的不结盟"政策，在继续维持与西方大国"正常关系"的同时，恢复和改善了与社会主义国家的关系，与中、越、古巴等国复交，并陆续与几乎所有社会主义国家签订了经济技术合作协定。罗林斯执政时期，基本上仍奉行"积极中立"的不结盟政策，维护加纳的独立、主权和领土完整，不加入任何大国集团，与所有国家保持友好合作关系。

二　冷战结束后的外交政策

冷战后的国际形势发生了重大变化，但加纳认为不结盟运动应当继续存在。不过，现阶段不结盟运动的任务应当是维护内部团结，使其在维护和平、解决地区冲突，在经济社会发展方面发挥积极促进作用；不结盟运动应当积极促进南北在贸易、金融、投资和减轻外债负担等方面矛盾的解决，为在平等公正基础上形成新的世界格局作出贡献。

因此，在冷战后的新时期，加纳总的外交政策仍是奉行独立自主、积极中立和不结盟的外交政策；谋求同一切尊重加纳主权、独立和利益的国家建立和发展友好关系；主张以和平方式解决国与国之间的争端；主张加强南南合作；主张建立公正合理的国际政治、经济新秩序；强调同非洲国家的政治团结和经济贸易合作，促进西非国家和非洲经济一体化，同邻国发展友好关系；反对少数西方大国推行强权政治和以各种借口干涉他国的内政，同时又重视与西方国家发展政治经济关系，谋求政治支持和经济援助；重视同亚洲、非洲和拉丁美洲重要国家发展友好关系。

对联合国，加纳认为它有能力处理国际事务、调解地区冲突，它应该致力于建立平等公正的国际政治经济秩序。加纳支持联合国前任秘书长安南和现任秘书长潘基文在联合国范围内采取的改革措施和具体行动；支持安理会改革，增加安理会常任理事国的席位，主张安理会的改革不仅在于提高工作效率，还应当更好地促进各国经济发展、社会进步、维护全球和平与安全；反对少数大国操纵联合国。

加纳认为，冷战后已经没有必要保留核武器；世界各国应当加强相互信任，转变建立在核威慑基础上的安全观念；呼吁有关国家举行全面、非歧视的裁军谈判；加纳主张尊重人权和人的基本价值；反对西方大国以人权为借口干涉别国内政；反对西方大国把自己的人权标准强加于人和置于发展中国家的经济发展之上。

加纳认为，由于世界各国的经济发展水平不同，经济全球化已经给发展中国家带来不利影响，使发展中国家的技术、资金和生产能力与发达国家的差距进一步扩大。它还认为发达国家有义务帮助发展中国家特别是非洲国家的经济发展，经济援助不应附加任何条件；发达国家应当实行有利于发展中国家金融、货币、贸易和投资的政策，应当减免非洲国家的债务。

加纳认为，中东所有国家都有生存的权利，以色列应当执行联合国的有关决议；支持巴勒斯坦人民实现自治、建立国家和难民重返家园的合法权利；巴勒斯坦解放组织是巴勒斯坦人民的唯一合法代表，承认巴勒斯坦国。

加纳认为，不合理的国际经济秩序和非洲的地区动乱阻碍了

加纳

非洲发展；非洲国家应当把合作放在非洲的经济发展之上；实现非洲经济一体化是解决非洲问题、实现非洲经济发展的唯一途径；非洲各国应积极参加西非国家经济共同体的经济一体化行动。

加纳还积极参加联合国维和行动；支持非洲统一组织和非洲联盟为建立非洲安全机制所作的努力，支持西非国家经济共同体建立地区维和机制。罗林斯连续担任过两届西非国家经济共同体主席，曾经为调解利比里亚冲突作出突出贡献。对美国提出的建立"非洲危机反应部队"的倡议，加纳持谨慎支持态度。

第二节 对外关系

一 概况

本着中立和不结盟的对外政策，加纳认为国家与国家之间关系应遵守坦诚和守信的原则；对西方发达国家，积极寻求其在政治、经济和军事上的支持，但对其霸权行径不满；对非洲国家，积极谋求稳定合作，共同发展，努力推动西非地区和全非经济一体化；积极参与地区和国际合作，树立西非重要国家形象，努力提升国际影响力；加强与发展中国家的关系，促进经济和贸易合作。加纳是非盟前身非统组织和不结盟运动的创始国之一，与91个国家建立了外交关系，在国外共计设立42个使领馆和代表团。现有42个国家在加纳设立了使领馆，10个国际组织在加纳设立了代表处。

加纳参加的国际组织主要有：非洲、加勒比和太平洋地区国家集团，非洲开发银行，联合国关税合作理事会，非洲经济委员会，西非国家经济共同体，联合国粮食及农业组织，七十七国集团，国际原子能机构，世界银行，国际民用航空组织，国际农业发展基金会，国际劳工组织，国际货币基金组织，国际奥林匹克委员会，国际电信联盟，不结盟运动，非洲统一组织，联合国，联合国贸易和发展会议，联合国教育、科学及文化组织，联合国工业发展组织，世界卫生组织，世界贸易组织。

二　同中国的关系

两国于1960年7月5日建立外交关系。恩克鲁玛时期，两国关系比较密切。1966年10月，以安克拉为首的军政府"全国解放委员会"单方面宣布同中国断交。1972年2月，阿昌庞政府主动与中国恢复外交关系。两国签有友好条约和经济技术合作、贷款和文化等项协定。罗林斯执政初期，两国关系一般，1983年以后，两国关系逐步改善。1989年10月21日两国在北京签订了《中华人民共和国政府和加纳共和国政府关于鼓励和相互保护协定》，为发展两国的经济合作、扩大双边贸易投资创造了良好的条件。2001年1月7日库福尔执政，他非常重视对华关系，主张扩大和加强双方在各领域的合作。

1. 友好往来

加纳1957年3月6日独立时，周恩来总理致电祝贺，聂荣臻副总理以中国政府特使身份参加了加纳独立庆典。1961年10月，加纳轻重工业部长克罗博·埃杜塞率加纳代表团访华。1961年8月和1966年2月，恩克鲁玛总统两次访华。1964年1月周恩来总理和陈毅副总理兼外长访问加纳。1972～1978年，加纳工业部长，上东部省长，农业、新闻、贸易和旅游部长，海军司令等访华。1978年10月，耿飚副总理访问加纳。1981年12月黄华副总理兼外长访问加纳。1984年11月，加纳临时全国保卫委员会特别顾问齐卡塔率政府代表团访华。1985年9月，加纳国家元首罗林斯访华。1986年10月，李鹏副总理访问加纳。1987年3月，地矿部长朱训以中国政府特使身份出席加纳独立

加纳

30周年庆典。1989年10月，加纳部长委员会主席奥宾访华。1990年10月，邮电部部长张泰芳访问加纳。1992年1月，钱其琛国务委员兼外长访问加纳。1993年加纳内政部长奥伍苏访华。罗林斯总统夫人科娜图于1995年8月出席在北京举行的第四届世界妇女大会。她还曾于1987年6月和1998年8月访华。1995年12月，罗林斯总统访华。1996年4月，陈慕华副委员长率中国妇女代表团访问加纳，安南议长率加纳议会代表团访华。同年10月，加纳国务委员、文化委员会主席阿欣访华。1997年5月，加纳全国民主大会党副总书记阿托尔访华。同年9月，加纳国务委员、总统安全事务顾问齐卡塔和警察总监南弗里分别访华，1998年6月，唐家璇外长和南京军区政委方祖岐上将先后访问加纳。同年9月，加纳陆军司令约瑟夫·史密斯少将访华。1999年1月26～28日，胡锦涛副主席访问加纳。同年6月8～15日，加纳全国民主大会党总书记叶海亚访华，10月5～8日，中国监察部副部长陈昌智访问加纳。2000年1月，国务委员吴仪访问加纳。2000年1月和7月，加纳外长贝霍和加纳副总统约翰·米尔斯先后访华。2000年6月28日，国务院副总理李岚清在中南海会见加纳国防部长敦考一行。2000年9月4日，全国人大常委会副委员长布赫会见加纳廉政委员会主席埃米尔·弗朗西斯·肖特一行。2001年1月3日、9日和2月8日，江泽民主席、胡锦涛副主席、李鹏委员长和唐家璇外长，分别向总统库福尔及副总统马哈马、议长阿杰蒂和外长奥乌苏-阿杰芒新当选表示祝贺。5月22～25日，全国人大常委会副委员长许嘉璐访问加纳。5月30日，钱其琛副总理在中南海会见加纳总统顾问奥塞-邦苏。10月27日至11月3日，加纳总统库福尔访华。2004年3月10日，魏建国副部长率中国商业代表团访问加纳，拜会库福尔总统。加纳财政和经济计划部部长与魏建国副部长分别代表本国政府签署了《中加经济技术合作协定》。2004年8月，加纳议会外事委员会主席夸比纳·奥克彻瑞率团访华。10月,加纳国防部长夸梅·阿多·库福尔访华。12月15日,李肇星外长在中非合作论坛第二次部长级会议期间会见加纳外长纳纳·丹夸·阿库福－阿多。2005年4月,中国国家主席胡锦涛在出席雅加达亚非峰会期间会见库福尔总统,双方就双边关系和共同关心的问题广泛交换了意见。此外,全国政协副主席王忠禹、中国人民银行行长周小川、国家体育总局副局长于再清、中国全国工商联副主席谢伯阳先后访问加纳。加纳能源部部长和私营企业发展部部长先后访华。2006年6月18日,温家宝总理访问加纳,与库福尔总统举行会谈,并出席《中加经济技术合作协定》等双边合作文件的签字仪式,双方还发表了联合公报。6月19日,温家宝总理和库福尔总统共同出席了中国援加公路改扩建项目竣工移交仪式。2007年4月18日,全国政协主席贾庆林对加纳进行正式友好访问,4月19日,出席中国援助加纳国防部办公大楼项目开工典礼,分别与加纳议长塞基－休斯和库福尔总统举行会谈,会后与库福尔总统共同出席《中加经济技术合作协定》等6项双边合作文件的签字仪式。9月25日,中国进出口银行行长李若谷与加纳国务部长安托尼·阿科托·奥塞(Anthone Akoto Osei)签署布维水电站项目买方信贷贷款协议及其相关附属协议、加纳国家通信骨干项目二期、电子政务及国家普遍服务——农话网项目融资意向谅解备忘录。12月21日,中加两国经济技术合作协定签字仪式在加纳财政和经济计划部举行。于文哲大使与加纳国务部长安托尼·阿科托·奥塞分别代表本国政府在协定书上签字。2008年3月和4月,加纳议长埃布内泽尔·塞基－休斯访华,全国人大委员会委员长吴邦国、全国政协主席贾庆林于3月31日在人民大会堂分别会见了塞基－休斯。吴邦国赞赏加方奉行一个中国政策,感谢加方在中国台湾、西藏等问题上给予中方的宝贵支持。埃布内泽尔·塞基－休斯说,加纳十分

加纳

珍视与中国的传统友谊，坚定奉行一个中国政策。贾庆林说，中国全国政协愿与加纳议会加强交流与合作，共同为发展中加关系不懈努力。埃布内泽尔·塞基-休斯还说，加纳议会希望加强与中方交流与合作，推动两国传统友好关系不断取得新的进展。9月2日，商务部副部长傅自应率领中国经贸代表团一行15人参加在加纳首都阿克拉举行的第三届援助有效性高层论坛，并对加纳进行正式访问。9月3日，库福尔总统亲切会见傅自应副部长一行，并出席见证了在总统府举行的《中加经济技术合作协定》、《加纳布维水电站项目优惠贷款框架协议》、《加纳大学远程教育项目优惠贷款框架协议》、《中国政府向加纳赠送抗疟药品换文》等5个双边合作文件的签字仪式。傅自应副部长与加纳财政和经济计划部部长夸多·巴阿·韦莱杜分别代表本国政府在双边协议文件上签字。

2. 两国的双边贸易

中、加两国自1956年起开始贸易往来。1960年7月，中、加两国建立外交关系，签订了第一个贸易和支付协定，规定1961年8月至1981年8月两国通过记账支付。1961年8月，中、加两国政府签订了经济技术合作协定、贸易和支付协定，规定两国间的贸易应以进口商品和出口商品总值平衡为原则。1964年7月，双方签订了经济合作补充协定，1977年12月，双方又签订了两个贸易和支付协定。1981年8月至1984年7月，两国间贸易改为现汇贸易。1984年7月，双方签订了易货贸易协定，两国贸易实行易货和现汇双轨制。1988年，双方签订了经济和贸易联合委员会协定，1989年签订了投资和保护协定，1991年双方换文确认以现汇进行贸易结算。

20世纪70年代，两国贸易额大体平衡。80年代，加纳经济困难，外汇短缺，造成中国逆差。90年代，尤其是1994年，中、加两国贸易额大幅增长，这一年突出的表现是加纳向中国出口骤增，从1993年的641万美元增加到2522万美元。1995年，双方贸易总额进一步增加，比1994年增长23.6%，但是，加纳向中国出口出现锐减，从1994年的2522万美元，锐减到491万美元。1997年，中国对加纳贸易总额为8870万美元，其中，中国出口额为8617万美元，进口额为253万美元。1998年，中国对加纳贸易总额为1.2007亿美元，其中，中国出口额为1.1155亿美元，进口额为852万美元。1999年，中国对加纳贸易总额为1.1433亿美元，其中，中国出口额为1.0951亿美元，进口额为482万美元。2000年中国对加纳贸易总额为1.2098亿美元，其中，中国出口额为1.0598亿美元，进口额为1500万美元。2001年，中国对加纳贸易总额为1.8248亿美元，其中，中国出口额为1.4588亿美元，进口额为3660万美元。2002年，中国对加纳贸易总额为2.1243亿美元，其中，中国出口额为1.8228亿美元，进口额为3015万美元。中国主要出口产品是机电设备、纺织品、电池、轻工产品等，从加纳进口产品主要是锰矿砂、可可、木材和天然橡胶等。2003年，中国对加纳贸易总额为3.561亿美元，其中，中国出口额为3.2179亿美元，进口额为3431万美元。2004年，中国对加纳贸易总额为5.908亿美元，其中，中国出口额为5.1042亿美元，进口额为8038万美元。2005年，中国对加纳贸易总额为7.69亿美元，其中，中国出口额为6.73亿美元，进口额为9600万美元。2006年，中国对加纳贸易总额为8.8277亿美元，比上年增长14.79%，其中，中国出口额为8.0309亿美元，比上年增长19.33%，进口额为7968万美元。2007年，中国对加纳贸易总额比上年猛增近4亿美元，突破10亿美元大关，达12.7489亿美元，其中，中国出口额为12.2137亿美元，进口额为5352万美元。

3. 经济援助

自1960年7月双方建立外交关系和1972年恢复外交关系以

来，中国向加纳提供各种经济援助达5.3亿多元（人民币，下同），其中，无息贷款2.5亿多元，无偿援助7800多万元，优惠贷款2亿元。加纳已偿还无息贷款近1400万元。2001年，中国力所能及地减免了加纳的一部分债务。

中国援建的已经完成的成套项目有：阿菲费灌溉工程、碾米厂、诺布瓦姆农田水利灌溉工程、国家剧场、加纳大学小剧场重建及配套设施、粮食和阿克拉唐苏曼地区职业技术培训中心。

使用中国政府贴息优惠贷款的金矿开采（中国陕西地矿有限公司技术投资）已经投产；可可豆加工公司（中国农牧渔业国际合作公司投资）计划2003年投产；渔网绳厂计划2003年试生产。

4. 互利合作与投资

中、加互利合作业务从1983年起开始。截至2001年末，中国公司在加纳签订的工程承包项目和劳务合作合同共计282项，合同总额为2.2亿美元，实际完成总额为1.7亿美元。在加纳注册的中国公司主要有：中加基础化工原料有限公司、三宝（加纳）制药有限公司、马斯渔业有限公司、中加渔业公司、金莱克国际盐业有限公司、黄金有线电视有限公司等。2003～2007年，中国在加纳投资企业注册资本分别为：115万美元、167万美元、667万美元、652万美元和633万美元，中国在加纳投资企业登记投资额分别为：164万美元、224万美元、1224万美元、1204万美元和1185万美元。2002～2007年，中国对加纳承包工程营业额分别为：6743万美元、4100万美元、5889万美元、8246万美元、1259万美元和1.8938亿美元，中国在加纳从事承包工程人员分别为318人、326人、442人、534人、1123人和1189人；中国对加纳劳务合作营业额分别为：132万美元、61万美元、74万美元、83万美元、121万美元和178万美元，中国在加纳从事劳务合作人员分别为 218 人、179 人、131 人、133 人、154 人和 105 人；中国在加纳从事设计咨询人员分别为 9 人、9 人、9 人、9 人、16 人和 16 人。

5. 教科文新闻体育交流

1977 年以来，中国武术团、广西杂技团、新疆歌舞团、宁夏艺术团、福建杂技团、宁夏银川杂技团、青海杂技团、齐齐哈尔杂技团和广西艺术团先后赴加纳访问演出。1985 年 5 月，加纳艺术家小组访华。1993 年 11 月，加纳兄妹歌唱家访华。1988 年 4 月，中国艺术教育团访问加纳。1993 年文化部部长助理访问加纳。1998 年 6 月，文化部征展小组赴加纳选购艺术品。

1998 年 2 月，中国教育部把在库马西恩克鲁玛科技大学援建的微机实验室正式移交给加纳教育部。1960 年以来，中国共向加纳提供 100 多个奖学金名额。2003 年 8 月，加纳在华留学生有 21 人，中国有 2 名教师在加纳大学工作。

从 1976 年起，两国共有近 10 家新闻机构团体互相访问。1998 年 6 月，加纳新闻社社长访华。1998 年 9 月，新华社为加纳新闻社设立了卫星接收站。

1995 年 1 月，中国核工业总公司在国际原子能机构资助下，为加纳建造的小型核反应堆竣工。1998 年 4 月，通过多边合作和用中国设备建立的阿克拉科列布教学医院放射科实验室竣工。

1973～1989 年，中国共向加纳派遣六批乒乓球教练。两国乒乓球队和足球队都进行过互访。

6. 华侨华人

加纳现有华侨华人近千人，主要来自中国香港、澳门、台湾和其他地区。他们大多数居住在加纳首都阿克拉、港口城市特马和塔科拉迪，少数居住在库马西和阿科松博等地。他们有人经商或办厂，有人从事餐饮业，有人开诊所。1994 年 7 月成立了"加纳中华工商总会"。首任会长朱亦念（加纳国籍），第二任会

长周森林（台湾人），现任会长武诚之、副会长鲍斯杰。1998年9月，加纳中华工商总会组团回国观光。1999年1月，胡锦涛副主席访问加纳，会见了旅居加纳的华侨华人代表。

三 同主要西方大国的关系

1. 同英国的关系

作为原宗主国，英国对加纳各方面都有传统利益和影响，每年都向加纳提供经济援助和军事援助。恩克鲁玛执政前期两国关系比较密切，后期较冷淡。布西亚时期，两国关系好转。阿昌庞时期，加纳对英国在加纳的公司实行强硬措施，使两国关系紧张。罗林斯执政初期，两国关系仍然比较冷淡。20世纪80年代末两国关系逐步好转。1994年，英国贸易大臣和负责外交与联邦事务的助理国务秘书分别访问加纳。1995年罗林斯访问英国。1996年，英国工商大臣访问加纳。1997年罗林斯到爱丁堡出席英联邦首脑会议，会见了布莱尔首相。1998年，安妮公主、负责国际发展与合作事务大臣、英国总参谋长和联邦事务部长先后访问加纳。1999年3月，英国外交大臣库克访问加纳。罗林斯总统夫人、米尔斯副总统于7月和9月先后访问英国。同年11月，英国女王访问加纳。

加纳是英国在撒哈拉以南非洲的最大援助对象国。1993年英国在加纳投资1.5亿英镑。截至1995年1月，英国向加纳提供1.6亿英镑的援助。1996年，英国取消加纳5000万英镑债务，并提供1.2亿英镑援助。加纳是英国在撒哈拉以南非洲的第三大市场。在一个较长时期，英国是加纳第二大出口国和最大进口国。1997年加纳向英国出口2.02亿美元，从英国进口4.98亿美元。1998年，英国从加纳进口1.94亿美元，出口3.38亿美元。同年，英国为加纳基础教育提供5180万英镑赠款，为加纳供水设施提供3000万英镑援助。1999年3月，英外交大臣与法外长联合访问加纳,11月,英国女王访问加纳,两国关系有所加深。2005年2月,英国财政部首席国务大臣博亭访问加纳。7月,在英国出席8国集团首脑会议的库福尔总统致电英国女王,对伦敦爆炸事件造成重大人员伤亡表示慰问。9月,英国国务大臣英格拉姆访问加纳。10月,库福尔总统访问英国。2005年,英国向加纳提供1.36亿英镑的援助。

2. 同美国的关系

早在加纳独立前的1955年,美国就开始向加纳提供援助。1976年后,由于加纳实行激进政策,两国关系转向冷淡。罗林斯执政初期,两国关系依然冷淡。后来,随着加纳政策的调整,两国关系逐步改善。美国支持加纳经济改革,恢复对加纳援助。美国在加纳投资主要集中在金矿开采、电信、化工和批发贸易等部门。1994年,美国副国务卿塔尔伯特、负责非洲事务的助理国务卿穆斯、前总统卡特和教育、议会代表团相继访问加纳;罗林斯总统及其夫人访问美国,罗林斯获得美国大学颁发的C.D.马丁勋章,成为继美国两位前总统之后的第三位获得者。1995年罗林斯两度访问美国,宾夕法尼亚州林肯大学授予罗林斯夫妇名誉博士学位,表彰他们为加纳和非洲发展所作的贡献。1996年,美国商务部长布朗访问加纳。1997年,米尔斯副总统两度访美。1998年3月,克林顿总统访问加纳,赞扬加纳的经济发展是非洲大陆的榜样,提出与非洲建立面向未来的伙伴关系。同年,罗林斯出席联大并访问美国,呼吁美国尽快通过"非洲贸易增长与机遇法案"。1999年2月,罗林斯对美国进行国事访问,签署了贸易与投资框架协议。4月,罗林斯第五次访问美国,在丹佛和休斯敦获得"全球市场排名奖",表彰他在经济发展、促进贸易和投资及开拓市场努力中所作的贡献。

20世纪80年代后期,美国恢复了对加纳的经济援助,支持加纳的经济结构调整。1991年,美国取消了加纳近2亿美元的

加纳

债务，1992年向加纳提供贷款将近1亿美元。1996年，美国政府向加纳提供4200万美元援助，美国进出口银行向加纳国际石油公司提供3.16亿美元贷款。1998年，克林顿宣布提供6700万美元贷款；9月，美国国际开发署向加纳提供5000万美元援助，帮助建设发电设施，以便进一步解决电力供应问题；同月，美国助理国防部长克莱默访问加纳。1999年，美国向加纳提供9300万美元的长期贷款，用于加纳防洪堤的建设。

1997年，加纳向美国出口额为1.44亿美元，从美国进口额为3.46亿美元。1998年，加纳向美国出口额为1.16亿美元，从美国进口额为2.05亿美元。

加纳是世界上第一个接受美国和平队的国家。美国派到加纳的和平队曾达到4000名，深入到各行各业。1998年，加纳700名陆军官兵参加了由美军教官指导的"非洲危机反应计划"第一阶段的训练。不过，加纳对美国在军事上的支持，态度上是既积极又有一定的保留。

据美国驻加纳大使馆1996年8月提供的一份报告称，"美国与加纳尽管国家大小不同，贫富有差别，对全球和地区的政治、军事、经济、贸易等问题有分歧，但双方关系是亲密而又建设性的，没有影响双方关系的重要障碍"。

根据"非洲增长与机遇法案"，加纳可免税向美国出口6000项产品，包括纺织品、服装、木薯淀粉等。美国每年向加纳提供粮食援助5万吨。2005年4月，美国免除加纳欠美国全部债务共4.6亿美元。6月和10月，库福尔总统两次访问美国，并同布什总统举行会谈。8月，美国驻欧军司令沃尔德将军访问加纳。2009年7月10日，美国总统奥巴马匆匆访问加纳，出行前十分明确地说，他访问的理由是加纳"有一个可行的民主制度，一位认真扫除贪污的总统，一个有长足进步的经济"。他在加纳议会演讲时明确指出："我们必须支持强有力并可持续的民主政府。"他强调："发展有赖于良政，这是非洲最紧迫的问题，只有朝着这个目标改革才能释放非洲的潜力，也只有这样改变，非洲人民才有希望。"

3. 同德国的关系

德国是加纳的主要援助国之一，1961年开始向加纳提供援助。1980年，德国成为加纳最大援助国。1993年，德国经济合作与发展部长访问加纳，1994年加纳德国双边合作协商会议在阿克拉举行，德国承诺提供3150万马克援助和3400万马克贷款。1995年加纳第一副议长访问德国。1996年德国向加纳提供贷款和赠款总额将近2亿马克。1997年罗林斯访问德国，同年，加纳向德国出口额为1.59亿美元，从德国进口额为1.97亿美元。1998年，德国为加纳建设公路提供9000万马克的贷款和赠款，德国从加纳进口额为1.11亿美元，出口额为1.43亿美元。截至1998年，德国共向加纳提供22亿马克发展援助，并对加纳39家企业进行了直接投资，成为继美国和英国之后加纳第三大投资国。1999年，德国与加纳达成多项贷款和赠款协议，总额近1.09亿马克。2004年1月，德国总理施罗德访问加纳，这是加纳独立47年来德国总理首次访问加纳。两国就德国取消加纳欠德国全部债务1640万美元达成协议。2005年，德国政府向加纳提供援助4819万美元。

4. 同法国的关系

20世纪80年代以来，法国除了同法属非洲国家发展关系外，开始发展同包括加纳在内的其他非洲国家的关系。从1985年起，法国向加纳提供援助累计3.5亿美元，其中2/3是贷款，1/3是无偿援助。法国通过双边和多边途径向加纳提供援助，平均每年为3500万美元。1993～1998年，加纳从法国进口额每年平均为9500万美元，向法国出口额每年平均为1.1亿美元。1999年3月，法国外长韦德里纳和英国外交大臣库克联合访问

加纳，落实《对非合作联合宣言》。同月，罗林斯访问法国，签署了两国投资促进及保护协定。法国承诺每年向加纳提供3400万美元援助，并将加纳列入优先团结国家名单。2004年，法国宣布取消加纳欠法国的1.16亿欧元债务。2005年，法国向加纳提供3945万美元援助，并决定将加纳6300欧元债务转为赠款。10月，加纳库福尔总统访问法国。同月，法国飓风（Ouragan）号军舰访问加纳，并同加纳海军进行联合军事演习。

5. 同日本的关系

两国关系始于1983年，并迅速发展。1987年，加纳部长会议主席奥宾访问日本。1989～1991年，日本向加纳提供赠款149亿塞迪。1992年，日本向加纳提供贷款和赠款1.2亿美元。1993年，日本皇太子夫妇访问加纳。1994年，加纳国务委员、全国妇女发展委员会主席格兰特夫人和副议长分别访问日本。1995年，日本向加纳提供低息贷款1.3亿美元，赠款约100万美元。1996年，日本向加纳提供援助1.04亿美元，为了支持加纳经济机构调整，1997年日本向加纳政府提供赠款1200万美元。1997年12月，罗林斯访问日本。1998年10月，罗林斯到东京出席第二届非洲发展国际会议。1998年，日本为加纳建设公路提供贷款9000万美元。1998年，加纳接受日本官方发展援助1.477亿美元，成为日本在非洲的最大援助对象。1999年，日本向加纳提供各类援助9150万美元。截至2005年12月，日本向加纳提供援助共5.8亿美元。

四 同尼日利亚的关系

两国有传统友好关系。首先是加纳的石油主要依靠从尼日利亚进口；其次，尼日利亚的加纳侨民有120万，是加纳获得侨汇的主要来源国之一。1983年1月，尼日利亚将120万加纳侨民驱赶回国。加纳政府发表声明，呼吁尼日利亚不要采取有损于两国关系的行动。此后,罗林斯同尼日利亚前国家元首阿巴查、阿布巴卡尔关系密切,互访频繁。加纳积极呼吁国际社会解除对尼日利亚的制裁。1996年12月,罗林斯对尼日利亚进行了访问。1997年1月,尼日利亚国家元首阿巴查到阿克拉出席了罗林斯总统的就职仪式。1998年6月,罗林斯总统到尼日利亚吊唁阿巴查逝世。1999年4月,当选总统奥巴桑乔访问加纳,5月罗林斯到尼日利亚出席奥巴桑乔就职典礼。尼日利亚是加纳主要进口国,1997年,加纳从尼日利亚进口4.73亿美元,尼日利亚成为仅次于英国的加纳的第二大进口国。两国积极推动西非地区经济一体化进程,并就以"快车道"方式加速地区一体化进程达成协议。两国在调解地区冲突和联合国安理会改革问题上相互协调,加纳支持尼日利亚成为常任理事国。2000年,双方达成协议,尼日利亚每天向加纳供应3万桶原油。尼日利亚对加纳的出口额超过英国,成为加纳的最大进口国。2001年1月,奥巴桑乔出席了库福尔总统就职典礼。2004年,加纳从尼日利亚进口额约为5.5亿美元,尼日利亚成为加纳第一大商品进口国。2005年6月,尼日利亚总统奥巴桑乔访问加纳,西非天然气管道项目开工。该工程始于尼日利亚,经贝宁、多哥至加纳塔科拉迪市,全长678公里,预计投资5.6亿美元。11月,库福尔总统访问尼日利亚。

五 同邻国的关系

罗林斯政府重视睦邻友好关系。库福尔政府同罗林斯政府一样,也重视与周边国家保持良好合作关系。

1. 同布基纳法索的关系

布基纳法索是加纳的北方邻国。加纳同桑卡拉时期的布基纳法索关系密切,罗林斯认为桑卡拉进行的是真正的人民革命。1987年10月,布基纳法索发生了政变,孔波雷任国家元首兼政

府首脑，两国关系立刻降温。1988年2月，罗林斯会晤孔波雷，双方强调保持两国友好关系的重要性。1991年起两国开始进行经济合作。1993年布基纳法索外长访问加纳。1994年副外长钱伯斯作为罗林斯的特使访问布基纳法索。1997年，罗林斯访问布基纳法索，同意布基纳法索把特马港作为转口港使用。1998年3月安南议长访问布基纳法索，同年6月，罗林斯在参加第34届非统首脑会议后再次会见孔波雷。同年布基纳法索外长和国防参谋长先后访问加纳，8月孔波雷访问加纳并发表了联合公报，12月罗林斯出席了孔波雷总统的就职典礼。1999年，布基纳法索的首都瓦加杜古至加纳首都阿克拉开通航线。2001年1月，孔波雷总统出席了加纳新总统库福尔就职典礼；同年3月和6月，库福尔总统和阿利乌副总统先后访问布基纳法索。

2. 同多哥的关系

多哥是加纳的东部邻国，两国在"西多哥"归属问题上有争议，所以长期不睦。1986年因为多哥流亡在加纳的反对派策划政变未遂，所以两国关系紧张起来。1988年，罗林斯出席洛桑第11届西非国家经济共同体首脑会议后会晤了多哥的埃亚德马总统，两国关系有一定改善。1992年，两国外长实现互访。1993年初，多哥在发生袭击埃亚德马营地事件后指责加纳参与制造事端，后加纳外长赴多哥谈判，两国关系有所缓解。1994年1月，多哥再次发生袭击埃亚德马汽车和官邸事件，多哥谴责加纳卷入。同年7月，罗林斯当选西非国家经济共同体主席后，两国关系趋于改善。11月，加纳向多哥派驻大使，12月多哥重开边界。1995年6月，两国外长互访，7月罗林斯对多哥进行工作访问，双方表示要加强关系。1998年3月多哥总理访问加纳，5月埃亚德马访问加纳，两国元首发表联合声明。8月，多哥边境哨所遭到武装袭击，加纳称未曾卷入，后来多哥外长抵加纳时，罗林斯重申不允许加纳领土成为不利于多哥稳定的活动场所。11月,罗林斯会见多哥反对党领袖奥林匹欧,敦促多哥政府和反对党共同努力解决国内政治危机,实现国内和平。1999年12月,加纳曾与多哥在多哥直升机未经允许在加纳降落等问题上发生争执,但双方均保持克制态度,最终以和平手段解决了问题。多哥是加纳的主要出口对象之一,1997年,多哥从加纳进口额达到2.04亿美元。2001年1月埃亚德马出席了库福尔总统就职典礼。2004年9月,库福尔总统对多哥进行工作访问,双方同意尽快重启"加多联合常设合作委员会",加强信息共享和对共同边界的巡逻。2005年3月,库福尔赴多哥参加埃亚德马总统葬礼。同年5月,福雷就任多哥总统后将加纳作为首个出访国。

3. 同科特迪瓦的关系

加纳同其西部邻国科特迪瓦关系一度冷淡,边界两边的人民时常发生纠纷。20世纪90年代后半期,两国关系大为改善。1997年3月,科特迪瓦总统贝迪埃访问加纳,并出席了加纳独立40周年庆典,两国关系有一定升温。同年8月,罗林斯回访科特迪瓦。双方签署了防务条约、贸易协议、投资协议及加纳向科特迪瓦购买天然气协议。1998年,两国经济合作关系进一步密切。1999年,在国际市场可可的价格大幅下跌情况下,加纳曾经谋求与科特迪瓦联手维持可可价格稳定。同年6月,科特迪瓦外贸部长访问加纳。2000年1月,科特迪瓦领导人盖伊将军访问加纳。2001年5月,科总统巴博访问加纳;10月加纳总统库福尔访问科特迪瓦,双方达成24小时开放边界、科特迪瓦向加纳提供天然气等协议。2002年9月,科特迪瓦发生内战后,加纳表示支持科合法政府,并与有关方面积极致力于冲突的和平解决。2004年3月,库福尔总统访问科特迪瓦,以帮助科冲突双方消除执行和平协定存在的分歧。4月,科总理迪亚拉访问加纳。7月,库福尔总统出席科特迪瓦问题阿克拉峰会,呼吁冲突各方共同参与科特迪瓦和平进程。

主要参考文献

一 英文部分

1. E. A. Boateng, *Geography of Ghana*, Cambridge University Press, London, 1977.
2. Kwamina B. Dickson and George Benneh, *A New Geography of Ghana*, Metricated Edition, Longman Group Ltd. London, 1970.
3. IMF, *Ghana: Adjustment and Growth 1983 - 1991*, Occasional Paper, Washington DC, September 1991.
4. *Ghana' 76*, An Official Handbook, Accra, 1997.
5. Mytene Remy, *Ghana Today*, 2nd Edition, France, 1992.
6. Ministry of Trade and Industry (MOTI), *Annual Report*, Accra, 1994.
7. MOTI, *Annual Report*, Accra, 1995, 1996.
8. The Institute of Statistical, Social and Economic Research (ISSER), *The State of the Ghanaian Economy in 1994*, University Of Ghana, Accra, 1995 - 1998.
9. MOTI, *Ghana Export Bulletin*, Annual Report 1996.
10. Bank of Ghana, *Annual Report 1994 - 1998*.

11. Centre for Policy Analysis, *Metroeconomic Review and Outlook*, Accra, 1997.
12. Ghana Institute of Management and Public Administration, *Ghana Economic Outlook*, Vol. 1, Accra, 1997.
13. MOTI, *Ghana Export Bulletin*, January-March 1997.
14. Bank of Ghana, *Quarterly Economic Bulletin*, April-June 1996.
15. Wabis Ltd., *Business in Ghana*, Monthly Publication, Many Issues, Accra, 1996 – 1997.
16. Sulton Bridge Ltd., *Business Watch*, Monthly Publication, Several Issues, Accra, 1998.
17. Minerals Commission, *Gold and Diamonds in Ghana*, An Investment Brochure, Accra, 1997.
18. Kevin Shillington, *Ghana and the Rawlings Factor*, Macmillian, London, 1992.
19. Trade Commissioner, *Business and Holiday Guide to Ghana*, Gateway to West Africa, London, 1997.
20. James Moxon, *Volta, Man's Greatest Lake*, New and Revised Paperback Edition, Pitman Press Bath, London, 1984.
21. GFZB, *Ghana*, Trade and Investment Handbook, 1999, Assemblies of God Literature Ltd., Accra, 1999.
22. Tourist Board, Ministry of Tourism, *Ghana, A Special Africa— A Different Africa*, Supported by UNDP/WTO and EU Development Programmes, 1997.
23. ICI, *Zeneca*, Pharma International Southbank, UK, March 1995.
24. E. Gyimah-Boadi, "Ghana: The Challenges of Consolidating Democracy", *State, Conflict, and Democracy in Africa*, London, 1999.

25. Robert A. Clark, *Africa's Emerging Securities Markets: Developments in Financial Infrastructure*, Westport Connecticut, London, 1998.
26. Chad Leechor, "Ghana: Frontrunner in Adjustment", *Adjustment in Africa: Lessons from Country Case Studies*, London, 1999.
27. Ghana Investment Promotion Centre (GIPC), *Ghana: Joint-Venture Search*, 1998.
28. CIA, *Ghana*, 28 June 1999.
29. Ministry of Energy and Mines, *Overview of Ghana's Energy Sector: Policies & Programmes*, 1998.
30. Minerals Commission of Ghana, *List of Companies Which have been Granted Mineral Rights as at 10th March 1998*, 1998.
31. African Development Bank (ADB), *Annual Report 1997*, April 1998.
32. UNDP, *Ghana Human Development Report 1997*.
33. *Ghana*, Country Report, EIU, 1999.
34. W. E. F. Ward, *A History of Ghana*, Ruskin House, George Allen and Unwin Ltd., London, 1957.
35. Emily Chamlee-Wright, *The Cultural Foundations of Economic Development, Urban Female Entrepreneurship in Ghana*, London, 1997.
36. Daniel Bruce Sarpong, *Growth in Ghana*, A Macroeconometric Model Simulation Integrating Agriculture, Great Britain, 1997.
37. *Ghanaian Financial Time*, Many Issues.
38. *Daily Graphic*, Many Issues.
39. *Journal of High Street*, Many Issues.
40. *Ganaian Times*, Many Issues.
41. Ghanaian Port Authorities, *Ports of Tema and Takoradi*, Pamphlets, 1998.

42. M. M. HUQ, *The Economy of Ghana*, St. Martin's Press, New York, 1989.
43. Burlington Publishing Ltd, *Ashgate*, USA, 2001.
44. EIU, *Country Profile*：*Ghana*, 2001.
45. U. S. Embassy, *By 1997 Country Commercial Guide*：*Ghana*, Accra, August 1996.
46. EIU, *Country Report*：*Ghana*, 2006.
47. EIU, *Country Report*：*Ghana*, 2007.
48. EIU, *Country Report*：*Ghana*, November 2008.
49. EIU, *Country Profile*：*Ghana*, 2008.
50. EIU, *Country Report*：*Ghana*, August 2009.

二　中文部分

1. 李安山：《阿散蒂王权的形成、演变及其特点》，施治生、刘欣如主编《古代王权与专制主义》，中国社会科学出版社，1993。
2. 李安山：《殖民主义统治与农村社会反抗》，湖南教育出版社，1999。
3. 韩惟德：《近代西非的阿散蒂王国》，商务印书馆，1986。
4. 约翰·根宝：《非洲内幕》，世界知识出版社，1959。
5. 〔法〕皮埃尔·古鲁：《非洲》，商务印书馆，1984。
6. 军事学院：《世界军事年鉴》，解放军出版社，1993～1994、1997～1998、2006。
7. 黄贵荣：《简论恩克鲁玛的政治领导》，《江苏教育学院学报》1997年第4期。
8. 雅菲：《非洲地区》外国习俗丛书，世界知识出版社，1993。
9. 中国外交部政策研究室：《中国外交》，世界知识出版社，1990～1998年各年。

10. 恩克鲁玛:《恩克鲁玛自传》,国际关系研究所译,世界知识出版社,1960。
11. 王和英等《1949~1985年对外经济贸易关系大事记》,对外贸易教育出版社,1987。
12. 中华人民共和国国家统计局:《中国统计年鉴》,中国统计出版社,2008。
13. 中华人民共和国国家统计局:《中国贸易对外经济统计年鉴》,中国统计出版社,2008。
14. 《世界知识年鉴》(2006/2007年),世界知识出版社,2007。

《列国志》已出书书目

2003 年度

《法国》，吴国庆编著
《荷兰》，张健雄编著
《印度》，孙士海、葛维钧主编
《突尼斯》，杨鲁萍、林庆春编著
《英国》，王振华编著
《阿拉伯联合酋长国》，黄振编著
《澳大利亚》，沈永兴、张秋生、高国荣编著
《波罗的海三国》，李兴汉编著
《古巴》，徐世澄编著
《乌克兰》，马贵友主编
《国际刑警组织》，卢国学编著

2004 年度

《摩尔多瓦》，顾志红编著
《哈萨克斯坦》，赵常庆编著
《科特迪瓦》，张林初、于平安、王瑞华编著

加纳

《新加坡》，鲁虎编著
《尼泊尔》，王宏纬主编
《斯里兰卡》，王兰编著
《乌兹别克斯坦》，孙壮志、苏畅、吴宏伟编著
《哥伦比亚》，徐宝华编著
《肯尼亚》，高晋元编著
《智利》，王晓燕编著
《科威特》，王景祺编著
《巴西》，吕银春、周俊南编著
《贝宁》，张宏明编著
《美国》，杨会军编著
《国际货币基金组织》，王德迅、张金杰编著
《世界银行集团》，何曼青、马仁真编著
《阿尔巴尼亚》，马细谱、郑恩波编著
《马尔代夫》，朱在明主编
《老挝》，马树洪、方芸编著
《比利时》，马胜利编著
《不丹》，朱在明、唐明超、宋旭如编著
《刚果民主共和国》，李智彪编著
《巴基斯坦》，杨翠柏、刘成琼编著
《土库曼斯坦》，施玉宇编著
《捷克》，陈广嗣、姜琍编著

2005 年度

《泰国》，田禾、周方冶编著

《波兰》，高德平编著
《加拿大》，刘军编著
《刚果》，张象、车效梅编著
《越南》，徐绍丽、利国、张训常编著
《吉尔吉斯斯坦》，刘庚岑、徐小云编著
《文莱》，刘新生、潘正秀编著
《阿塞拜疆》，孙壮志、赵会荣、包毅、靳芳编著
《日本》，孙叔林、韩铁英主编
《几内亚》，吴清和编著
《白俄罗斯》，李允华、农雪梅编著
《俄罗斯》，潘德礼主编
《独联体（1991~2002）》，郑羽主编
《加蓬》，安春英编著
《格鲁吉亚》，苏畅主编
《玻利维亚》，曾昭耀编著
《巴拉圭》，杨建民编著
《乌拉圭》，贺双荣编著
《柬埔寨》，李晨阳、瞿健文、卢光盛、韦德星编著
《委内瑞拉》，焦震衡编著
《卢森堡》，彭姝祎编著
《阿根廷》，宋晓平编著
《伊朗》，张铁伟编著
《缅甸》，贺圣达、李晨阳编著
《亚美尼亚》，施玉宇、高歌、王鸣野编著
《韩国》，董向荣编著

加纳

2006 年度

《联合国》，李东燕编著

《塞尔维亚和黑山》，章永勇编著

《埃及》，杨灏城、许林根编著

《利比里亚》，李文刚编著

《罗马尼亚》，李秀环编著

《瑞士》，任丁秋、杨解朴等编著

《印度尼西亚》，王受业、梁敏和、刘新生编著

《葡萄牙》，李靖堃编著

《埃塞俄比亚 厄立特里亚》，钟伟云编著

《阿尔及利亚》，赵慧杰编著

《新西兰》，王章辉编著

《保加利亚》，张颖编著

《塔吉克斯坦》，刘启芸编著

《莱索托 斯威士兰》，陈晓红编著

《斯洛文尼亚》，汪丽敏编著

《欧洲联盟》，张健雄编著

《丹麦》，王鹤编著

《索马里 吉布提》，顾章义、付吉军、周海泓编著

《尼日尔》，彭坤元编著

《马里》，张忠祥编著

《斯洛伐克》，姜琍编著

《马拉维》，夏新华、顾荣新编著

《约旦》，唐志超编著

《安哥拉》，刘海方编著
《匈牙利》，李丹琳编著
《秘鲁》，白凤森编著

2007 年度

《利比亚》，潘蓓英编著
《博茨瓦纳》，徐人龙编著
《塞内加尔 冈比亚》，张象、贾锡萍、邢富华编著
《瑞典》，梁光严编著
《冰岛》，刘立群编著
《德国》，顾俊礼编著
《阿富汗》，王凤编著
《菲律宾》，马燕冰、黄莺编著
《赤道几内亚 几内亚比绍 圣多美和普林西比 佛得角》，李广一主编
《黎巴嫩》，徐心辉编著
《爱尔兰》，王振华、陈志瑞、李靖堃编著
《伊拉克》，刘月琴编著
《克罗地亚》，左娅编著
《西班牙》，张敏编著
《圭亚那》，吴德明编著
《厄瓜多尔》，张颖、宋晓平编著
《挪威》，田德文编著
《蒙古》，郝时远、杜世伟编著

2008 年度

《希腊》,宋晓敏编著
《芬兰》,王平贞、赵俊杰编著
《摩洛哥》,肖克编著
《毛里塔尼亚 西撒哈拉》,李广一主编
《苏里南》,吴德明编著
《苏丹》,刘鸿武、姜恒昆编著
《马耳他》,蔡雅洁编著
《坦桑尼亚》,裴善勤编著
《奥地利》,孙莹炜编著
《叙利亚》,高光福、马学清编著

2009 年度

《中非 乍得》,汪勤梅编著
《尼加拉瓜 巴拿马》,汤小棣、张凡编著
《海地 多米尼加》,赵重阳、范蕾编著
《巴林》,韩志斌编著
《卡塔尔》,孙培德、史菊琴编著
《也门》,林庆春、杨鲁萍编著

2010 年度

《阿曼》,仝菲、韩志斌编著
《华沙条约组织与经济互助委员会》,李锐、吴伟、
  金哲编著

图书在版编目（CIP）数据

加纳/任泉，顾章义编著.—北京：社会科学文献出版社，2010.11
（列国志）
ISBN 978-7-5097-1690-8

Ⅰ.①加… Ⅱ.①任… ②顾… Ⅲ.①加纳-概况
Ⅳ.①K944.5

中国版本图书馆 CIP 数据核字（2010）第 177904 号

加纳（Ghana） ·列国志·

编 著 者 /	任 泉 顾章义
审 定 人 /	顾章义 朱重贵
出 版 人 /	谢寿光
总 编 辑 /	邹东涛
出 版 者 /	社会科学文献出版社
地　　址 /	北京市西城区北三环中路甲 29 号院 3 号楼华龙大厦
邮政编码 /	100029　网址／http：//www.ssap.com.cn
网站支持 /	（010）59367077
责任部门 /	人文科学图书事业部（010）59367215
电子信箱 /	bianjibu@ssap.cn
项目经理 /	宋月华
责任编辑 /	张晓莉
责任校对 /	高建春
责任印制 /	郭 妍 岳 阳 吴 波
总 经 销 /	社会科学文献出版社发行部
	（010）59367081　59367089
经　　销 /	各地书店
读者服务 /	读者服务中心（010）59367028
排　　版 /	北京中文天地文化艺术有限公司
印　　刷 /	三河市尚艺印装有限公司
开　　本 /	880mm×1230mm　1/32
印　　张 /	9.5　字数／240 千字
插图印张 /	0.25
版　　次 /	2010 年 11 月第 1 版　印次／2010 年 11 月第 1 次印刷
书　　号 /	ISBN 978-7-5097-1690-8
定　　价 /	29.00 元

本书如有破损、缺页、装订错误，
请与本社读者服务中心联系更换

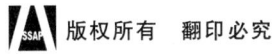

版权所有　翻印必究

《列国志》主要编辑出版发行人

出 版 人	谢寿光
总 编 辑	邹东涛
项目负责人	杨 群
发 行 人	王 菲
编辑主任	宋月华
编 辑	（按姓名笔画排序）
	孙以年 朱希淦 宋月华
	宋培军 周志宽 范 迎
	范明礼 袁卫华 徐思彦
	黄 丹 魏小薇
封面设计	孙元明
内文设计	熠 菲
责任印制	岳 阳 郭 妍 吴 波
编 务	杨春花
责任部门	人文科学图书事业部
电 话	(010) 59367215
网 址	ssdphzh_cn@sohu.com